U0601694

数字化转型与企业高质量发展

DIGITAL
SUPPLY CHAIN

数字供应链

宋华 著

中国人民大学出版社
·北京·

前　言

　　下了一夜的秋雨仍然淅淅沥沥地飘着，窸窸窣窣的声音萦绕耳畔，窗前绿中泛黄的树叶在雨滴的敲打下瑟瑟抖动，灰蒙蒙的天预示着秋雨并未中断行进的步伐，让原本应该天高云淡而又深邃的北京有了一丝江南的意味，给广袤的大地平添了一丝细腻。清晨的风透过纱窗带着一份凉意轻拂面庞，我不由想起一首散文诗：

　　我渴望秋天，因为秋天是一场离别的盛宴，在这时，落叶为它装点，枯草为它织边。

　　我渴望秋天，因为秋天是一段沉睡的序言，经历了烈日炎炎，万物都已疲倦。

　　我渴望秋天，因为秋天是一首朴实的诗篇，没有烟花似练，只有沧海桑田。

　　我渴望秋天，因为秋天是一种无声的留恋，我与你挥手再见，相约明年。

　　…………

　　经历了新冠肺炎疫情的冲击，2021年在不断变化和调整中悄悄地迈入下半年，迎向2022。这首秋天的诗不仅像过去一年多的时光，也如同今天的中国产业，迈入到沉思和耕耘的季节。过去这些年，互联网、O2O、流量、粉丝经济、平台等词接踵而来，让人应接不暇。一个一个互联网新锐也让人们惊叹平地而起的奇迹和互联网带来的神话。然而，经历了这些年的风起云涌潮起潮落，社会各界逐渐认识到互联网、数字化的主战场仍然是实业和产业，只有实体经济和产业实现了高效、智能、协同、互联，才能真正促进我国社会财富增加以及全球竞争力提升，这也正是近几年中国企业和产业的反思和探索。因此，各行各业开始探索如何应用数字技术或现代通信技术改良甚至重塑产业供应链，同时借助更富价值的活动和服务，形成具有竞争力的运营模式。鉴于此，大量的产业、企业纷纷向数字供应链转型，数字供应链产业链建设如火如荼地展开。

供应链原本是一种系统论视角下的产业运营体系，其初衷在于通过打破组织内部及组织间的业务孤岛、信息孤岛，有效地规划和管理产业链上发生的供应采购、生产运营、分销和所有的物流活动，特别是产业链所有相关方之间的协调和合作，实现商流、物流、信息流和资金流的高效整合。显然，这一目标的实现需要在管理上实现"四个有机化"："产业组织网络的有机化"，即如何采用有效的方法将产业中各个利益主体整合成相互协调、相互配合、相互支撑的专业分工体系，为实现共同的目标而运行；"产业价值网络的有机化"，产业供应链是一个价值逐级产生、分层传递的过程，这一过程涉及设计、挖掘和实现不同的价值元素，并且将不同主体创造出来的不同价值元素聚合成完整的价值包服务于客户；"产业物流网络的有机化"，涉及在产业供应链运营的过程中如何使商品、服务以及相关信息，从发生地到消费地，有效率有效益地正向、逆向移动，以及与储存、加工等活动相关的计划、执行和控制过程；最后是"产业资金网络的有机化"，即通过高效的资金融通、支付结算和财富管理，实现全产业链资金运行的充足、稳定和安全，缩短产业的现金流量周期。上述"四个有机化"是相辅相成的管理流程，相互影响，相互作用。

显然，实现了上述"四个有机化"，供应链抵御风险的能力就会增强，核心竞争力就会形成。而问题的关键在于这"四个有机化"不是那么容易实现，这涉及主客观两方面原因。从主观上讲，一个单一企业无法及时全面地掌握产业链的各种状况、各种活动和各类主体，即便有合作者愿意协调、沟通，也缺乏有效的互动和协调手段。从客观上讲，今天的产业活动越来越复杂、越来越广泛，商业活动也越来越国际化、全球化，空间、时间上的差异使"四个有机化"往往难以实现。冯氏集团（原利丰集团）荣誉主席冯国经先生讲过，世界既是平坦的，也充斥着大量的沟壑和山谷。他指出："全球贸易规定、国家法律、贸易集团以及其他因素使得这个世界凸凹不平，既现代又古老。"特别是在当今逆全球化、贸易保护主义抬头的状况下，不确定性大大提高。因此，在这个世界既平坦又起伏不定的时代，实现"四个有机化"必然面临巨大挑战。好在数字技术为这些目标的实现提供了良好的契机和途径，也就是说，互联网（包括移动互联网）、物联网、云计算、大数据、区块链这些新的技术创新和手段，一旦融合进产业供应链管理中，不仅可使上述问题迎刃而解，而且能进一步创造出高度智能化、服务化的供应链体系，也就是数字供应链。换句话说，数字供应链借助新的技术，通过产业供应链运营的高效率和高效益，不仅打破了组织内和组织间的壁垒，融商流、物流、信息流和资金流为一体，提高了效率，而且推动了产业的升级与发展，拓展了服务化的市场空间，带来了新的效益。由此可以看出，数字供应链对各个产业的影响是深刻、全方位的。

基于这一背景，作为一名理论研究者，我认为有必要将中国产业正在发生的巨大变革总结出来，抽丝剥茧，抛开烦嚣尘上的喧闹，理性地探索物联网、云计算、区块链、大数据等现代科学技术为什么对实体产业具有这么重要的作用,如何理解这些要素对产业供应链的影响,数字供应链在三大产业的应用中需要关注哪些关键问题。这些正是本书试图实现的目标。本书是国家社会科学基金重点项目"中国产业供应链现代化发展模式与政策研究"(21AZD015)的研究成果,在此要感谢国家社会科学基金的支持。此外,中国人民大学出版社的丁一先生为本书的出版做了大量工作,在此一并表示由衷感谢。

产业链供应链的现代化和数字化是一个方兴未艾又颇具挑战的研究课题和领域,受作者能力所限,尤其是该领域发展迅猛,书中难免有错误和不足之处,欢迎广大读者批评指正。

宋 华

2021 年秋于北京

目 录

第一章

数字化改变企业与产业游戏规则

位于深圳的易流科技在2020年发布了第四代运输安全管理系统——"安全智管家"，这一系统能够强化司机、车队和企业的风险控制能力。中国有近3 000万辆货车，在传统的公路货运中安全问题一直是困扰运输公司的难题，每年因货车造成的重大交通事故不在少数。经过十几年的发展，易流科技目前服务全国160万辆货车、超过170万货运司机，数字化连接能力在行业内首屈一指，其中，2019年发布的主动安全系列产品的连接节点数已达53 000个。

易流科技对物流数字化、信息化的探索始于2003年，创业之初，团队首先想要利用互联网技术来解决公路运输回程空驶率居高不下的难题。但当时物流行业的信息化基础太差，缺乏必要的技术支持和行业培育，他们的想法显得过于超前，市场发展的速度并没有想象中那么快。面对这一挫折，创始团队决定从更基础的行业痛点——"车辆管控难"问题入手，迅速调整战略方向。车难管的根本原因是无法及时获得车辆位置，当时物流企业和车队的车辆调度几乎都是通过老板打电话问司机"你在哪里"的方式来进行，效率低，工作强度大，也无法了解司机的真实行驶情况——司机甚至可以以堵车为由，接了活儿后中途顺道干点私事。易流科技的应对之策是通过GPS等技术手段来实时监控车辆位置，解决司机上路之后就追踪不到位置的问题，这个创新之举正中物流企业和车队的需求"红心"，原本非常头疼的"管司机"问题迎刃而解，调度效率提高90%。

这一尝试成功后，易流科技进一步意识到传统物流行业诸多痛点背后的根本原因是数据和信息的极度不对称，如果能够将物流运输过程透明化，放到信息系统里，让需要的人登入系统就能看到，那么信息不对称就能得到极大改善。实现这些的前提是掌握运输过程中的各类物理数据。经过一段时间的反思与梳理，2007年，易流科技正式提出"物流透明"的理念，通过各类硬件和传感器实现从车辆位置到更多物理数据的采集，为公路运输供需双方提供数据化的服务。所谓物理数据是指与人（司机）、车（含厢）、货、仓等实体相关的数据。在货物出库—运输—入库的过程中，易流科技通过摄像头、GPS、电子锁、门磁、油尺、追货宝、甩挂终端等十余种硬件和传感器对人、车、货、仓的各类物理数据进行采集，并通过信息系统让数据可视，实现对司机、车辆和货物的安全监控。在货物安全监控方面，不同于传统货运安保押运的思路，易流科技对运输流程中的关键节点和行为进行识别，从基本逻辑入手保障货物安全。例如，正常情况下，厢式货车运货途中是不允许开后厢门的，如果后厢门中途开启，很可能是在调包货物。基于此，易流科技的解决方案是"事先计划路线，标注定点区域"，通过后厢摄像头、GPS终端、门磁等设备记录每一次开门和货物装卸场景，对非定点区域的货物操作立即警示相关方。这一方案帮助3C和化妆品企业解决了货物被盗的问题；帮助牛奶品牌商实现了从产奶到工厂灌装环节的全过程监控，保证了食品安全。在司机和车辆安全监控方面，易流科技在电子地图上事先标注所有的弯道预警路段，司机靠近该区域时，系统会自动提醒司机减速，有效降低了事故率。

2008年，易流科技在服务一家保税区运输客户时发现：运输环节不同参与方之间的单据流转方式非常落后，以电话、纸质表格为主，流程之间缺少协同，出错率高。因此，易流科技帮助该客户做了一个简单的应用——将报关作业指令放在信息系统上，通过系统和互联网的对接大幅降低业务传递中的错误率，客户非常满意。易流团队从这件事中意识到为进一步提高物流效率，除物理层面的透明之外，业务层面的透明也不可或缺。易流科技对物流透明进行了概念延伸，将业务信息（即商流）的透明定义为物流透明2.0，物理信息（即实物流）的透明相应地成为物流透明1.0。

业务信息透明具体包括物流单据流转过程的信息透明，流程上出库、入库、装车、卸货、分拨、配送各个环节的信息透明，以及物流网络节点的信息透明。易流科技通过信息系统和互联网来打破信息孤岛，为客户采集物流环节不同主体的业务数据，从数据的整合和分析中发现效率改善的空间。易流科技通过两大SaaS平台——运输过程透明管理服务SaaS平台和供应链物流服务SaaS平台来提供相应的物流服务。这些服务包括：（1）利用积累的物流数据进行画像。基于SaaS平台中积累的海量物理数据和业务数据，易流科技运用车型、业务动态、合作公司信息、月均里程及承运次数、常驻城市及常跑线路等指标为每辆车贴上业务标签和运距标签；通过准驾车型、驾龄、车载设备数据等信息建模生成司机驾驶行为，进而对其保险系数、业务水平进行评级；通过业务模式、主要客户、规模、地域、运力等情况对物流企业进行画像。（2）智能配载和调度。易流科技将前期积累的海量数据作为训练集，借助智能算法建立模型。在输入运单集合后，模型能够在不同运单类型、货品属性、出车地点、装车要求等多维度约束条件下进行动态路由拆分、运单归类、运单捆绑和配装选车，最终输出优化的配载和调度方案。在优化之后，对于运力池中的自有车、承运商、熟车、常包车和临时车，车辆载重和载积的综合利用率明显提高，空驶率和等货时间明显降低，发货方和承运方都能从这种优化中提高效益。（3）路径优化。易流科技选择与阿里云大数据计算平台（MaxCompute）合作，利用后者的优化引擎进行路径优化。（4）物流金融。2015年，易流科技的物流金融服务平台正式上线，其目标是作为物流企业和金融机构之间的中间方，通过技术和数据为物流企业提供金融信贷信用担保，促成物流企业、货主企业与金融机构的借贷交易。

易流科技并不是唯一一个采用数字化改变传统作业方式、发展新业务的公司，越来越多的企业都在探索数字化对企业发展的作用，也在用数字化探索产业发展的创新之路。如何应用数字化获取敏锐的洞察力，建立全新的价值体系，改变市场、组织和产业是当今这个日新月异的时代的主题。

1.1　什么是数字化?

要全面了解数字化对企业和产业的影响，首先要明白什么是数字化。本节主要阐述数字化的基本内容，包括数字化产生的背景、数字化与数据化的差异以及数字化对于商业的含义。

数字化的产生是第四次工业革命的标志，四次工业革命是人类历史上四次改变生产方式和生产关系的重大技术性变革，这些技术的出现不仅使得原有的生产方式被打破，而且创造了新的经济运行体系。第一次工业革命发生在18世纪60年代至19世纪40年代，以蒸汽机的发明和应用为主要标志。这次工业革命使社会生产力发生了革命性的变化，以大机器生产代替工场手工业，使人类进入机器时代。第二次工业革命发生在19世纪60年代后期至20世纪初，以发电机和电动机的发明与应用为主要标志，它把社会的工业化推进到一个崭新阶段，使社会生产力进入电力时代，大规模自动化生产成为这一时期生产方式的主要形态。第三次工业革命发生于 20 世纪中期，以原子能、电子计算机和空间技术的发展为主要标志，使世界发生前所未有的深刻变革。它以信息科学、生命科学、材料科学等为前沿，以计算机技术、生物工程技术、激光技术、空间技术、新能源技术和新材料技术的应用为特征，把人类社会推进到信息时代。这一次科技革命带来的重大变革在于信息成了社会生产的重要因素，计算机的广泛应用使得企业生产流程能够在最大范围得以协调，设计、采购、生产和分销能够通过信息得以有效整合。同时，组织间也能够通过信息进行沟通，产生了一定程度的联盟与合作，企业的疆界发生改变。在这一历史阶段，信息化得到了极大的发展，电子数据交换（EDI）系统、办公自动化（OA）系统、物流需求计划（MRP）系统、仓储管理系统（WMS）、运输管理系统（TMS）、分销资源计划（DRP）系统以及企业资源计划（ERP）系统开始成为企业经营管理必不可少的技术手段。第四次工业革命发生于 21 世纪初以来，是以互联网产业化、工业智能化、工业一体化为代表，以人工智能、清洁能源、无人控制技术、量子信息技术为主的全新技术革命。正是第四次工业革命，使得数字化贯穿生产经营全过程，重塑了企业和行业的发展模式。这一阶段新型信息技术广泛出现，诸如云技术、物联网、人工智能、区块链、大数据等，生产经营方式开始由数据驱动，更为精准地捕捉市场的变化和客户多变的价值，同时生产协调的范围开始突破地域的界限，最大限度进行全球资源和能力的整合。

要正确解析数字化（digitalization）的含义，需要先了解数据化（digitization）的含义。数据化最早出现于《牛津英文词典》（*Oxford English Dictionary*），它伴随着 20 世纪 50 年代中期计算机的出现而出现。数据化指的是将模拟信息流转换为具有离散和不连续值的 1 和 0 的数字位的技术过程。模拟数据（如电压）可以具有连续范围内的任何值，数字数据只能具有两种不同状态之一：0 或 1。因此，数据化既具有象征意义，又具有物质意义。象征意义反映的是通过将模拟信号转换为 0 和 1，使数据化产生的信息可以以不同的方式、不同的媒介形式在不同的系统中得以呈现。物质意义指的是信息存储、运用的质量状况。数据化从根本上改变了信息媒介形式，事实上，数据化现在无处不在。如今，我们日常与之互动的几乎所有媒介技术都是数据化的，它已与模拟技术形成了对比。"数字化"一词是由罗伯特·瓦查尔（Robert Wachal）提出的，他在探索计算机辅助人文研究的潜力以及不足时，探索了"社会数字化"的社会应用。此后，关于数字化的文献汗牛充栋，这些对数字化的探索较少关注将模拟转换为数字位，主要聚焦数据对社会结构、形态的影响和作用。因此，从这个意义上讲，数字化已广泛地指代通过数字通信和媒介基础设施塑造社会生活的许多不同领域的过程。基于这一理解可以看出，数字化反映的不是一种事物或状态，而是做事的方法，或者说是使用数字技术和数字数据来影响工作方式，改变客户和公司参与及互动的方式，并创造新的（数字）状态。

麦肯锡公司的卡雷尔·多纳（Karel Dörner）和大卫·爱德曼（David Edelman）在谈及数字化的含义时指出，在商业环境中，数字化反映了三种变化。[1]

一是在新的领域创造价值。数字化意味着企业需要开放地重新审视其经营方式，并了解价值的新领域在哪里。对于某些公司而言，获

---

[1] Dörner, K., Edelman, D. Digital transformation: what "digital" really means. www.mckinsey.com/industries/technology-media-and-telecommunications/our-insights.

取新价值可能需要在相邻领域发展全新的业务；而对于其他企业，可能是在既定的业务领域挖掘新的价值。在新的领域挖掘价值就必须理解市场发展的影响，并评估可能带来的机会或威胁。例如，物联网开始为创新者提供机会，使他们可以使用前所未有的数据精度来识别现有价值链中的问题和缺陷。如汽车产业可以利用物联网发展无人驾驶或全新的车内娱乐系统；物流行业可以如同易流科技那样，运用传感器、大数据和先进分析改进供应链运营效率。同样数字化意味着面向客户的决策会发生较大改变，企业可以及时地知晓客户的行为以及预期，并且洞悉这些变化，积极地调整企业和产业的经营模式，创造客户价值。

二是在核心业务上创造价值。数字化带来的另一个改变是重新思考如何应用新的能力改进客户服务，这是基于对客户购买过程各个步骤和阶段的深入研究，并思考数字能力如何在全生命周期设计和传递可能的体验。例如，供应链对于灵活、高效、快速地服务客户至关重要，以便能够在恰当的时间将恰当的产品传递给恰当的客户。要达到这种状态，就需要形成四种相互关联的能力。第一种是前摄性的决策能力。关联分析是数字时代的主题，即能够基于智能做出相应的决策，从而将定制化的服务和内容传递给相关的客户。诸如，美国电子商务公司亚马逊不仅从每个用户的购买行为中获得信息，还将每个用户在其网站上的所有行为都记录下来：页面停留时间、用户是否查看评论、每个搜索的关键词、浏览的商品等等。这种对数据价值的高度敏感和重视，以及强大的挖掘能力，使得亚马逊早已超出了它的传统运营方式，创造了一些前摄性的经营行为，例如，亚马逊推荐，在亚马逊上买过东西的人对它的推荐功能都很熟悉，"买过 X 商品的人，也同时买过 Y 商品"的推荐功能看上去很简单，却非常有效，这些精准推荐结果的得出过程非常复杂；亚马逊预测，通过历史数据来预测用户未来的需求；亚马逊测试，亚马逊会在网站上持续不断地测试新的设计方案，从而找出转化率最高的方案，整个网站的布局、字体大小、颜色、按钮以及其他所有的设计，都是在多次审慎测试后的最优结果；亚马逊记录，亚马逊的移动应用让用户有一个流畅的无处不在的体验的同时，也通过收集手机上的数据深入地了解每个用户的喜好；更值得一提的是 Kindle Fire，内嵌的 Silk 浏览器可以将用户的行为数据一一记录下来。显然，要实现这些需要将不同渠道和来源的数据整合到一个视图中，以全面有效地反映客户正在做什么、将会发生什么。此外，还需要运用数据分析手段掌握近实时的客户需求和行为，洞悉其变化。第二种是情景交互的能力，即与客户互动并不断修正互动过程改进客户体验。例如，当客户从移动通信工具转移到电脑端进行购物时，可能其评价产品或品牌的态度和行为会发生改变，因此，需要实时地调整与客户交互的方式以及内容。第三种能力是实时自动化的能力。为了支持客户周期性的需求，并帮助他们完成任务，需要广泛自动化。客户交互的自动化需要增加自助服务选项的数量，快速解决问题，沟通方式需要更加个性化，并且提供质量一致的客户服务。供应链和核心业务流程的自动化可以降低成本，但同时也需要公司能够应对预期客户需求提供更加灵活的服务。第四种是客户服务的创新能力。良好服务可以使公司在与客户互动和销售方式上进行创新。例如，这可能包括将现有的客户扩展到新的业务和服务中，以扩展与客户的关系。这些创新反过来促进了更多的互动，创造了更多的信息，并增加了客户与品牌关系的价值。

三是确立基础性的数字能力。要实现数字化，还有一个变化便是技术和组织过程的转变，这种变化包括两个部分：一部分是数字化的思维，数字化意味着要使用数据来制定更好更快的决策，将决策权下放给较小的团队，并开发更多迭代和快速的处理方式。以这种方式思考不仅限于管理领域，它应该覆盖整个公司范围的运作，甚至与外部公司创造性地合作以扩展必要的功能。数字化思维模式将跨职能的合作制度化，使层次结构扁平化，并建立鼓励新思想产生的环境，同时制定相应的激励措施和度量标准来支持决策敏捷性。另一部分是系统和数据结构。数字化信息技术的一个关键功能是致力于建立连接设备、对象和人员的网络，通过各类技术手段和系统实现物与物、物与人、人与人之间的无缝连接。

综上可以看出，数字化是利用数据化改善业务流程的过程。数字化意味着通过数据信息为商业服务，是使用数字技术和数据创造收入、改善业务并创建以数字信息为核心的数字文化，它将流程转换为更高效、更具生产力、更能创造利润的过程。

1.2　为什么要实现数字化？

如今越来越多的企业和产业开始谈论数字化，通过各种技术手段不断收集、分析数据来获取市场信息，推动企业和产业更智慧的运作。因此，我们需要进一步探究，企业和产业为什么要实现数字化，对于企业和产业来讲数字化与之前相比到底有何不同。

要理解数字化带来了什么，首先需要了解企业和产业运营要达到的目标是什么。从企业运营和供应链管理的视角来看，任何企业的价值均由四个部分相互作用形成（见图 1-1），即经营质量、服务、成本和前置时间。经营质量反映的是企业或产业运营水平的高低，一般而言，它体现为满足客户需求的程度、产品或服务适用的程度、流程一致的程度、最小变异、消除浪费的程度、持续改进的程度等。经营质量越高，实现的企业或产业的价值越大。服务体现的是企业为客户需求提供劳务活动的过程，服务程度体现了企业维系客户、发展客户的能力。具体内容包括客户支持、提供的产品服务和产品支持、柔性满足客户需求以及柔性应对市场变化等。成本是企业为了实现目标而付出的代价，代价越高，企业或产业的投入就越大，相应的效率就可能越低。反映成本程度的因素包括设计与工程费用、生产费用、质量保证的代价、分销费用、采购费用、库存费用等。最后是前置时间，即完成经营活动的周期时间，这个周期越长，经营的成效就越差，客户的满足感就越低。这一维度涵盖的因素包括上市时间、市场反应时间、订单周期时间、库存周转时间等。

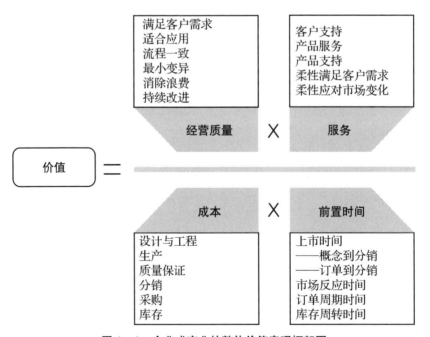

图1-1　企业或产业的整体价值表现框架图

决定价值的上述四个方面相互作用，相互影响。总体上看，经营质量和服务维度越高越好，成本和前置时间维度则反之。运营与供应链管理学者本·奈勒（Ben Naylor）认为，这四个方面大致可以分为两种经营特征：一是精益；二是敏捷。[①]

1. 精益与数字化

精益（leanness）指的是发展一种价值流以消除包括时间在内的所有浪费和无效率环节，并确保企业或产业按照预期水平运行。显然，从这一定义中可以看出，实现精益需要各价值链环节的高效整合和协调，以降低各个主体、各个环节之间因为不协调、不流畅导致的浪费或成本，或者通过价值链各主体、各环节的有效协同使原有的运营效率大为提升（如前置时间缩短）。要实现这一目标，需要将各个业务维度的信息数据化，并且通过数据的交流、清洗、整合和分析，支持相应决策，指引相应业务运营。

华润河南医药以及明希供应链提出的供应链价值创造体系（supply chain value creation，SVC）就是通过数字化实现精益运营，降低成本的典型范例。SVC 把影响价值创造的各种变量通过计算机进行相应关联，使庞大的统计工作实现自动化，从而大大提升工作效率。SVC 的核心是平衡毛利，即商品收入减去实际采购成本和上下游营运资金占用利息的余额，平衡毛利中融入资金占用概念，通过信息系统辅助手段，对上下游客户付款和回款环节、品种及客户结构等诸多要素进行调整，找到公司利润、现金等关键要素的平衡点。平衡毛利最小的单元是品种和客户，而且根据业务变化提供实时的业务数据，可对各种核算单元进行任意组合，生成各种报表。平衡毛利公式除对常规的产品进

---

① Naylor, J. B., Naim, M. M., & Berry, D. (1999). Leagility: integrating the lean and agile manufacturing paradigms in the total supply chain. International journal of production economics, 62(1-2): 107-118.

销毛利、返利、销售折扣、费用进行衡量外，还对采购环节占用资金收益、采购承兑汇票贴息、库存占用资金成本、销售环节占用资金成本数字化。计算结果能细分到每个产品、每个客户、每个供应商。医药商业企业的利润中，资金利息占了很大比重。如何把公司整体层面的资金利息向下细分到每个产品、每个客户，并落实到每个业务员尤为重要。平衡毛利公式综合体现了资金占用成本、财务费用与经营利润的平衡。SVC 这一综合性的财务数字化体系，为业务人员做出业务决策提供了强有力且可靠的支持，为业务人员的业务优化行为提供起点，并使优化结果变为即时可视状态。同时，可靠的分产品、分客户、分供应商的数据支持，能有效增强业务人员与上下游谈判的能力，以最终达到降低营运资本占用、降低资金占用利息、优化现金流、改善盈利能力的目的。显然，SVC 数字化管理工具改变了会计学传统的逻辑关系，把传统的由会计学方法评价企业自身经营绩效转变为用经济学的方法来完成，把纯粹的财务数据拓展成经济要素关系和数据，把业务、客户关系及业务所有流通关系都融入平衡毛利核算体系，也就是把商品流通中所有经济行为都转化成平衡控制系统的基础数据。因此，运用这一工具可以实现公司、各类客户及内部各项指标平衡发展，从而为公司持续创造价值。

2. 敏捷与数字化

敏捷（agile）指的是运用市场知识以及虚拟组织在动荡的市场环境中获取机会的过程。这一定义强调手段和结果的关联与统一，一方面需要充分地运用市场知识，借助信息通信技术灵活的组织能力应对动荡、变化的市场。在一个组织面临高度变化的状况下，企业和产业要持续发展，就需要适时地根据环境的变化调整企业和产业的组织流程，以应对新的市场状况，正如被称为"硅谷精神之父"和"世界互联网教父"的凯文·凯利（Kevin Kelly）在其著作《必然》中指出的那样，"变化是必然的。我们现在承认，一切都是可变的，一切都在变化当中——尽管很多变化并不为人所察觉。我们说水滴石穿，而这颗星球上所有的动植物也在以一种超级慢动作演变成为不同的物种。即便是永远闪耀的太阳，也会在天文学的时间表上逐渐褪色，只不过当它发生时，我们早已不复存在……不断变化不仅仅意味着'事物会变得不一样'，它也意味着流程——变化之引擎——比产品更重要"。而要灵活地调整流程和组织，就需要预见市场环境的变化，并且在变化之前形成市场知识和能力，而这正是数字化能产生的效应。另一方面，敏捷意味着企业可以通过上述灵活配置的知识和能力，创造新的机会或者降低运营风险。这一目标与精益不同，后者关注的是成本降低或者效率提升，而敏捷强调的是发展，降低风险或者获取新的机会。要实现这一目标，同样需要数字化来洞悉可能的机会或者能够降低风险的地方。

上海晶赞科技发展有限公司（以下简称"晶赞科技"）正是利用数字化帮助客户实现敏捷化的科技服务商。该公司成立于 2011 年，其业务包括海量数据分析、机器自动学习、标签、清洗、整合、相关推荐及监测等。晶赞科技根据客户不同的需求，凭借优质的数据库为根本，依托专业创新的投放及监测系统，凭借数据分析能力，不断优化互联网营销资源，从媒体资源挖掘到信息整合，从消费者群体的个性化分析到后续的实时监测追踪，从最终营销方案的确立到媒体的及时有效投放，提供数字营销全面优化建议，多角度、全方位为客户做到最精准投放及最有效覆盖。公司的理念是希望通过大数据来推动整个产业智能化，即"数据推动变革"。晶赞科技的主要产品包括 ChinaDEP 大数据交易平台、zampdmp 晶赞天机受众智能管理系统、zampda 晶赞雷达受众精准营销服务平台。通过这些平台，晶赞科技可以为客户实现数据处理、管理和交易，进行受众智能分析，进而完成精准营销、数据流通的完整链条。

3. 数字化的不同之处

从上述阐述中可以看出，对于任何企业或产业，实现精益或敏捷是实现价值的重要途径，而数字化则有利于这些目标快速实现。这是因为数字化所产生的效应对于企业和产业运营具有重要的作用，这种效应就是威尔斯（Wells）和戈贝里（Gobeli）所提出的"3R"效应，即以信息技术为基础的数字化战略带来的最大的变化是触达性（reach）、丰富性（richness）和广泛性（range）。[①]

按照威尔斯和戈贝里的理解，触达性是企业通过数字战略让客户与产品或服务连接的程度。触达性主要通过对主要价值链活动的有效管理来实现，包括供应链管理、生产、分销、营销、客户服务等。显然，触达性能助力企业很好地连接市场和客户，并且最终实现价值流。诸如通过现代信息技术的作用，企业能够通过更有效、更便捷的方式组织生产，更为直接有效地连接客户，传递产品和服务，这就实现了触达性。成立于1999年的阿里巴巴国际站，是阿里巴巴集团的第一个业务板块，现已成为全球领先的跨境贸易B2B电子商务平台。该平台以数字化格局技术与产品重构跨境贸易全链路，精准匹配跨境贸易买卖双方业务需求，提供数字化营销、交易、金融及供应链服务。借助这一电子商务平台，世界上任何买家或卖家都可以高效率地对接交易对象，轻松地与第三方合作，完成物流服务、融资支付、跨境结算等业务，这便是数字化所能实现的高触达性。

丰富性指的是企业可以提供给客户的信息深度和细节，或者收集到

---

① Wells, J. D., & Gobeli, D. H. (2003). The 3R framework: improving e-strategy across reach, richness, and range. Business horizons, 46(2): 5.

的有关客户信息的深度和细节。可以看出，丰富性为企业提供了基于定制化的产品和服务，精准服务客户的机会。丰富性反映了数字化所体现的两个优势：一个是与客户有效互动，全方位地获取有关客户的特性信息。客户的数据和信息往往是多维的，既有可能是时间维度上的数据信息（即反映客户的历史、现在或未来可能发生的行为），又有可能是空间维度上的数据信息（即反映客户在不同地域、不同状态下的行为）；既有可能是客户主体的信息数据（如客户的资质、信用等），也有可能是客户面对的客体信息数据（如客户生产经营所需的生产资料、从事的业务或产品等）；既有可能是客户经营要素的信息数据（如客户运营中的技术、设计、采购、生产、分销、营销等经营要素），也有可能是客户情感或品质的信息数据（如守法守约的状况、发生道德风险的可能等）；既有可能是客户静态的信息数据（某个特定时点的状态），也有可能是客户动态的信息数据（客户全生命周期的状态变化）；既有可能是单点的信息数据（如特定企业自身的状态），也有可能是网络的信息数据（即客户在网络中的状况，以及所在环境的状态等）。数字化所能实现的丰富性，需要全面、实时地掌握这些多维度的信息数据，从而为精准决策提供强有力的支撑。另一个优势在于它能将数据、数字转化为市场机会，为客户提供定制化的产品和服务。如易流科技依据在易流平台上积累的运输过程和业务数据以及第三方机构的相关数据进行不同额度的授信（一般为小额短贷），并基于真实的运输轨迹和单据进行数据风控。物流企业可以通过运单贷筹集资金，向司机及时支付运费，减轻运营压力；司机也可以在安全完成物流运输后第一时间收到运费，不再因押金、预付款等旧模式扯皮。其开展的物流金融业务，一年内累计服务物流企业近千家，放款总额超过2 000万元，没有出现一笔坏账。

广泛性指的是企业向客户提供广范围信息和服务，实现价值主张的程度。这一特性显然要求企业跨越单一的渠道或者维度获取、传递信息和服务，整合各类渠道、各个维度全方位地展现信息数据，提供综合性产品或服务。在企业运营中，特别是当企业嵌入在产业网络中，涉及的主体、环节、维度非常复杂、多元，要想精准地判定市场和客户需求的变化，防范潜在风险，就需要将不同主体（诸如客户、供应商、供应商的上游、客户的下游、其他利益相关方等）、环节（设计、技术、采购、生产、分销、营销、服务等）、维度（交易、物流、资金流）的信息进行整合。数字化不仅为实现这一目标提供了有力的手段，而且也提供了基于数据的洞见和预测，可据此为经营决策提供支持。诸如，京东数科推动的政府数字化服务正是通过数字化实现城市数据的广泛性，进而助力城市发展的典型。京东数科以智能城市操作系统为"底座"，打通城市各个方面、各个部门、各个环节的数据壁垒，构建数字城市生态，提出基于智能城市操作系统的"一核两翼"体系。其中，"一核"是指市域治理现代化，服务于政府的决策者，提高城市治理的效率和精细化水平。诸如在江苏省南通市，京东数科打造了其市域治理现代化平台的"南通样板"，助力当地政府建成了全国首个市域治理现代化指挥中心。指挥中心突破性地打破了数据孤岛，汇聚南通市 75 个部门数十亿量级的数据，打造一系列创新应用，解决了跨多个委、办、局的业务痛点。左边"一翼"是 AI+ 产业发展，服务于企业，带动生产贸易的增长，实现产业高质量发展。如在四川广汉落地的全国首个智能农业操作系统，在不到一年时间内助力当地 22 个品牌 102 个商品的线上贸易额实现大幅增长。右边"一翼"是生活方式服务业，服务于民生，促进消费。"一核"与"两翼"并非割裂地存在，而是基于共同的数据基底——城市操作系统——完成数据的沉淀和相互促进，最终实现城市管理、产业发展和民生改善之间的协同效应和良性循环。

1.3　如何理解数字化转型

鉴于数字化对企业和产业可能带来的影响，积极促进企业从传统运营方式向数字化运营方向转型成为众多企业或产业的选择。然而，如何理解数字化转型、数字化转型中的关键是什么，是需要进一步探究的问题。

很多学者和组织对数字化转型有着不同的定义和解释，有的将其理解成在一个不断增强的数字环境中从事商业活动；有的则认为是由信息技术驱动的自动化所实现的改变；也有的将其看作应用数字能力和技术形成商业模式的过程。在实业界最具代表性的观点是国际数据公司（International Data Corporation，IDC）的定义，该定义认为数字化转型是应对客户和市场中（外部生态）破坏性变革，通过数字能力创新商业模式、产品和服务，无缝连接数字、物流、交易和客户体验，改进组织运营效率和绩效的持续过程。[①] 加拿大学者格雷戈里·维尔（Gregory Vial）认为数字化转型是通过组合信息、计算、通信和连接技术触发重大变化来改善组织体的过程。[②] 显然，无论是实业界还是理论界都认为数字化转型有几个特征：一是数字化变革面对的对象不仅仅是单个企业，也可以是其他形式的组织体，诸如社会和产业；二是数字化转型变革的范围涉及组织体的方方面面，既有可能是对整个商业模式和战略的影响，也有可能是对组织经营流程和要素的改变；三是推动组织体发生改变需要借助现代信息通信技术，或者说正是借助一些技术的作用实现了变革和发展；四是数字化转型的结果不是一个静态预期目标，而是组织体持续优化和改进的过程。

---

① IDC. (2017). Harnessing corporate knowledge in a time of digital disruption, 5.

② Vial, G. (2019). Understanding digital transformation: a review and a research agenda. The journal of strategic information systems, 28(2): 118-144.

基于以上对数字化转型的理解可以看出，数字化改变了传统业务的运营方式以及企业的商业模式。安达尔·安西翁（Andal Ancion）等在《麻省理工斯隆管理评论》上撰文提出，数字化转型对于企业传统业务而言，带来了三个方面的改变：一是产品和服务固有特性的改变，即增加了产品服务的信息密度，提高了定制化的程度，实现了更为迅捷的电子交付，产生了供需聚集效应；二是使得企业与客户之间的交互方式发生改变，即降低了双方的搜寻成本，产生了实时交互，达成协议的成本下降；三是企业与合作伙伴或者竞争对手之间的交互行为发生了改变，即企业与企业之间产生网络效应，合作伙伴之间达成标准化，产生协同一致的利益，借助网络能够最大限度整合运用外部优势资源。

综上，数字化转型是任何组织体不可抗拒的趋势，也是重塑竞争力的重要手段。然而，是否只要采取了数字化技术，就能够实现转型与升级？显然，答案是否定的。如今在整个商业社会大谈数字化转型之际，对转型失败的探索也是值得关注的话题。2018 年，托马斯·达文波特（Thomas H. Davenport）和乔治·韦斯特曼（George Westerman）在《哈佛商业评论》上撰文指出很多数字化转型导致的结果不是成功而是失败。[①] 例如，早在 2011 年，通用电气着手对公司进行一系列数字化改造，比如通过在产品上植入传感器、搭建物联网平台，来改变工业产品的传统销售模式；在公司内部引进数据化系统，更好地促进销售和供应商之间的联系等。这些做法虽然得到了媒体和专家的肯定，但是投资者并不买账，因为公司的股价一直持续低迷，就连当初大力推进改革的CEO 杰夫·伊梅尔特（Jeffrey Immelt）也黯然离职，新上任的 CEO 做的

---

① Davenport, T. H., & Westerman, G. (2018). Why so many high-profile digital transformations fail. Harvard business review, 9: 15.

第一件事情就是削减开支。数字化转型失败的例子还可以列举很多，乐高公司最近就宣布放弃了数字设计师的计划；运动品牌耐克则早早裁撤了自己的数字硬件设备部门；奢侈品牌博柏利打出的口号是"要成为全球最佳的数字奢侈品牌"，但是业绩没有任何起色；福特公司重金投入的数字化转型，导致公司成本大幅增加，股价表现也因此受到了拖累。综合这些失败的案例，他们提出导致很多企业数字化转型失败的根源在于四点：

第一，这些公司数字化转型不成功有可能跟行业大环境和整体经济情况有关，这些因素往往比数字技术对公司的影响更大。外部环境和行业的巨变，往往不是任何组织体通过自身战略的调整能解决的，如当经济处于商业周期的衰退期，或者行业属于夕阳产业，身处其中的企业难以通过数字化来扭转困局，或者改变被淘汰或者失败的命运。

第二，数字化并不是一项只要采用就能解决所有的问题，保证企业取得成功的具体技术。事实上，数字化并非就是采用现代信息通信技术，而是对组织全方面、多维度的改造和升级。这一观点与很多数字化研究的结果相同，诸如伦卡等（Lenka et al.）指出，数字化能力不仅仅是应用技术获得智能数据，而是需要将不同环节获取的数据形成连接，并且通过分析洞察客户的价值和可视化价值的过程。[1] 由此可见，要实现数字化对企业经营产生重大的作用，需要以 CEO 为代表的领导层不断地推动和做工作，尤其是打通数字部门和非数字部门之间的交流、配合。

第三，推动数字化需要抓住时机，要看到行业和客户是否已经准备好，同时数字化一定是能给客户和行业带来巨大的新的价值。有时，数

---

① Lenka, S., Parida V., & Wincent, J. (2017). Digitalization capabilities as enablers of value co-creation in servitizing firms: digitalization capabilities. Psychology & marketing, 34(1): 92-100.

字化转型太早也会使组织失败。比如，宝洁公司在 2012 年和 2013 年大力推动数字化，并且在数字化这件事上领先全行业。不过，宝洁为此付出了高昂的代价，收效却并没有预想的好，也导致了公司 CEO 的离职。所以，今天宝洁的数字化策略就是，数字化转型和创新要持续，但必须跟公司战略相关，必须要带来公司价值的提升，而不是盲目地为数字化而数字化。

第四，为了数字化而忽略了原有的业务，也是转型失败的重要原因之一。对于公司的 CEO 来说，推出一个看上去很时髦的数字化转型战略，设立一些首席信息官、首席数字官等职务，能够收获来自媒体、咨询专家、业内同行等各方面的赞誉。这就导致 CEO 们会过度重视新业务，而忽略了对传统业务的支持和投入，往往后者才是公司最重要的业务部门。

从以上数字化转型失败的原因中可以看出，要推动组织成功的转型需要从战略、组织和体系上予以充分的研究和保障。首先，在战略上需要确立选择做什么、不做什么，希望通过数字化为客户和行业带来什么新的价值，即要实现成功的数字化转型，需要组织形成清晰的数字化路线图。这就需要深刻理解产业环境和企业环境蕴含的机会与威胁，在深刻理解环境的基础上，洞悉产业、企业、合作伙伴和客户之间的互动关系和价值变化，并且根据上述分析确立自身需要转型调整的关键战略，以及组织在转型中的定位。其次，在组织上，既要有数字化转型的组织机制保障，又要有相应的文化氛围。组织机制保障需要明确转型的责任主体，制定合理的组织业务目标，配套考核和激励机制，优化组织间协作流程。在适合的条件下，还应成立专门的数字化转型组织，协调业务和技术部门，建立数字世界和物理世界间的协同运作机制，统筹推进数字化转型落地。文化氛围是要营造数字化创新的价值观和制度，推动从个体、企业到供应链整体协同推进数字化的意识，并且建立相应的绩效计分卡和激励机制。最后，在体系上，需要从顶层设计开始，规划采用的技术、改进的业务和流程，以及数字化转型所需要的能力体系。显然，上述三个方面共同决定了数字化转型成功与否。

在有效推动数字化转型应当关注的要点方面，赫斯（Hess）等在《麻省理工斯隆管理评论》上撰文提出了明确数字化转型的四个方面十一个问题：第一个方面是关于新技术的应用，具体的问题包括：（1）信息技术对实现公司战略目标有多重要？是驱动力还是发挥支持作用？（2）企业在采用数字技术上有什么远大目标？是创新者、领先者还是追随者？第二个方面涉及所创造的价值，具体的问题包括：（3）企业如何实现与客户接口的数字化？是通过数字化渠道、数字化平台还是全新的数字业务？（4）企业如何从未来的运营中获益？是内容付费、免费、广告，还是通过互补业务获益？（5）企业未来的业务范围是什么？即通过数字化实现什么样的商业模式？第三个方面是关于结构的，问题包括：（6）谁来推进数字化转型？是公司的整个领导层共同推进，还是某个高层领导负责？（7）企业是将新的运营集成到现有的业务中，还是独立创建业务？（8）企业通过数字化期望业务运营的哪些方面发生变革？是产品和服务、商业流程，还是技能？（9）为了实现数字化转型，企业是否需要培育新的能力？采用什么途径培育或获取这种能力？是自我发展、合作发展、并购获取还是外部采购形成？第四个方面是关于数字化转型的财务问题，主要思考的问题包括：（10）现有核心业务的财务压力如何？特别是根据现有状况和未来状态，分析提升核心业务现金流或盈利率的紧迫性有多大。（11）为了支持数字化转型，从哪个途径获取这一转变所需要的资金？是内部筹集还是外部融资？显然，这四个方面十一个问题涉及数字化转型的方方面面,是企业推动数字化转型时需要慎重考虑的问题。

1.4 数字化转型与数字供应链

从以上数字化转型的内涵以及关键要素可以看出,数字化转型是推动组织持续改进和创造价值的重要途径,而实现数字化转型,则需要从战略、组织和体系等各个方面,以及企业内部和外部两个方向形成系统化变革。

世界著名的咨询公司高德纳(Gartner)发布的《2019 年全球首席信息官议程调查报告》[①] 将 IT 发展分成三个阶段:IT 工匠时代(IT crafts-manship)、IT 工业化时代(IT industrialization)、数字化时代(digitalization),并且明确指出了这三个阶段的不同维度的特征(见表 1-1),之后发布的《2021 年全球首席信息官议程调查报告》再次强调了这四个维度在数字化时代的特点。[②] 首先,在数字化输出和产生的结果方面,IT 工匠时代利用一些 IT 解决了日常经营管理中的常见问题,实现了少量的自动化和创新;在 IT 工业化时代,技术不再是解决日常问题,而是通过向客户提供服务和解决方案,实现效率和效果的提升;在数字化时代,主要的输出和结果是业务和运营模式的改变,特别是在 2021 年的报告中,高德纳指出如今破坏性环境的出现不再是例外,因此,面对这一动荡变化的环境,数字化输出的是能不断推动业务模式的创新和发展。其次,在链接状态方面,IT 工匠时代各个功能或者部门都是相互独立的,企业内部以及企业之间没有任何形式的链接和协调;IT 工业化时代企业内部的各个

---

① Gartner. The 2019 CIO agenda: secure the foundation for digital business.

② Gartner. The 2021 CIO agenda: seize this opportunity for digital business acceleration.

功能或领域通过 IT 实现了整合，但是企业之间没有任何形式的合作协同；在数字化时代，不仅企业内部各个功能高度整合，企业与企业之间也是高效协同的，也就是说数字化时代是要实现组织之间的无缝链接，只有实现了组织体系的协同合作，才能重塑业务运营，及时应对外部任何可能的风险和威胁，增加供应链弹性。高德纳在 2021 年报告中高度强调了供应链弹性的重要性，即整个上下游经营体系能否应对中断风险，快速恢复甚至强劲运营。在所形成的能力方面，IT 工匠时代只是强调程序化运作能力，依靠系统来完成相应任务；在 IT 工业化时代，强调整个 IT 管理，通过企业信息化实现企业服务管理；在数字化时代，能力的形成来源于内外各类资源的有效整合，通过综合性、系统性的能力更好地对接客户、服务客户，为客户创造价值，从而形成持续的供需关系。最后，在主要关注点上，IT 工匠时代关注技术本身，试图通过技术推动运营改变；IT 工业化时代关注企业经营和管理的流程；数字化时代更加关注业务驱动的技术，或者说通过技术的应用实现整个运营体系的创新和发展。

表 1-1 高德纳 IT 三阶段划分

主要维度	IT 工匠时代	IT 工业化时代	数字化时代 （2021 年强调的关键要素）
输出和产生的结果	少量自动化和创新，解决常见问题	服务和解决方案，提升效率和效果	业务和运营模式的转变 （破坏性环境的出现不是例外，不断推动业务模式的创新）
链接状态	彼此独立，内外部用户均未连接	以内部员工为用户，未与外部客户连接	确保以客户为中心 （重塑业务的运营，以增强效率和供应链弹性）
能力	程序化，系统管理	IT 管理，服务管理	资源化的产品管理 （利用数字化建立与客户长远持续的关系）
主要关注点	技术	流程	业务驱动的技术 （以数字业务加速为核心的技术）

从高德纳的三阶段划分可以看出，数字化时代注定不仅仅是一个企业内部的战略调整和变革发展，而且需要结合外部合作伙伴来共同形成数字化能力，推动整个上下游甚至整体网络的协同价值创造，也就是说，数字化转型的重要实现形态是打造和建设数字供应链。

不同于企业管理关注于单一企业的经营和管理绩效的实现，供应链管理更注重企业与企业之间如何通过合作和协同运营，提升整个上下游产业的竞争力。按照我国国家物流信息中心发布的《中华人民共和国国家标准——物流术语》，供应链是生产及流通过程中，为了将产品或服务交付给最终用户，由上游与下游企业共同建立的网链状组织。供应链管理则是对供应链涉及的全部活动进行计划、组织、协调与控制。美国供应链管理专业协会的定义指出，"供应链管理包括规划和管理供应采购、转换（即加工生产）和所有物流活动，尤其是渠道成员的协调和合作，包括供应商、中间商、第三方提供商、客户。从本质上讲，供应链管理是对企业内外供应和需求的全面整合"，其内容包括所有物流活动、生产运营，以及营销、销售、产品设计、金融、信息技术之间的协调。利丰研究中心认为，"供应链管理就是把供应链最优化，以最小的成本完成从采购到满足最终顾客的所有流程，要求上述工作流程、实物流程、资金流程和信息流程均有效率地运行"。总之，供应链管理在组成成员上覆盖了产业运行中的所有参与者和关联方；在管理流程上，强调交易流、物流、资金流和信息流，甚至人力资源流的全面整合；在管理要素上，强调基于信息交互的协同和整合。

正是供应链所具备的上述特点，使得供应链既是推动数字化转型的驱动力，又是数字化转型的对象或着力点。一方面供应链管理跨越多环节、多主体、多功能的特征，特别是以信息流整合为基础的交易流、物流和资金流的协同，有助于数字化技术的应用以及通过数字化来更好地提升整个供应链的效率和效益，如果没有多主体的配合、多环节的协同，数字化难以得到实施。另一方面，供应链也是数字化转型的着力点。供应链管理要想真正做到多主体之间的协同整合，特别是实现"四流"高效结合，离不开数字化。事实上，信息流的整合就是数字技术发展带来的效应。此外，供应链经常遭遇到中断威胁，或者说各类风险对供应链持续发展构成了挑战，要想在多变、充满风险的环境中形成强韧的供应链体系，没有高度的数字化难以实现。因此，数字供应链是未来企业和产业寻求长远发展必须面对的方向。

本书正是基于这一视角，探索数字供应链的话题，在修正了格雷戈里·维尔提出的数字化转型路线或框架[①]的基础上，对数字供应链的探索分为如下主题或章节（见图 1-2）。

维尔提出数字化转型一定是破坏性环境下的战略调整，要实现数字化就需要充分了解这一环境变化的特征，深刻理解这一环境对于组织产生的影响，因此，第二章探索了数字化对于供应链价值创造的影响，从而理解供应链变革发展及其实现数字化的深刻背景；第三章是分析面对环境变化下的战略反应，或者说破坏性环境推动了供应链数字化，因此，这一章探索数字供应链的内涵以及主要维度和框架；第四章探索了数字供应链技术，这是数字供应链具体应用的工具，也是进一步触发环境变化发展的推动力量之一；第五章具体探索了供应链数字化创新的关键要素，以及相应的价值创新模式；数字化转型一定伴随着结构性的变革，即价值创造的组织方式和实现方式的变革，为此，第六章提供了一个数字供应链的整体分析框架，从探索价值主张，到价值创造，以及最

[①]　Vial, G. (2019). Understanding digital transformation: a review and a research agenda. The journal of strategic information systems, 28(2): 118-144.

终的价值捕获，来解构数字供应链如何进行组织落地；第七章提出了一个全新的分析视角，即数字供应链的风险管理与安全韧性建设，这一章提出将数字化与供应链安全韧性建设相结合，一方面利用数字化强化安全可靠的供应链，另一方面建设具有韧性的供应链也需要数字化技术的助力和创新；第八章介绍和分析了数字供应链治理，系统探索了价值链治理、供应链网络治理的形态和要素，此外，针对数字化的特点，本章还专门探索了信息数字治理问题；第九章则展望了未来数字供应链的进一步发展趋势和挑战。

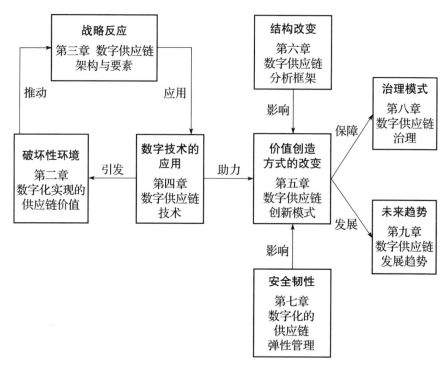

图 1-2　数字供应链分析框架与章节安排

第二章
数字化实现的供应链价值

2015 年腾讯公司推出了企业级 SaaS 服务——腾讯企点，该服务以即时通信、音视频、人工智能、大数据、云呼叫中心等科技为基础，结合微信、QQ 社交通路等全沟通渠道，打通企业从营销孵化、销售转化、交易协同到客户服务的全业务流程，沉淀并发挥数据资产的潜能，降低人力和运营成本，实现企业智慧客户运营的数字化升级。腾讯企点包含一组 SaaS 产品组件：

- 企点客服。该服务主要是通过微信公众号、小程序、QQ、App、网页、电话等全渠道触达客群。智能推荐、机器人、工单、质检等功能帮助客服团队促进销售转化与复购，提升服务体验，升级客户忠诚度。

- 企点呼叫中心。该服务通过云端架构支持快速部署、弹性扩容，精准洞察客户需求。通过智能外呼提升接听率、促进潜客成单。智能路由、自动化录音质检、机器人外呼等功能全面提升人工效率、降低人力成本。

- 企点营销。通过社媒、直播、会议、网站全触点互动帮助客户企业获客，打造私域流量池沉淀线索，提升获客—培育—转化的效率，分析客户需求，构建 360 度视图，实现全生命旅程运营。

- 企业 QQ2.0。该服务通过视频面试、音视频会议、电子合同等让组织协同、生意洽谈更高效。与商通、商圈、抢单王结合使用，即可构建行业生意圈，触达更多客户，挖掘更多商机，撮合更多生意。

- 企点应用市场。提供强大丰富的应用套件，不仅包含审批考勤等

OA 类应用，还有面向 B2B 的专属行业应用，满足企业的个性化
需求。

- 企点供应链协同。该服务主要包括：商通服务，即借助 AI 技术
  帮助客户提升商机，提高交易撮合效率；商圈服务，即帮助企业
  搭建自有商城，融合多领域专业服务，拓展业务网络。

例如，招商信诺人寿是一家专业、稳健、以健康险为专长的中外合
资寿险公司，为企业和个人提供涵盖保险保障、健康管理、财富规划的
全方位产品及服务，中外股东分别为招商银行和美国信诺集团。该企业
在原有的业务运营中面临的三大痛点，使用腾讯企点后得到有效解决：
第一，传统的一对一人工电话接待能力有限，已不能满足年轻化客户的
需求。腾讯企点通过在线客服接待客户，高效响应客户咨询，利用丰富
的图片、文字等形式提升沟通体验。企业在线客服接待率由 9% 提升至
30%。第二，传统运营中客户咨询量大，存在大量简单重复问题，为解
答这类问题投入的人力成本居高不下。腾讯企点通过智能机器人解决客
户大部分常规问题（大约 65%），复杂问题再交给人工。第三，传统运营
仍处于各渠道分别接入客服的阶段，且独立业务系统较多，数据整合难
度大。腾讯企点充分发挥平台能力，全面整合企业各接触点数据，为企
业提供定制化服务。

从上述腾讯企点的服务战略中可以看出，腾讯将其通信、数字化
能力渗透到客户企业供应链运营的各个方面，帮助企业运用数字化技
术提升供应链运营的效率和效益。

为什么如今的企业需要应用数字化来实现供应链运营的转变？数字
化能够帮助企业和产业在供应链管理方面提升什么能力？在本章中，我
们将分析数字化对不同行业供应链的影响，以及需要解决的关键问题。

2.1 产业供应链为什么需要数字化?

2.1.1 产业供应链亟待实现"四个有机化"

为什么互联网、物联网、大数据、云计算和区块链等现代通信技术对实体产业具有重要作用? 如何理解这些要素对供应链的影响? 要解决这些问题, 首先需要清楚供应链的本质以及目前中国企业面临的挑战。供应链是一种系统论视角下的产业运营体系, 其初衷在于通过打破组织内部及组织间业已存在的业务孤岛、信息孤岛, 有效规划和管理产业链上发生的供应采购、生产运营、分销和所有的物流活动, 特别是产业链所有相关方之间的协调和合作, 实现商流、物流、信息流和资金流的高效整合。显然, 这一目标的实现意味着在管理上要实现"四个有机化"。

产业组织网络的有机化, 即如何采用有效的方法将产业中的各个利益主体整合成相互协调、相互配合、相互支撑的专业分工体系, 为实现共同的目标运行。然而, 各个利益主体有各自独特的利益诉求, 从事千差万别的业务, 经营管理所凭借的资产形态各异, 将这些主体协同起来围绕共同的目标经营, 显然具有较大的挑战。这也就意味着需要通过互联网、物联网、大数据、区块链这类信息化技术手段, 有效、合理地识别、组织和管理相应的利益相关方, 从而通过相应的分工协作实现共同的目标, 最终实现效率、效益和效果。例如, 在化工行业, 密尔克卫是一家具有代表性的化工供应链管理服务商, 早期以提供货运代理、仓储运输的一站式综合物流服务为核心。在其强大的物流服务基础上, 密尔克卫于 2016 年开始开发化工品线上交易系统, 为客户买卖化工品提供线上交易平台，并开始进一步参与供应链上下游客户的生产、销售决策环节以及设计物流解决方案，由传统的物流服务逐步向供应链管理综合服务，尤其是增值服务领域拓展，通过数字化平台将化工行业，特别是危化行业的参与者整合在平台上，协同开展国内以及跨境化工供应链运营业务。

产业价值网络的有机化，供应链是一个价值逐级生产、分层传递的过程，在这一过程中需要设计、挖掘和实现不同的价值元素，并且将不同主体创造出来的不同价值元素聚合成完整的价值包服务于客户。产业价值网络的有机化既需要合理地形成各具核心竞争力的价值元素，又需要协调相互不同的价值单元，形成有机的价值整体。没有各自独特、具有竞争力的价值单元，就很难形成最终的价值体系和系统。同样如果不能协调、整合差别化的价值单元，各种价值单元只能是分散化的价值孤岛，难以产生系统化的价值。特别是供应链往往是由众多的上下游环节组成，各个环节从事不同的生产经营，相互依存，共同形成价值的生产过程，因此，如何有效地将不同价值环节衔接贯通，成为供应链发展的关键。例如，上述化工行业大致由上游原料行业、中游加工行业和下游终端消费品行业三大环节贯穿而成。上游原料行业是整个化工产业链首要也是最基础的一环，在国民经济中具有举足轻重的地位和作用，主要涉及石油、煤炭和天然气这三大类原料资源的勘探、开发、储运等环节。这些原料作为中下游化工产品的重要供给，蕴藏着巨大的经济效益。中游加工行业可分为基础化工和精细化工两大类。基础化工行业主要包括石油化工、煤炭化工、天然气化工等原料基础加工行业。精细化工行业则是对基础化工产品的精加工，主要指产量相对较小、生产工艺精密、产品附加值高，具有专门功能或最终使用性能的精细化学品生产行业。在基础化工行业中，石油化工和煤炭化工的产业链最为庞大复杂。以石油化工行业为例，其中最为基础的工艺环节就是炼油。炼油是指通过蒸馏或催化裂化等工艺，将原油分解为成品油（汽油、柴油、航空煤油）以及石脑油、渣油、沥青等石油副产品。这些副产品再经过催化裂化工艺，可以成为各类润滑油以及种类繁多的有机、无机化工原料，作为精细化工行业的重要生产原料。精细化工行业是综合性较强的技术密集型行业。生产过程中工艺流程长，化学反应多，原料复杂，对原料的纯度要求高，中间过程控制要求严格，涉及多领域、多学科的理论知识和专业技能。与基础化工产品相比，精细化工产品更接近终端消费者，直接服务于国民经济的诸多行业和高新技术产业的各个领域。下游终端消费品行业，则主要是对精细化工产品的进一步细分和深加工，这些最终产成品以完整的形态直接面向消费者，成为与日常生活最息息相关的部分，涉及汽车行业、家电行业、纺织行业、建筑房地产业、农业、医药业等诸多领域。综上所述可以看出，整条化工产业链在纵向上呈现出上、中、下游环节的贯穿结构，在横向上呈现出各个品类、各个领域的延伸拓展结构，构成了一张纷繁复杂的价值产业网。因此，要实现整个产业的价值，就需要通过数字化来组织不同的经营环节、不同的经营主体按照既定的方式进行价值创造和传递。

　　产业物流网络的有机化，涉及在供应链运营的过程中如何使商品、服务以及相关信息，从发生地到消费地有效率有效益地正向、逆向移动，以及与储存、加工等活动相关的计划、执行和控制过程。显然，当今的物流管理不同于以往传统的物流作业，它具有战略性的作用。具体来讲，现代物流不仅仅是商品或服务在时空上的移动，更是对全程信息的收集、分析和管理的过程，因此，物流管理对产业企业而言，无疑成了重要的信息支撑和服务竞争的高地。此外，现代物流不是单向的商品移动过程，而是完整的供应链闭环。这意味着管理流程不仅是正向的（从供应商经生产企业、分销企业，流向消费者），而且也是逆向的（从消费者反向流向生产者、经销企业，甚至供应商）管理过程。除此之外，现代物流管理需要考量效率和效益的均衡，既不能为了效率牺牲效益（如为了节约成本牺牲客户的服务质量），也不能为了效益牺牲效率（如为了抢占市场导致企业成本急剧上升），物流管理的核心在于有效地寻求两者之间的均衡。这一价值诉求无疑需要企业能够通过信息和数字化合理规划物流网络和库存节点，同时在恰当的时候，组织恰当的第三方物流，以恰当的方式从事恰当的物流运营和管理活动。

最后是产业资金网络的有机化，即通过高效的资金融通、支付结算和财富管理，实现全产业链资金充足、运行稳定和安全，缩短产业的现金流量周期。现金流量周期是当今企业供应链运作绩效测评的重要工具和手段，其基本内涵是单位货币从原材料投入到市场价值实现的周期时间。这一概念所揭示的含义跨越了整个供应链活动的全过程，不仅包括了企业内部的各种作业活动，如采购、仓储、生产、分销等，也涵盖了企业外在的经营行为，如客户服务等活动。其计算可以按照库存商品所产生的收益周期来进行，一些学者认为现金流量周期能够帮助企业建立良好的绩效检验工具或矩阵，以优化企业的供应链物流行为，确立优化的商业运作模式。

上述"四个有机化"是相辅相成的管理流程，相互影响、相互作用。组织网络有机化是供应链的结构性形态，是其他三个有机化的基础；物流网络有机化是供应链产品或业务的流动状态，它影响资金网络有机化和价值网络有机化的实现程度；价值网络有机化是供应链的内在核心，它是决定其他网络形态能否持续发展的关键；资金网络有机化是供应链效果的表现，它决定了供应链绩效。

企业一旦实现了上述"四个有机化"，抵御风险的能力就会增强，核心竞争力就会形成。而问题的关键也就在于上述"四个有机化"的实现并不容易，主要原因涉及主观和客观两个方面。从主观上讲，一个单一企业无法及时全面地掌握产业链的各种状况、各种活动和各类主体，即便有合作者愿意协调、沟通，也缺乏有效的互动和协调手段。从客观上讲，今天的产业活动越来越复杂、越来越广泛，商业活动也越来越国际化、全球化，空间、时间上的差异使"四个有机化"往往难以实现。冯氏集团（原利丰集团）荣誉主席冯国经先生讲过，世界既是平坦的，也充斥着大量的沟壑和山谷。他指出："全球贸易规定、国家法律、贸易集团以及其他因素使得这个世界凸凹不平，既现代又古老。"因此，在这个世界既平坦又起伏不定的时代，实现"四个有机化"必然面临巨大挑战。数字技术为这些目标的实现提供了良好的契机和途径，也就是说，互联网（包括移动互联网）、物联网、云计算、大数据这些技术创新和手段，一旦融合进产业中，不仅可使上述问题迎刃而解，而且能进一步创造出高度智能化、服务化的供应链体系，也就是数字供应链。换句话说，数字供应链借助新的技术，通过供应链运营的高效率和高效益，不仅打破了组织内和组织间的壁垒，融商流、物流、信息流和资金流为一体，提高了效率，而且推动了产业的升级与发展，拓展了服务化的市场空间，带来了新的效益。这一点可以通过华能大宗供应链数字化方案得到体现。

2.1.2　数字化助力供应链智慧化：华能大宗

上海华能电子商务有限公司是国家能源巨头——中国华能响应国家供给侧结构性改革和发展现代供应链号召，顺应能源行业市场化发展趋势，贯彻"央企改革"新思路成立的互联网创新公司，旨在打造大宗商品供应链集成服务生态平台，深耕能源互联网、冶金供应链、工程配送、工业备品备件等 B2B 大宗商品领域，同时为客户提供智慧物流、供应链金融、电商交易、大数据应用等一站式、平台化集成服务，推动产业结构升级。旗下华能大宗平台聚焦电力、能源及相关产业链，服务领域以煤炭、电力物资、钢材为主，逐步拓展到建材、有色金属、化工等大宗商品主要品类，打造千亿级交易额、国内一流、业界领先、供应链管理服务一体化平台。平台基于央企品牌和资源优势，利用大数据、云计算、物联网等互联网技术，构建了以"能"系列产品为核心的智慧供应链集成服务平台，为产业链上下游客户和合作伙伴提供"端对端"的一站式服务。经过近些年的发展，华能大宗已经逐步形成了一套打通线上线下，涵盖物流、采购、销售、金融和技术服务的供应链集成服务体系。

1. 电力行业的挑战与华能大宗的供应链服务目标

中国的电力改革促使行业竞争环境面临重大变革，能源供应链转型升级迫在眉睫，这主要表现在：一是电力市场化改革促使电价逐步下行。新一轮电力体制改革的总体思路是"管住中间、放开两头"。放开两头意味着电力的商品属性将逐渐被还原，发电企业需要在市场上直面竞争，在供大于求的情况下，电价将由政府定价向市场供求均衡价格方向趋于下降。二是售电市场同质化竞争将会加剧。电力市场充分开放后，如果发电企业不能迅速转型为综合能源供应商，不能设计出差异化的能源服务套餐产品以满足终端大客户需求，将面临严重的产品同质化竞争局面。三是电力企业控制电煤供应成本压力将进一步增大。在电力市场价格竞争加剧的背景下，电力企业将会面临更大的降低成本压力。目前我国电力企业仍以火力发电为主，对煤炭资源依赖性较大，度电成本中电煤成本占 80% 以上。而我国煤炭运输物流成本大大高于日美等发达国家，占煤炭供应总成本的 60% 以上，成为制约电力企业降低发电成本的关键因素。四是发展新型综合能源服务领域将成为电力企业竞争的新蓝海。未来的能源行业将是"客户为王、渠道为王、服务为王"的崭新时代，能源服务企业的竞争力将来源于为客户提供的能源服务方案的竞争力，而不是单纯的能源产品竞争力。能源企业如果能够积极运用新模式、新技术为客户创造能源服务的新价值，势必将在未来的竞争中塑造全新的竞争优势。根据中国能源研究会和埃森哲联合预测，预计到 2030 年，中国能源产业链、能源管理和能效提升产业链的增加值将达到 12.3 万亿元，综合能源服务领域将成为新电改后电力企业竞争的新蓝海。

面对上述行业挑战和机遇，华能大宗确定了通过数字化实现能源供应链服务化的发展定位。

第一，围绕电力行业客户需求设计供应链服务体系，将供应链从产品导向转变为客户导向，通过整合采购、生产维修服务、交易产品设计、数字化普惠金融、智慧物流等服务资源，向供应链节点企业提供全方位、全流程的供应链集成服务，为供应链成员企业赋能，提升供应链整体运转效率，以更低的总成本为最终客户创造更多的差异化服务价值。

第二，随着信息技术的发展，供应链已发展到互联网、物联网深度融合的供应链数字化阶段。华能大宗提出以信息化、标准化、信用体系建设和人才培养为支撑，将互联网、物联网、大数据、人工智能等新兴信息技术与电力行业供应链进行深度融合，创新发展符合行业特征的智慧物流服务、数字化普惠金融和智慧能源服务等供应链新理念、新技术、新模式，高效整合各类资源和要素，提升产业集成和协作水平，打造大数据支撑、网络化共享、智能化协作的智慧供应链体系，推进电力行业供给侧结构性改革，凭借央企实力带动行业实现优化升级。

第三，华能大宗遵循"拓展好内外部两种市场，利用好内外部两种资源"的发展原则，明确与集团内部平台互补协同发展的定位，凭借"能交智慧、能交方案"，助力集团实现上下游供应链管理优化，帮助集团千方百计降低成本，推动供应链领域的创新应用，形成生产与服务并重的良性发展格局，打造绿色、低碳、环保的新型能源供应链。

2. 华能大宗数字化供应链服务平台

华能大宗通过数据驱动云端资源，以"智"打造以"能"系列产品为核心的数字供应链集成服务体系。华能大宗平台基于行业庞大的产业业务规模，汇聚形成海量优质上游供应商资源池和流通渠道，高效整合仓储、运输、金融服务资源，并借助数据引擎的推动，以"智"系列的子产品"能"系列核心服务产品为依托，通过可视化、智能化、生态化的方式支撑能源及相关行业各类场景的数字供应链解决方案（见图2-1）。

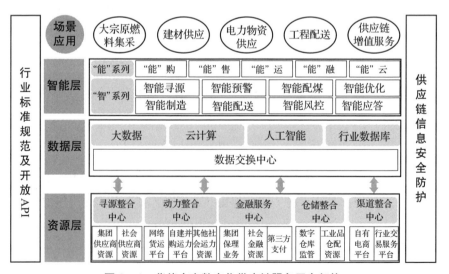

图2-1 华能大宗数字化供应链服务平台架构

　　具体讲，针对行业客户供应链的痛点，华能大宗创新打造了以智能寻源、智能预警、智能配煤、智能优化、智能制造、智能配送、智能风控、智能应答为代表的"智"系列微产品库，再将多个"智"系列微产品进行有机组合，形成针对采购、销售、物流、金融和技术服务环节的"能"系列核心产品。

　　"能"购：整合培育能源行业优质供应商资源，以电子商务手段为客户提供电力行业备品备件超市、电力物资在线集采、定制化采购、端到端采购供应链优化和 VIU 配煤①等综合采购服务解决方案，解决用户寻源难、采购成本高、采购效率低的痛点。

　　"能"售：凭借华能大宗的品牌、规模和专业技术优势，构建集客户管理、需求管理、渠道管理、价格管理和结算管理于一体的平台服务体系，为电力行业上下游供应链客户提供煤炭、电力物资、钢材乃至电力等商品的分销渠道服务。

　　"能"运：面向电力行业客户燃料运输需求，投入建设铁路、港口码头、公路物流港等基础设施，通过"LES+TMS+ 运力交易与管理平台"产品体系②，整合火车、船舶、汽车资源，为客户提供基于移动互联网、大数据、物联网等新技术的货源发布、运能交易、物流可视化跟踪、运输路线智能优化、厂内物流整体解决方案等综合物流服务，满足客户对物流集中、统一、透明化管理需求，帮助客户降低综合物流成本。

　　"能"融：通过全面掌握供应链数据，构建商流、物流、资金流的

————————
　　① 原燃料综合效益优化（value-in-use, VIU），是麦肯锡针对能源行业开发的智能系统，通过综合效益数学优化模型的建立，对煤电价值链上从采购、物流、燃料库存管理、发电生产、设备管理和维护到上网议价的各个环节实现全面系统的端到端降本。

　　② 物流执行系统（logistics execution system, LES），是以物料拉动为核心，统筹考虑物料在不同仓储单元的交互，实现物料从入库、库内管理、出库、拉动、转移到最终装配的物流管理系统。运输管理系统（transportation management system, TMS），是高效、合理分配资源并处理管控运输任务的管理系统，可实现订单管理、车辆调度与分配、行车过程记录与定位、车辆及司机管理等。

闭环，形成"$N+1+N$"形态的数字化普惠金融服务生态发展模式，为上下游企业提供丰富的供应链金融业务，满足电力及相关行业客户在各种交易场景下的融资服务需求，实现"资产端"和"资金端"的高效低成本匹配，从而促进供应链整体融资成本的降低。

"能"云：运用信息技术将电力及相关行业客户供应链运行数据采集、传导至华能大宗构建的供应链云端，通过华能大宗大数据引擎分析、挖掘供应链运行数据潜在价值，以 SaaS 化的方式帮助客户实现供应链可视化，提升供应链精细化管理程度，降低供应链运行风险，提升供应链运行效率。

3. 华能大宗数字供应链实现的价值

华能大宗聚焦电力及相关大宗商品产业链，以"物流为基石，供应链管理服务为引擎，供应链金融为抓手，智慧供应链平台为支撑"模式，推动产业价值链可持续优化，帮助产业链上下游企业实现可持续降本增效。

第一，在采购环节，基于华能大宗"工业云"平台，为电力新能源项目、电力上游等提供"端到端"的供应链管理服务，优化其供应链关键环节，全面提高其供应链竞争力。电力 / 制造等单个项目型公司采购市场寻源能力有限，采购成本难以优化，华能大宗通过数字化供应链提供专业、高效、定制化的供应链集采解决方案（见图 2 - 2），包括采购寻源与供应商选择、产品定制、产品交付保障等关键服务，保障新项目建设和降低采购成本。

针对电力上游细分产品制造企业供应链管理能力不足、企业市场竞争力弱、产能价值发挥不充分的情况，华能大宗打造端到端全程供应链优化解决方案——"工业云"平台，对企业财务环境、采购、生产工艺、生产计划、仓储物流和产品营销六大关键环节进行优化升级，全面提升中小企业供应链竞争力。企业财务环境方面，华能供应链运营模式重塑了产业链条上的信用体系，实现产业链零投入的现金流闭环；采购环节通过供应商管理提升供应商服务质量，降低采购成本；生产工艺方面，通过帮助企业进行技术改造实现成本优化、精益生产、提升产品附加值；生产计划环节通过供应链计划集成管理提高运营效率、降低管理成本；仓储物流则通过物流整体解决方案提升终端客户服务能力，降低产业链综合物流成本；产品营销方面，主要是改善需求预测的准确性，同时实现线上与线下相结合的全网营销渠道，提高整条供应链的反应能力。

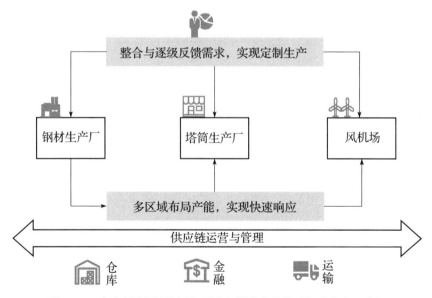

图 2-2　电力新能源项目（如风电）塔筒产品集采解决方案示意图

第二，在销售环节，国家售电改革持续推进，电力销售竞争加剧，同时能源结构发生变化，分布式能源、储能等技术得到快速应用，如何通过一系列服务手段帮助高能耗用电企业"用好电""少用电"是电力企业在售电竞争中规避纯粹的价格战，获得竞争优势的有效途径。针对以上需求，华能大宗整合领先能源服务商技术能力和集团电力资源，协同电力集团，为高能耗工矿企业提供整体数字用电解决方案（包括虚拟售电、企业/园区能源管理、金融服务等），帮助高能耗企业降低用电成本，同时帮助发电企业消纳电力，实现多赢（见图2-3）。

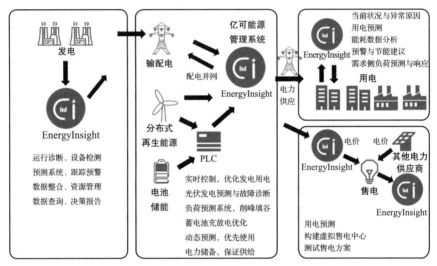

图2-3 华能大宗和亿可能源合作，实现数字化、人工智能在能源管理中的应用

第三，在物流环节，公路和水运领域大宗商品物流企业本身整合程度较低，电力及相关产业链生产企业的物流成本高企，能源型企业主要关注安全指标和能耗指标控制，较少关注和深挖物流对供应链创新的潜在价值。华能大宗打造的大宗商品物流"LES+TMS+运力交易与管理平台"整体解决方案，通过对企业厂内/厂外物流集中、可视化管理，实现物流管理优化；整合社会物流资源，搭建跨区域、跨平台的物流网络，促进客户物流生态优化，实现物流效率提升和成本优化。同时在集采平台及大数据等创新手段支持下，基于华能大宗物流基础设施网络，为高能耗企业提供专业化智能配煤等服务，进一步降低能源生产服务企业以及工业企业成本。具体讲，其功能包括：（1）全流程可视化物

流服务。依托全球定位系统（GPS）、射频识别（RFID）、电子数据交换（EDI）、地理信息系统（GIS）、移动互联网、物联网等技术的应用，实现物流平台、物流资源信息、物流需求信息、物流过程、物流状态、物流控制和物流交易信息等的可视化。（2）全透明物流交易服务。物流交易平台实现准确获取煤炭、电力物资等大宗商品及工业品的出库、入库、装车、卸货、分拨、配送等各个环节的信息，通过整个流程交易、作业信息的透明，确保物流操作的规范。（3）智慧物流大数据服务。平台通过智慧大数据分析为能源企业客户提供运力指数、运价指数、运输路径优化、市场预测等大数据服务。（4）一站式行车消费服务。华能大宗通过物流平台聚合众多的服务商形成价格、服务等优势，提供保险、ETC、燃油、轮胎备件、车辆购置、车辆租赁、维修维保等行车消费一站式服务，降低司机消费成本，提高行车效率。

第四，在金融环节，能源和冶金领域存在大量的碎片化、高频率的融资需求，以往由于传统银行没有参与其交易链条和物流过程，导致融资无法满足要求且往往滞后，产业链众多中小企业纷纷采用民间融资等高息方式，而后将融资成本转嫁到商品价格中，增加了供应链交易成本。面对电力相关大宗商品领域融资难、融资贵的现象，华能大宗积极探索运用金融科技（Fintech）手段和理念，提出数字普惠金融服务解决方案，通过全面掌握供应链数据，构建商流、物流、资金流的闭环，形成 S2B（Supply chain platform to business）金融服务生态发展模式。为电力行业上下游企业提供数字增信、买方融资、保理、动产质押融资等丰富的供应链金融业务，满足客户在各种交易场景下的融资服务需求，实现"资产端"和"资金端"的高效低成本匹配，从而促进供应链整体融资成本的降低。依据服务类型不同，可为电力行业客户降低 1%～3% 的资金成本。其具体的服务包括：（1）大数据全程风控模型。华能大宗通过掌控物流交易及运输等各环节过程中的信息，构建行业动态数据库，并建立风控模型。贷前通过真实的交易信息、平台数据、物流数据、行业数据，结合融资方的企业财务数据等，从源头控制风险。同时，构建风险预警系统，通过和融资方的数据对接，实时监控企业行为，贷中环节实现及时风险预警。贷后环节通过华能大宗全网处置渠道及精准货值评估模型实现资产处置，规避风险。同时，华能大宗构建多元化的资金渠道，在交易平台、物流平台、信用评估、金融服务设计闭环平台支撑下，为能源相关产业上下游企业提供快捷便利的供应链金融服务，降低企业融资成本，进而实现产业供应链整体成本的优化。（2）保理服务。卖方客户将其现在或将来的基于其与买方客户订立的货物销售／服务合同所产生的应收账款转让给华能大宗旗下保理公司，由保理公司向其提供资金融通、买方资信评估、销售账户管理等一系列服务。（3）买方融资服务。客户在采购华能大宗平台上的可融资货物时，如资金不足，可根据自身资信情况，自备一部分货款，向华能大宗或合作金融机构申请订单其余部分货款的融资。（4）动产质押融资服务。客户将动产（包括商品、原燃料等）存放在华能大宗合作金融机构指定或认可的仓库作为质押物，质押物在华能大宗的仓储监管系统监控下流动，并将相关数据同步给华能大宗的合作金融机构，客户可据此向这些金融机构申请融资服务。在融资期间，华能大宗可以按合作金融机构的要求，对融资客户的质押动产进行监管。

第五，综合赋能服务，华能大宗运用新兴技术手段，以云服务的方式输出先进生产管理技术。基于公司积累的客户群体和数据，引入咨询机构麦肯锡的大数据算法模型，优化供应商资源，整合下游客户需求，为客户提供 VIU 智能化配煤系统，含发电计划管理、锅炉数据采集、煤种寻源及数据采集、煤种集采、煤种混配、物流配送等功能及服务。深入理解客户主流锅炉参数及煤炭需求，并根据客户反馈意见持续优化升级配煤模型，实现客户在一个采购周期内全过程用煤优化，帮助客户降低综合用煤成本（见图2-4）。此外，华能大宗既服务电力生产端企业，又服务高能耗的工业生产/制造型企业，通过现有平台的交易及支付模块、金融服务模块，未来通过自身或与合作伙伴合作的方式获得售电资质，探索电力产品的流通。

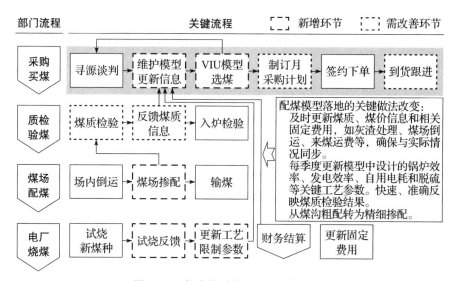

图2-4 数字化赋能的智慧配煤流程

2.2 数字化助力的工业制造供应链

2.2.1 生产制造供应链的智慧化

数字化对各个产业的影响是深刻且全方位的，尤其是第二产业中的工业制造业。目前中国制造业虽然取得了飞跃性的发展，成为世界制造中心，然而整个生产过程中能耗较大。2021 年，我国国内生产总值（GDP）达 11.4 万亿元，稳居世界第二，占全球经济总量 18%。然而，我国创造单位 GDP 所消耗的资源却较高，研究表明，我国在能耗总量不变的情况下，单位能耗减少 1 个百分点，GDP 增加 0.362 个百分点；在单位能耗不变的情况下，能耗总量增加 1 个百分点，GDP 增加 0.767 个百分点。[①] 这说明在中国经济发展过程中对能源消耗的依赖远超过对技术进步的依赖。而要降低单位 GDP 能耗，就需要从产业结构、技术进步和开放度上入手。[②] 显然，全面提升产业制造业的效率和效能，需要在技术进步和产业升级上下功夫。在这一背景下，如何提升产业供应链竞争力便成为生产制造业发展需要解决的核心难点。

数字化为解决上述难题提出了大体的思路，将互联网、物联网和云计算等现代技术嵌入产业的发展变革中，将会对制造业产生以下三个方面的影响：

第一，形成信息数据嵌入式的全周期技术或产品开发与生产管理。通过现代新型技术的运用，特别是集成动态数字存储、感知和通信能力，整合整个供应链和生命周期中的各种必需信息，整个生产制造管理能实现智能化的全程有效控制和管理。因此，技术和产品的提供不再是简单地实现其使用价值，而是透过产品和技术蕴涵的信息和数据，在能量消耗整体最小的状况下，使得客户实现发展的价值。因

---

① 赵娜娜，王志宝，李鸿梅. 中国能耗模式演变及其对经济发展的影响. 资源科学, 2021, 43(1): 122-133.
② 董锋，龙如银，周德群，等. 产业结构、技术进步、对外开放程度与单位 GDP 能耗——基于省级面板数据和协整方法. 管理学报, 2012, 9(4): 603-610.

此，制造业的数字化并不是一味地追求机器人生产、3D 打印或者单纯地使用某些物联网技术，而是借助现代信息和物联技术实现产业全生命周期管理。例如德国西门子提出工业 4.0 主要包括两个方面的内容：一是"智能工厂"，重点研究智能化生产系统及过程，以及网络化分布式生产设施的实现；二是智能生产系统，主要涉及整个企业的生产物流管理、人机互动以及其他先进技术在工业生产过程中的应用等。作为一套完整且精密的创新工业体系，工业 4.0 覆盖产品设计、生产规划、生产工程、生产执行、售后服务等全部制造相关环节。通过信息物理系统（cyber physical system，CPS）的搭建，产品生命周期中的全部信息，生产的每一个步骤所需要的全部信息都可以输入系统，这不仅将显著提升生产效率，还能实现更灵活、智能的制造，并节约能耗物耗，满足环保要求。西门子同时还认为，工业 4.0 的实现包含三大关键因素：一是融合的生产网络，帮助价值链上下游获取实时的产品、生产信息；二是依托数字企业平台，实现产品设计与生产的数字化网络化无缝集成；三是生产的运行全部基于 CPS，为真实的物理世界包括物料、产品、工厂等建立起一个高度仿真的数字"双胞胎"。所有这些都是为了打造更为智能化的全周期的生产供应链体系。

第二，形成自组织的产业生产过程和生态化。自组织的产业生产过程就是能集成所有的产业主体，形成跨条线、跨部门、跨区域，与政府、企业、行业协会等广结联盟，与物联网和互联网相融合的产业共同进化的生产体系，其结果是既实现自组织的价值生产，同时又提升整个产业网络的竞争力，最终实现产业可持续和可循环。在数字化时代，生产制造过程是一个多利益主体交互的复杂经营过程，其成员包括核心企业、配套企业、供应商、分销商、经销商、第三方物流、客户、行业组织、政府管理部门、金融机构等，在一定程度上还包括竞争者和社会团体，这些成员之间构成了价值链，不同的链之间通过互联网和物联网相互交织形成了价值网，物质、能量和信息等通过价值网在联合体成员间流动和循环。随着参与主体的多样化，供应链运营的层级也逐渐生态化和自组织化，也就是说生产制造的协调和互动不仅仅是直接上下游之间的协调和互动，也是沿着纵向延伸（供应商的供应商、客户的客户）、横向延伸（各类协同经营组织，诸如物流服务商、技术合作伙伴等）以及外围延伸（诸如金融机构、行业组织、政府管理部门等）多向复杂的互动和协调过程。除此之外，业务的集成度也越来越高，即供应链运营活动也逐渐生态化，这包括设计、采购、研发、生产、分销、营销、融资、通关商检、税务、外汇、保险等多种活动协同进行，而不是孤立地展开某一活动，其目的在于通过集成化、生态化的活动运营，实现供应链系统总成本最低，而不是单纯追求某一环节的成本最优。

第三，拓展的产业服务化网络。以技术为核心、服务为节点，以工作量为缓冲，以直接或间接服务供应商、整合服务集成商、直接或间接服务客户为成员，包括水平结构、垂直结构、斜向位置三个维度，以及管理、监控、分解或集成流程链接四种方式建构的从初始供应商到终端客户的复杂网络。在这一过程中，既能实现活动的高增值性，又能实现生产管理的标准化。[1] 随着信息技术的发展和企业对顾客满意重要性认识的加深，世界上越来越多的制造企业不再仅仅关注实物产品的生产，而是涉及实物产品的整个生命周期，包括市场调查、实物

---

[1] 宋华. 服务供应链. 北京：中国人民大学出版社，2013.

产品开发或改进、生产制造、销售、售后服务、实物产品的报废、解体或回收。IBM长期以来一直自我定位为硬件制造商，但是进入20世纪90年代，IBM陷入了前所未有的困境，濒临破产。在郭士纳的率领下，IBM成功地由制造企业转型为信息技术和业务解决方案提供商，其全球企业咨询服务部在160多个国家和地区拥有专业的咨询顾问，是世界上最大的咨询服务组织。2019财年，IBM净利润为94.31亿美元，比2018财年的净利润87.28亿美元增长8%。[①] 同样，GE已经发展成为集金融、医疗、能源、航空等于一体的多元化的科技、媒体和金融服务公司。耐克是一家世界著名的体育用品公司，然而，公司总部只从事研发设计和市场营销，其他所有制造环节都外包给加工质量好、成本低的生产厂。通过制造外包，耐克实际上已经成为服务企业。事实上，世界上许多优秀的制造企业纷纷把自己定位为服务企业，为顾客提供与其实物产品密切相关的服务，甚至是完全的服务产品。

2.2.2 数字化工业供应链实践：树根互联

制造业的上述三个变化，不仅能大幅提高生产过程的效率，而且能带动相关产业环节创造出新的市场和产业价值。三一重工打造的树根互联便是利用数字化实现智慧制造和生产供应链的典范。

树根互联技术有限公司是由三一重工物联网技术及运营核心团队组建，基于自主研发形成的工业互联网大数据平台，以开放的股权结构、互联网化公司的运作模式全新打造的一家工业互联网公司，与华

[①] IBM 2019财年营收771亿美元 同比下降3.1%. http://tech.china.com.cn/digi/20200122/362803.shtml.

为企业云合作共同为客户实现以最小投入、最短时间打通物联网应用"最后一公里",为客户提供基于机器或设备的数据分析、故障预测、产品设计、运营支持及商业模式创新等工业互联网领域一站式解决方案服务,从而实现智慧制造和生产服务。例如,工程机械行业产品和服务同质化日趋严重,工程机械往往在环境复杂的建筑工地作业,设备运营管理的好坏直接影响客户的收入。复杂机械设备的操作及维修保养的技术水平往往要求较高,目前国内外各大厂商服务水平均停留在通过有限的技术熟练人员实施服务的狭义服务上,存在诸多问题:远程售后无法实时操控了解情况;巡检人员繁忙无法及时响应,巡检周期长;无法进行售后维护数据采集,售后分析困难;故障排除滞后等。面对上述挑战,树根互联依托工业互联网平台,借助 3G/4G、GPS、GIS、RFID 等技术,配合嵌入式智能终端、车载终端、智能手机等硬件设施,构造设备数据采集与分析机制、智能调度机制、服务订单管理机制、业绩可视化报表、关重件追溯等核心服务。同时,基于工业互联网平台的大数据 PaaS 服务能力,实现装备工况数据的存储、分析和应用,有效监控和优化工程机械运行工况、运行路径等参数与指标,提前预测预防故障与问题,智能调度内外部服务资源,为客户提供智慧型服务。具体讲,树根互联为生产制造企业提供了如下数字化服务:

第一,实时数据采集与回传。实时采集各品类设备机器运行的各项参数,如地理位置信息、耗油量信息、设备运行状况信息等,并将数据存储,实时分析。

第二,远程监控、分析、诊断。针对设备工况数据进行分析,解决设备与日常管理运营问题。如设备运行轨迹、历史工况分析、机群管理分析、设备实时监控分析等。通过对设备整体或零部件运行状态、异常情况、磨损程度等技术参数的大数据分析，支持客户随时随地对设备进行监控和管理。管理设备作业状况，对设备作业量（总工作时间、作业方量、油耗、发动机转速等）进行统计，方便客户工作安排、成本控制。通过获取和分析设备的实时诊断数据，深入了解客户需求，实现用户使用状况与产品生命周期的监控，为客户提供及时的设备非正常状态提醒，预防损失，也为服务工程师维修提供依据。

第三，智能故障诊断。对设备运行数据进行实时采集与处理分析，根据已设定的规则进行非法操作报警、设备异常报警、偏离预定位置报警等实时报警，以及故障远程诊断、维护，并相应与智能服务平台一键智能派工服务集成。

第四，故障预测。基于存储在大数据存储与分析平台中的数据，通过设备使用数据、工况数据、主机及配件性能数据、配件更换数据等设备与服务数据，进行设备故障、服务、配件需求的预测，为主动服务提供技术支撑，延长设备使用寿命，降低故障率。

第五，资产管理。设备解锁管理：实现系统远程锁机／解锁、多级别的锁机控制、锁机流程管理、锁机历史记录管理等。设备维保管理：实现可根据自定义参数制订合理的保养计划并提供精准的保养提醒和记录等。设备档案管理：实现设备图册管理、设备配件管理、操作保养手册管理、设备基础信息管理等。

第六，机群管理。客户对拥有的不同品类设备进行集中管理；已购机用户、有设备需求用户、项目承建方等可以在平台上进行需求管理，用户可以发布设备使用需求，项目承建方可发布设备需求并以虚拟项目形式对项目中涉及的设备进行机群管理，并主动推送相关信息。

2.3 数字化助力的商业流通供应链

2.3.1 商业流通供应链智慧化

除了生产制造领域发生供应链变革，第三产业也在数字化的助力下使得供应链运营更加智慧化，特别是商业流通领域。传统的商业流通领域面临诸多问题，如媒介渠道复杂且不融合、流通渠道相对冗长混乱、经营活动对市场的变化反应迟缓等，互联网、物联网、大数据等现代通信技术为改变这一状况提供了契机。事实上，伴随着这些年数字化的发展，特别是移动互联网和大数据的发展，商业云端化的"产业生态供应链"正在形成、扩大，其商业化应用就是社会化商业新生态，即由社交媒体、搜索引擎、模型算法、电子商务、移动互联网组合而成的社交网络，即云平台 + 三屏（手机、电脑、电视）合一 + SoLoMo（社交 – 位置 – 移动）的新商业生态系统。这一新的商业生态系统催生了新的商业智慧，具体表现为：

第一，形成了跨媒体、多要素的无缝整合平台。传统电脑（台式机 + 笔记本）、平板电脑、手机、电视等，正在共享同一个媒介资源。同时服务或商业中的多种要素，包括交易、物流、服务传递、信息和金融等要素高度融合。

第二，C2B 新商业模式确立。C2B 是迎合客户追求自我个性的一种商业模式，是云商业时代独有的创新供应链模式之一，这种模式将曾经高高在上的高级定制变成了普通消费者可以体验、享受的服务。同时 C2B 能激发设计师、众包、消费者自我设计、粉丝团认同设计等多种创意形态转化为真实的产品及服务。

第三，营销 / 价值智能化。从商业智能（business intelligence，BI）发展而来的大数据技术里逐步诞生出营销智能化（marketing automation，MA）技术，它将搜索引擎优化（SEO）、网络营销、植入（插件）营销、社交媒体、跨媒体数据源处理、客户关系管理（CRM）、社交化销售等市场营销及服务过程整合在一起，提供智能化的客户搜索、培育、筛选管理，为导向最后的交易和服务提供源源不断的"客户池"。

正是上述三个特点，使得商贸流通领域的供应链模式出现了两个显著性的变革：一是协同商务的形成；二是增值分销。协同商务（collaborative commerce）的概念于 1999 年由高德纳公司提出，指将具有共同商业利益的合作伙伴整合起来，通过对整个商业周期中的信息进行共享，实现和满足不断增长的客户需求，同时也满足企业本身的能力发展。通过对各个合作伙伴竞争优势的全面整合，共同创造和获取最大的商业价值以及提高获利能力。"协同"包括三个方面，即企业内部信息和资源的协同、企业内外信息资源的协同和价值网协同。显然，协同对产业体系和其中参与者的竞争力和绩效都产生了重大影响。然而协同的真正实现并不容易，也会面临诸多障碍，包括如何协调不同环节、不同利益诉求的企业和组织产生一致的目标和行为，将分散而非集成的数据进行整合，促成企业之间的信任等。在这种状况下，流通商可以积极地发挥协同商务促进者的角色，协调不同组织之间的信息和资源（见图 2－5），一方面通过自身在贸易和采购方面的经验和知识协调供应端的管理，同时利用在渠道和市场上的知识和智慧有效地管理需求端的资源和活动；另一方面帮助客户整合内部资源（诸如协助人员配置、财务优化和文件单据管理）以及外部资源（诸如政府关系、行业协会、中介组织的协调，特别是金融机构的组织协调），这种流通商严格意义上讲已经蜕变成协同商务实施的平台。

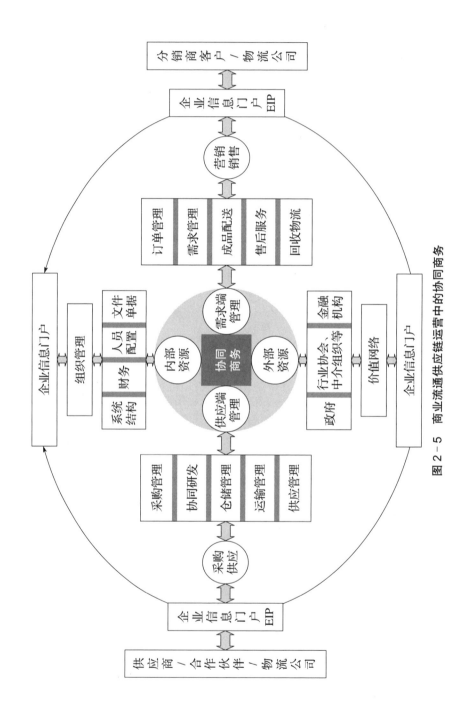

图 2 - 5 商业流通供应链运营中的协同商务

商贸领域的发展还有一个很重要的方面就是增值分销（value-added distribution，VAD）。增值分销是市场营销中的概念，它指的是通过卓越的数据驱动的营销和销售、高效的产品分销、独特的产品规划和卓越的采购能力，帮助客户在供应链运营中增加或创造独特的价值。普拉文·辛格（Praveen Singh）[①]，以及乔纳森·贝恩（Jonathan Bein）和伊恩·海勒（Ian Heller）[②] 都指出了传统分销商与增值分销商的区别。他们提出传统分销商只是客户订单的接受者和执行者，本身缺乏对产品和供应链运营的知识，或者说并不了解服务的真实成本和价值，因而也就无从确立、证实、传递和货币化服务价值。与之相反，增值分销商能够根据数字以及相应的分析决策适时提供广泛的产品和服务，精确地管理库存，合理运营仓库，同时能够为转销商提供恰当的信用，充分了解产品或服务，具有丰富的目标市场的经验和知识。增值服务分销实现的价值主要反映在：第一，增值分销商提供了一个了解产品，提出建议并可以帮助客户在系统中进行操作的销售团队；第二，优秀的增值分销商非常熟悉内外市场，可以为客户提供从其他渠道难以获得的建议、数据、反馈以及对市场的全面洞见，并且能够充分了解经营的产品、工作方式以及面对的终端市场和消费者；第三，能够为渠道合作伙伴提供培训以及运作方法；第四，具有良好的技术经验和能力，能够在客户需要的时候提供方案设计、展示以及执行；第五，能为客户提供多种信用服务，包括贸易信用、授信融资、融资租赁等各类金融服务。显然，增值分销服务商要实现上述价值和利益，需要具备四个类别的服务能力（见图2－6），即物流服务能力，包括数据驱

---

① Singh, P. (2016). Distributors vs value added distributors . https://www.linkedin.com/pulse/distributor-vs-value-added-singh-cpcsp-cssp-information-security.

② Jonathan Bein, & Ian Heller. (2020). The Importance of value-added services in distribution today. distributionstrategy.com, June 2.

动下的渠道选择、合理的网络规划、制定库存战略、良好的仓储管理、对第三方物流服务商的管理、物流成本综合管理、物流服务质量管理以及仓配运一体化协调管理等；技术服务能力，包括能够根据客户的状况以及产品的特点提供定制化的系统设计方案、在与客户充分交互的基础上规划云端架构、制定良好技术实施路线图、部署相应的技术、整合连接、开发服务模块、运维平台等；信息服务能力，包括数据的全周期管理和服务，即从数据采集到决策支持和市场洞见全过程、各个环节的服务能力；增值服务能力，包括在分销供应链运营中所涵盖的所有增值性服务，即所有的交易性服务、金融性服务和人力资源服务。

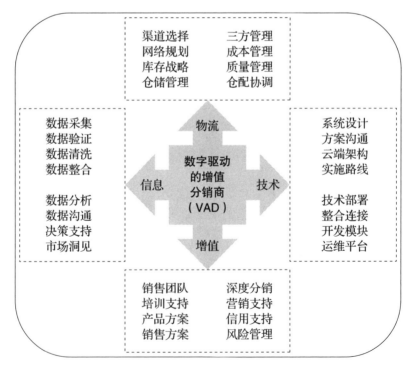

图 2-6　商业流通供应链运营中增值分销服务内容

2.3.2　数字化商业流通供应链转型：怡亚通

深圳市怡亚通供应链股份有限公司成立于 1997 年，是中国首家上市供应链企业，是中国服务网络、覆盖行业、业务规模、创新能力居领先地位的供应链综合运营服务商。作为国内领先的供应链服务商，怡亚通整合各方资源，打造一个集商流、物流、资金流和信息流一体的一站式的供应链整合服务平台，专业承接企业非核心业务的外包，根据客户企业的价值诉求，个性化提供相适应的分销供应链服务。怡亚通的分销供应链服务主要分为三个类别，即广度供应链、深度供应链以及供应链生态服务。

广度供应链也称生产型服务供应链，即怡亚通为生产型企业搭建采购与采购执行、销售与销售执行服务平台，提供覆盖整个供应链的交易服务、国内物流、国际物流、通关、供应商库存管理、分拨配送、资金配套及信息处理等服务，帮助企业实现全球采购与销售。深度供应链也称流通消费型服务供应链，即怡亚通在全国 380 个城市建立由厂商到各类经销商、卖场、终端零售店的分销及分销执行网络和平台，提供深度服务、深度分拨配送、深度结算及销售管理、信息管理服务，帮助企业建立扁平渠道，提供一站式供应链服务。供应链生态服务则是利用之前建立的广度和深度供应链服务能力，赋能地方的产业平台和企业，提供全方位的供应链服务。

怡亚通的发展可以分为四个阶段，不同阶段侧重不同的供应链运营服务：第一阶段是 1997 年创业至 2007 年上市，这一阶段怡亚通主要从事电子、医疗器械以及 IT 行业的进出口代理服务以及部分委托采购业务，处于供应链运营探索和积累阶段。第二阶段是 2007—2011 年，这一阶段怡亚通主要聚焦于广度供应链业务。到 2011 年广度供应链业务毛利率达到 40.15%，深度供应链业务毛利率为 5.63%，供应链生态服务业务（当时称为产品整合）毛利率为 1.78%。这一阶段怡亚通得到了迅猛发展，但是，在分销服务方面仍处在起步阶段。从 2012 年怡亚通进入第三阶段，即以深度供应链服务为主导的阶段，即通过 380 分销平台帮助客户企业实现渠道下沉和深度分销。到 2018 年供应链业务总营收为 406 亿元，同比增长 1.39%。但是这一阶段怡亚通面临增长放缓的压力，深度供应链从 2016—2018 年增速分别为 55.91%、24.26%、1.39%。其主要原因在于深度供应链主要以"现款采购、销售垫付"的模式运行，对上游品牌商，怡亚通需要支付现款采购商品；对下游终端，怡亚通除了保留安全库存，还需要垫资。随着深度供应链业务的开展，怡亚通 2013—2016 年经营活动产生的现金流量净额已累计恶化为负数。面对这一巨大的挑战，2018 年 8 月，深圳市投资控股有限公司以 18.2 亿元入股怡亚通，持股 13.3%，成为怡亚通第二大股东，怡亚通控股持股比例降为 22.85%，从此怡亚通进入第四阶段，即开始通过数字化平台和线下的服务能力赋能供应链生态的阶段。这一阶段的主要特点反映在两个方面：一是建设综合性的商业流通数字化供应链平台；二是通过数字平台和积累的线下能力赋能地方平台或企业。

在综合性商业流通数字供应链平台方面，2020 年，怡亚通引入了全球顶尖的系统服务商 SAP 作为数字化战略合作伙伴，并把自主研发的一揽子供应链数字化解决方案整合成 532 数字化平台（见图 2-7），对外进行产业赋能。532 指的是五大核心运营模块（供应链、新流通、运营、营销以及经营决策）、三大管理系统（财务管理、内控管理以及人力资源管理）、门户和集成两大平台（统一门户平台（management application portal，MAP），分为对内和对外两个门户平台。对内是一体

化管理平台。对外则集成怡亚通的供应链 App、新流通 App、怡家人
App，以及生态链各平台，做到全平台数据共享、信息共享、资源共享。
集成数据平台（management data platform，MDP），分为对内和对外两个
数据平台，对内是企业内部数据的集成，对外是面向客户和业务的数据
集成平台）。此外，借助建立的数字化平台，同时成立怡通数科和怡丰
云智两家高科技企业，成功孵化了星链、小怡家、整购网、药购网、蚂
蚁零售、蝌蚪互联等互联网项目或企业，涉及的领域包括区块链、电
子商务、社区团购、新零售、产业互联网等，形成综合性的数字服务
架构。

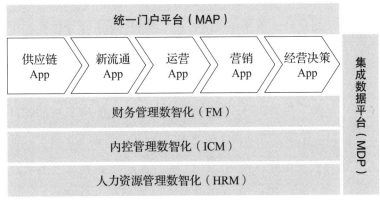

图 2-7 怡亚通 532 数字化商业流通供应链平台

在供应链赋能服务方面，自 2020 年以来，怡亚通不再直接介入供
应链交易和资金服务环节，而是利用自身的能力和数字化平台助力地方
产业平台和客户企业的供应链运营。截止到 2020 年 11 月，怡亚通已签
订 48 个综合商业服务平台战略合作协议，其中 26 个综合商业合资公司
已进入注册、落地阶段。之后 3～5 年内，怡亚通要在全国成立 100 个
综合商业合资公司。广西融桂怡亚通供应链有限公司成立于 2019 年 9
月（同年 12 月正式启动运营），注册资本 9 359 万元，是由广西融桂物

流集团有限公司、深圳市怡亚通供应链股份有限公司以及广西国有企业改革发展一期基金合伙企业、广东金岭糖业集团有限公司、广西怡亚通融桂投资发展合伙企业共同新设的混合所有制公司，五家股东企业优势互补，形成合力，共谋发展。融桂怡亚通定位产业供应链发展方向，打造"广度＋深度"双轮驱动和营销合伙人相结合的商业模式，立足广西当地白糖、有色金属、快消品、农产品水果、冷冻品等产业基础，以聚焦供应链为核心，整合产业优势和资源，打造西南地区最优秀的全球供应链服务平台，赋能实体经济，助推广西产业转型升级。2020年12月17日，广西融桂怡亚通供应链有限公司2020年整体业绩量突破52亿元。再如作为湖北沙市第一家国营企业，当时的沙市日用化工总厂负责人滕继新从"超浓缩无泡沫化学洗衣粉"得到启发，决定以代工生产改为推出自有品牌产品为主。加之后来有效的广告投放，让"活力28"名震全国，由此也揭开了沙市日化辉煌的历史篇章。1982—1994年，"中国第一日化品牌"活力28可谓盛极一时。由于活力28忽视品牌自我保护意识，盲目信任第三方承诺，使活力28这笔巨大的无形资产以低微的补偿方式让合资公司独占使用。2015年，活力28宣布彻底解散，清算企业资产。2017年，活力28在湖北省政府和荆州市政府的关注下，重振启动，希望重振民族品牌，重现昔日辉煌。在这一背景下，怡亚通在帮助企业重新定位品牌和升级产品后，导入怡亚通380分销平台、连锁加盟平台、星链电商等渠道资源，以覆盖湖北、京津冀等区域为核心，快速实现全国线下渠道的覆盖，并开拓京东、天猫等线上B2C/B2B渠道，作为品牌沟通平台，扩充品牌影响力和销售覆盖面。同时，与活力28共建动销团队，联手打造重点区域样板市场，帮助活力28实现终端动销。2018年4月，在首次全国招商会上，活力28现场签约1.6亿元，相比 2017 年增加 20 倍。活力 28 依托怡亚通渠道网络进入数万家门店，快速与消费者接触，并进行销售拉动，品牌打造和市场推广计划按计划推进。

2.4　数字化助力的农业供应链

2.4.1　农业产业供应链智慧化

数字化还有一个更为重要的应用领域，即农业。长期以来中国的农业是三大产业中发展最为缓慢且挑战较大的。农业生产的小农分散导致经营效率低、农产品经营模式粗放、忽略终端，远离农户、竞争同质化导致农产品价格和信息传导机制不畅等，因此，推动农业的现代化是中国经济发展最重要的任务之一。"互联网＋"结合农业产业的特点，通过智能化的方式贯通农业产前、产中和产后三大领域，涵括各种农产品的物流链、信息链、价值链、组织链四大链条，连接产前、生产、加工、流通、消费五大环节，形成智慧农业，这是未来产业发展的核心。具体讲，数字化农业应当体现为三个方面：

一是优化农业供应链流程。能充分弥补薄弱的次链，在单个环节上打破小农生产模式，将次级链条中诸如农资采购、生产种植、播种灌溉、施肥收割等各个环节充分细化、专业化、智能化，提高整个农业供应链效率。之所以如此，是因为农业供应链不同于其他领域的供应链，具有高度的复杂性和不确定性，这种不确定主要体现为农产品本身以及价格或利益的不确定。① 农产品本身的不确定指的是由于农业生产的自然属性和复杂的生产过程，农产品质量具有较高的不确定性。在信息经济学领域，纳尔逊（Nelson）按照产品信息的不对称状况区分了搜寻性和经验性产品②，此后，达比和卡尼（Darby and Karni）又提出了信任品的概念③。所谓搜寻性产品指的是在消费之前可以观察到属性的产品；经验性产品则是在产品消费过程得以评判属性的产品；信任性产品甚至在消费后都难以评判属性、只能选择信任。显然，绝大多数农产品具有的是经验和信任属性，这就造成了质量的全生命周期难以管理。此外，农产品市场需求和价格波动较大、生产周期较长，因此，不确定程度会进一步加强。要解决上述问题，就需要贯通农产品供应链的全过程，通过确立供应链的标准和一体化的协同来降低上述各种原因造成的对农业的危害。这种贯通主要体现在两个方面：一是能将供应链运营的各个环节有效衔接，诸如农业要素、农业种子、农业生产资料、农业种植或养殖、农产品物流、农产品流通、农产品加工、农产品渠道、农产品营销与市场等各个环节；二是能将供应链运营的不同性质维度紧密结合在一起，这包括农产品交易流、农产品物流、农产品资金流和农产品信息流。这两个方面的贯通做到实时、同步、规范、标准，就需要借助现代通信技术。

二是农业组织的有机生态化。在各环节充分专业化的基础上，需以平台企业或有实力的农户组织为主，进行一体化经营，打通产业链

① 宋华. 智慧供应链金融. 北京：中国人民大学出版社，2019 .

② Nelson, P. (1970). Information and consumer behavior. Journal of political economy, 78(2): 311-329.

③ Darby, M. R., & Karni, E. (1973). Free competition and the optimal amount of fraud. The Journal of law and economics, 16(1): 67-88.

五大环节，实现农工商、产供销的有机结合，利用互联网和物联网，疏通信息和价格传导机制，改变产业链各环节分散无序的现状。农业往往涉及各类不同的参与者和利益相关者，这些参与者或利益相关者包括公共管理部门和市场利益相关者。前者主要包括国家政府部门和相关管理部门、法规管理机构以及一些国际组织等；后者包括个体农户和种植者、农业合作组织、农机经营者、农业种植和肥料经营者、研发机构、农产品加工企业、农产品交易者、物流服务商、运输商、食品商店与超市连锁以及金融机构等。[①] 近年来，一些大型的农产品生产和经营企业，包括一些互联网公司开始进入农业产业领域，成为新参与者。农业面临如此多的参与者，因此，容易形成信息不对称，尤其是农户在面对复杂的产业运营过程和多主体时，往往处于供应链劣势地位。要解决这种状况，就需要重构组织方式，将这些分散化的个体结合起来产生集体行为，只有产生了集体行为，才有可能降低交易成本。而这种新型的组织方式，不仅仅是将农户联合起来的合作社，更是一种能够对接上下游的组织形态，即这种合作组织开始向产业供应链的后端延伸，甚至出现了与外部合作的农业合作组织。[②] 在农业供应链组织形态上，蒂勒（Thiele）等人更提出了多利益相关者平台（multi-stakeholders platform）的概念[③]，他们认为这种平台不同于农户形成的合作组织，后者是同类型主体构成了协同组织形式，而前者则是不同利益相关者之间的聚合，这些不同的成员分享共同资源、增进

---

① Tsolakis, N. K., Keramydas, C. A., Toka, A. K., Aidonis, D. A., & Iakovou, E. T. (2014). Agrifood supply chain management: a comprehensive hierarchical decision-making framework and a critical taxonomy. Biosystems engineering, 120: 47-64.

② Nilsson, J. (1998). The emergence of new organizational models for agricultural cooperatives. Swedish journal of agricultural research, 28: 39-48.

③ Thiele, G., Devaux, A., Reinoso, I., Pico, H., Montesdeoca, F., Pumisacho, M., & Horton, D. (2011). Multi-stakeholder platforms for linking small farmers to value chains: evidence from the Andes. International journal of agricultural sustainability, 9(3): 423-433.

了解、建立信任，定义在集体行为中的角色，并且参与集体行动。显然，这里提出的多利益相关者平台指的是能将农业供应链中不同的参与主体（如农户、加工商、分销商、第三方物流、社会组织、管理部门等）有机地组织起来，来共同克服农业的产业交易成本，推进产业的发展。

三是产业链数字化、聚合化、服务化。农业的有序、持续发展有赖于两端一线，两端指的是生产端和市场端，两者处于同等重要地位。生产端保证了农产品生产的有序性、稳定性和可追溯性。有序性指的是农业生产能够按照合理规划进行，确保农业产出的最大效益，同时各参与者能够在农业生产中发挥其应有作用。稳定性则是指生产经营的平稳，避免生产中出现价格大幅波动，以及因为波动和风险给农户利益造成威胁。可追溯性指的是农产品生产质量的一致，并且能够追溯源头。显然，要做到这些就需要将生产端的资源要素（诸如土地、果树、禽畜、场所等）、经营要素（诸如种子、饲料、农药、兽药等）、环境要素（诸如天气等）、行为要素（诸如种植、畜牧等）数字化与互联网化。市场端也是农业供应链的关键，它是农产品最终能够实现效益的核心要素，它表现为能够保障农产品以合理的价位、合理的销售方式和合理的渠道，将合理的数量和合理的质量，分销或销售给合理的客户。只有做到了这一点，前端的生产经营才能最终体现到价值实现上。这也需要通过现代通信技术高效掌握市场状况，有序组织农产品经营资源，为生产端提供准确有效的市场信息。此外，农产品要能产生溢价，也取决于品牌的塑造和管理，以及综合性营销策略的实施，这也是数字营销需要去实现的。一线指的是连接生产端和市场端的供应链运营，包括流通加工、冷链冷库建设与运营、运输配送、金融保险支持与服务。这些行为是传递和实现价值的重要环节，它的效率和效益既取决于两端输入的

数据和信息，也取决于如何有效地利用现代通信技术合理有效地组织和
管理。

2.4.2　数字化农业供应链实践：新希望六和与希望金融

新希望六和股份有限公司（以下简称"新希望六和"）前身是四川
新希望农业股份有限公司，创立于1998年，并于当年3月11日在深圳
证券交易所上市，2005年与成立于山东的六和集团强强联合，2011年
资产重组获中国证监会批准，公司更名为新希望六和股份有限公司。新
希望六和是首批中国农业产业化国家级重点龙头企业之一。作为新希望
集团旗下专注于食品和现代农业领域发展的成员企业，新希望六和是一
家集饲料生产、良种繁育、畜禽养殖、畜产品加工、动物保健、生物技
术开发等相关产业为一体的大型畜牧业企业集团，是中国最大的饲料生
产企业和最大的农牧业上市企业。作为全国500强企业之一，新希望六
和先后获得"中国驰名商标"和"中国名牌"称号，是我国饲料农牧行
业的龙头企业。2015年1月，新希望六和与关联方南方希望实业有限
公司、北京首望资产关联有限公司签署《新希望慧农（天津）科技有限
公司合资合同》，共同出资设立新希望慧农（天津）科技有限公司，正式
推出农业互联网金融平台——希望金融，以推动集团互联网金融平台建
设，促进新希望六合农牧业务的创新与转型。

1. 新希望六和农业供应链建构

为了适应农业产业的发展，特别是对高质量、安全食品的需求以
及供应链稳定运行的诉求，新希望六合公司从2013年开始实施产销分
离的重大战略转型，由"公司＋农户"快速调整到"基地＋终端"模
式（见图2-8），即两端一线，聚焦养殖端效率的提升和消费端渠道的
拓展。

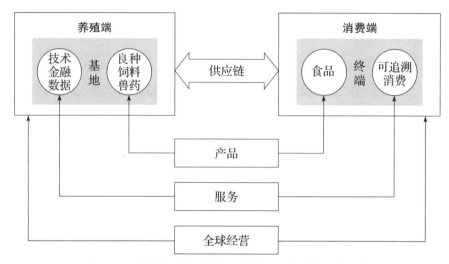

图 2-8　新希望六和"基地 + 终端"的农业供应链模式

具体来讲，一是在农牧端通过大力发展养殖基地来促进传统饲料业务转型。基地端即为养殖，养殖是整个产业链中风险最大、难度最高的环节，既要提高养殖效率，也要保证食品安全，建立食品可追溯和质量管控体系。终端即为消费，公司要打造自己的品牌，关注消费者需求，通过自己的品牌和渠道来为食品安全背书，同时公司从中享受品牌的溢价。二是在食品端大力推动安全肉食品生产，实施"福达计划"和贯穿全产业链的安全保障（SHE）体系。具体讲，就是产业链上下游紧密协作实现食品安全与健康，打造安全可靠的食品供应链。另外，全产业链格局也有效地平抑了畜禽养殖经营的波动性，使其行业竞争力和抗风险能力更强。

借助上述战略定位，新希望六和完全改变了以往不同地域供应链运营不一致的状况，构建"饲料生产—畜禽养殖—屠宰—肉制品加工"及金融投资的产业协同一体化经营格局，形成了较为完整、可控、可追溯的产业供应链体系（见图 2-9）。

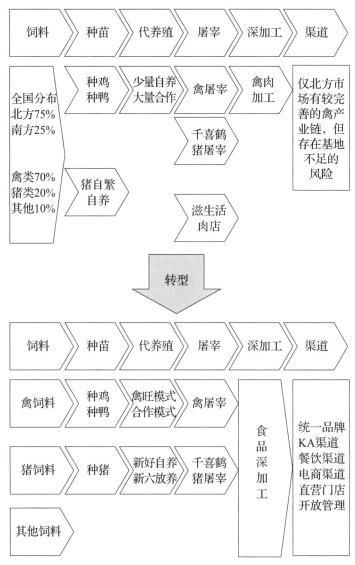

图2-9　新希望六和战略转型与产业供应链架构

具体讲，在原料环节企业采取了本地化和国际化结合，夯实供应链上游。企业收购西北区域的生猪产业链一体化龙头本香农业，加强种猪优势和西北区域布局，在饲料研发、种猪繁育和商品猪养殖等方面形成了具有核心竞争力的技术储备。在饲料原料采购环节，收购美国独立的粮食及大宗商品贸易企业蓝星贸易集团公司，依托其遍及北美、巴西、大洋洲等的粮食贸易、饲料原料贸易业务，为企业的原料采购提供了更多的渠道支持，直接降低原料采购的成本，实现了中国与国外市场的优势互补。企业1999年投资3 000万元在越南兴建了一座年产20万吨的饲料厂。随后的十几年新希望一直在东南亚投资建厂，在越南、菲律宾、孟加拉国、印度尼西亚等11个国家拥有在建或建成的饲料厂26家。

在养殖阶段全面推进了"禽旺"养殖服务项目。放养部、饲料厂、收禽公司均有统一出口，将养殖场、饲料厂集中在一个一体化单元中，并配以养殖服务公司，14个一体化单元加上屠宰厂构成一个完整的禽旺单元。肉猪全产业链中，公司复制国内生猪养殖最高水平的山东夏津猪场聚落养殖模式，种猪集中供应，放养生长，以合作社区养猪户为主体。两种模式的生产过程更加规范化，可以更好地解决食品安全问题，实现食品溯源管理。

在产品加工环节，企业以提升食品价值为目标拉动加工端改造，公司原有的屠宰厂转型为以深加工熟食为主的食品公司，通过加强精细化管理能力，提升畜禽原料肉的转化比例，提升主产品及精细包装产品的鲜销率，增加产品附加值，并与终端市场实现良好沟通，从而建立与消费者更为紧密的关系，更贴近消费者需求。北京千喜鹤是新希望六和食品控股旗下生猪屠宰冷鲜肉品牌，主要布局京冀辽三个省份，促进产品提质。美好是公司控股的深加工肉制品品牌，在西南地区有超过50%的市场综合占有率。公司借助美好的肉品基地，以点带面，扩大肉品的销售范围及市场。公司收购嘉和一品的中央厨房业务，将食品深加工能力产业化运作，将中央厨房的闲置产能更多地用于服务第三方，更好地发挥中央厨房在中餐集约化研发和生产方面的优势，是企业向下游食品加工、食品服务领域进行深度拓展的重要布局，提升对餐饮企业的服务能力，加速战略转型。

在终端销售渠道环节，继续加大批发市场之外的新型渠道开拓。在餐饮渠道上新开发了百胜、达美乐、棒约翰、永和大王、全聚德、海底捞等客户。在商超渠道上新开发了大润发、银座等渠道合作方。在电商渠道上新开发了饿了么、美团外卖、百度外卖、海尔、苏宁云商等合作方。在深加工渠道上与煌上煌、好婆婆、廖记等商户建立关系。公司在上海成立美食发现中心，以"发现美食，创造美食"为核心价值，接触市场和终端消费最前沿，为用户提供全方位解决方案，实现用户利益最大化。消费终端方面，2014年开始公司与餐饮客户、电商平台合作，包括京东、本来生活等电商平台和鹿港小镇、一茶一坐等连锁餐饮企业，带动公司产品走向终端消费者。

2. 希望金融的供应链金融服务

2015年以前，新希望六合主要采用传统线下模式进行供应链融资。例如，在供应链中的养殖到肉食加工环节，为解决养殖户投入生产所需资金不足问题，由普惠农牧担保公司提供担保在银行线下办理传统经营类贷款，银行放贷后通过普惠账户定向支付给核心企业集团下的饲料厂用于养殖户购买饲料、种苗等，养殖户将鸡鸭养成后直接销售给核心企业集团下的屠宰冷藏厂，冷藏厂将销售款打入普惠农牧，由普惠农牧代为还贷还息，还贷还息后扣除担保费将结余资金打给农户。这一模式带来的挑战在于：第一，金融服务的范围有限。新希望六和的业务覆盖范围广，养殖户的各类融资需求巨大，但各家银行只能办理所在区域的授信业务，造成很多养殖户的融资需求无法得到满足。第二，融资成本较高。线下授信模式批贷时间较长，影响资金流和生产原料物流、产成品物流的周转。单户养殖户融资金额较小，采用传统的线下授信模式，面谈、面签、放款等环节造成大量的人力物力占用，银行综合收益较少。第三，融资期限不灵活，融资期限与饲养周期不匹配。目前银行通用的短期贷款融资期限一般为一年，而养殖户的饲养周期为 40 ～ 60 天，造成用款需求和融资期限不匹配。

应对上述挑战，希望金融推出了惠农贷、股权贷、应收贷、订单贷、惠商贷、兴农贷等六大产品，并在 2015 年 12 月推出产业链增值支付工具"希望宝"，用货币基金将客户闲散资金进行管理，针对目前现金支付的客户进行推广，解决现金及类现金支付问题。以惠农贷产品为例（见图 2 - 10），它是为新希望饲料厂有稳健养殖能力的养殖户购买饲料进行定向融资，解决养殖户生产过程中的资金需求，同时也控制相应风险。相应的风控措施如下：贷前，担保公司现场考察客户；贷中，资金只能单向转入饲料厂银行账户，客户无法挪用资金；贷后，担保公司有专业的法务团队保证还款；客户签订抵押合同，将养殖棚舍等资产抵押给担保公司。可以看出，惠农贷产品的借款资金，借款人和平台都触及不到，资金专款专用，只能用作购买饲料，不能用作其他。此外，希望金融引入了第三方托管公司联动优势，用户在进行实际注册时，会有相应的注册第三方托管账户联动优势的提示。投资人在进行充值和投资时，钱直接到平台独立的第三方托管账户，在满标时平台也是触及不到这笔借款的，从根本上杜绝网贷资金池，最大限度降低资金流动性风险。

3. 数字化风控平台

贷前，线下审核采取双人互审法，客户面谈和实地调研走访交叉进行。希望金融利用新希望六合在全国 500 多个分支机构内上万名基层营销业务员录入信息、技术人员复核确认的方式收集相关农户的基本信息。这些公司内部的信贷业务员主要来自当地，比较了解当地农业和农村发展情况，熟悉农户和小微企业基本背景、经营情况、信用情况、贷款真实用途等。技术上利用互联网大数据技术进行数据清洗，为之后借贷融资服务形成征信体系支持。

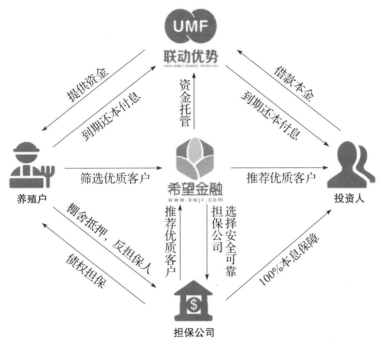

图2-10　希望金融惠农贷流程图

贷中，希望金融借助新希望30余年的产业大数据以及外部接入数据，基于产业链上下游中小微企业和农户的订单真实数据进行自主建模。贷款审批采用线上线下相结合的模型审批方式。通过线上模型自动化审批后，风控人员再次对融资对象情况及抵押物情况进行核验复审，包括用款方向是否真实、征信记录是否良好、抵押物权属是否清晰、评估价值是否客观等，之后递交审贷会进行审查评定。

贷后，采用渐进式管理提升催收级别。采用自动预警机制，实时监控借款人个人资信变动情况、贷款资金用途情况，同期监测抵押物价值及动向。建立专人专岗催收机制，利用分支机构人员进行催收，必要时启动委外催收机制。

此外，希望金融采用现行互联网保护数据安全的行业标准128位加密技术，实施24小时监控，客户在进行敏感信息的操作时，信息自动加密后发送。同时，平台对贷款合同、人脸识别等影像进行永久存储，有效避免信息被篡改和删除。

饲料企业的生存发展以养殖业为依托，福达计划是公司为了更好地服务养殖客户，提升其养殖效率而打造一个云服务平台，是公司由饲料提供商转变为技术服务的提供者的重要实践。平台上整合了信息、资金和人才等一切养殖相关的资源，覆盖了业务人员工作管理、养殖户信息、猪场管理、财务分析、养殖培训等，包含"福达在线"（营销管理平台，主要职能为通过移动端和平台端的对接进行饲料客户信息收集及分析，形成销售漏斗，实现服务资源的合理分配）、"云养殖"（全面提升养殖效率的服务体系，是养殖业发展的技术群，包括了养殖环节中所有技术，如营养、生产、疫苗、环保、财务等）、"云学堂"（在线培训体系，该体系收集整理了所有养殖相关的课程和技术，针对公司内部员工、养殖户以及养殖链上其他从业者提供培训课程，以全面提高人员专业素质）、"云动保"（由中心实验室和卫星实验室两部分组成。例如在山东及周边省市的养殖基地密集区建设中心及卫星实验室，系统直接通过网络对养殖户开展专业技术培训和配套农资服务，包括病原分析、药物分析和疫苗诊断等）、"云金融"等模块。

第三章

数字供应链架构与要素

南储仓储管理集团有限公司（以下简称"南储"）是一家集仓储服务、商品管理服务、商务信息、运输（公路、铁路、水路）服务等为一体的综合物流服务集团。集团总部位于珠三角经济圈核心城市佛山，近30家下属公司遍布全国各地，是上海期货交易所和大连商品交易所的指定交割仓库。

仓储管理，特别是质押仓储监管，是供应链运营以及供应链金融服务中的痛点。尤其是近些年市场面临诸多挑战：一是担保存货市场规模持续下降。2018年企业年管理担保存货的平均贷款额度为20.19亿元，同比下降8%；年平均监管点（监控点，以独立库区为单位）数量为138个，同比下降9%。2019年这两项数据分别下滑7.5%与8%。二是价格和货权风险较大。因不能很好地解决价格波动风险及货物权属争议问题，传统的类似质押融资的单点金融模式会伴生巨大的风险，金融机构难以以该类方式对中小企业授信。三是不同参与者难以协同。传统业务市场规模持续下滑，产业客户、资方、仓库难以形成高效合作。加之新冠肺炎疫情影响，低成本高效率地解决产业客户问题和资方的顾虑，是推动供应链发展的核心要素。

面对上述挑战，南储在供应链服务和数字化两个方面进行了有益的探索。在供应链服务层面，南储针对上述市场现状及行业痛点，利用自有的仓储、运输、货代资源，通过全流程的货物管控，为核心企业及上下游企业提供闭环物流服务，为企业提供货物流转服务及货物担保下的增信服务。在供应链数字化层面，南储利用信息科技、物联网科技、大数据等手段搭建平台，结合多年的业务管理经验，整合、集成市场上成熟的新技术、设备，逐渐形成符合业务实际需求的南储智慧仓储体系。该系统主要包括智仓平台和慧储体系两个模块。智仓平台是通过集成智能设施、硬件等对仓库整体进行自动化智能化感知、管控的物联网系统平台，主要包括以下功能和模块：业务监控中心、项目地图、数据分析、物联网感应模块、视频监控系统、区块链应用、巡查管理模块、经营分析模块等。慧储体系是利用新技术手段和管理方法对仓储货物的数量、质量以及货物交存、释放过程中的程序进行穿透式管理，是管理、管控的技术设施和管理方法的集合，主要包括以下系统和设施：专业 WMS 系统、光谱仪、3D 测绘仪、盘点软件、团队管理以及配套管理制度等。

通过南储供应链服务以及智慧仓储体系的建设和应用，解决供应链物流环节的控货、过程不透明等问题，助力解决不同环节中小企业的融资问题，也为资金方（银行及非银行机构）提供开源新通路。

透过南储的数字化实践可以看出，现代通信技术的应用不仅使运作效率大为提升，而且改进和优化了供应链流程和服务，进而形成了数字化、智慧化的供应链。

本章将进一步探索什么是数字供应链，数字供应链的关键维度和架构，以及要架构数字供应链保障因素是什么。

3.1 什么是数字供应链？

3.1.1 数字供应链的定义

对于数字供应链（digital supply chain，DSC），实业界和理论界有若干种不同的理解，大体上可以分为三类。

第一类关注供应链运营中数字化技术的独特作用。例如凯捷咨询公司的拉布（Raab）和格里芬－克赖恩（Griffin-Cryan）认为"数字供应链具有在跨数字平台上提供广泛信息的能力、出色的协作和通信的能力，从而提高了可靠性、敏捷性和有效性"[①]。巴尔加瓦（Bhargava）等人则指出"数字供应链由一些技术系统组成（例如软件、硬件、通信网络），以支持全球分布的组织之间的交互和协调供应链中合作伙伴的活动，这些活动包括购买、制造、仓储、分销和销售"[②]。显然，这一类对数字供应链的理解关注于供应链运营中数字技术的采用，以及这些技术对提升供应链运营效率和效益的独特作用。

第二类对数字供应链的理解更加注重现代信息技术对供应链运营行为和过程改变的影响。这一类定义中有代表性的如埃森哲咨询公司的表述，该定义提出"数字化使服务更有价值、可访问性和价格可承受性，具有改变供应链的潜力，因此，需要通过不同的数字技术来创造新的供应链机会。组织应该将其供应链重新构想成一个数字供应网络，该网络不仅可以统一产品和服务的物理流程，还可以整合人才、信息和财务"[③]。相似的定义还有"数字供应链是一个智能的、价值驱动的网络，利用新方法、技术和分析来创造新形式的收入和商业价值"[④]。特别是科尔尼公司的报告中提出，数字化的技术，包括仓储运输系统、射频识别

---

① M. Raab, & B. Griffin-Cryan. (2011). Digital transformation of supply chains: creating value-when digital meets physical. Capgemini consulting report.

② Bhargava, B., Ranchal, R., & Othmane, L. B. (2013, February). Secure information sharing in digital supply chains. In 2013 3rd IEEE International Advance Computing Conference (IACC) (pp. 1636-1640). IEEE.

③ S. Raj, & A. Sharma. (2014). Supply chain management in the cloud. https://www.accenture.com/tr-en/insight-supply-chain-management-cloud.

④ J. Kinnet. (2015). Creating a digital supply chain: monsanto's journey, SlideShare. http://www.slideshare.net/BCTIM/creating-a-digital-supply-chain-monsantos-journey: 1-16.

系统、先进拣选技术以及创新性的计划和调度系统等，能解决供应链运行中的"痛点"，诸如因为需求波动或者风险状况导致的供应链运营中的浪费等。[①]

第三类对数字供应链的解读更偏重于供应链数字化的状态，或者说数字供应链应当呈现出来的结果。数字供应链创始联盟指出数字供应链是一个以客户为中心的平台，该平台可以捕获并最大限度地利用各种来源中出现的实时信息，可以刺激需求、感应、匹配和管理，以实现最佳性能和最小风险。[②]切切雷（Cecere）同样认为数字供应链是一种创新性的供应链，其基础是基于云的功能，许多供应链混合使用基于纸张和IT的流程，而真正的数字供应链远远超出了这种混合模型，它可以充分利用"智慧"技术实现连接性、系统集成和信息生成功能。[③]

综上可以看出，无论实业界和理论界如何定义和理解数字供应链，对数字供应链的内涵均可以从三个方面来解读，一是在运用方式或手段上，数字供应链是一种智能的最佳技术系统，它基于海量数据处理能力以及针对数字硬件、软件和网络的出色协作与通信能力，作用于供应链管理和运营；二是在行为上，数字供应链支持和同步组织之间的交互行为，使得沟通、协调、合作成本大为下降；三是在成效方面，数字供应链通过使服务变得更有价值、更容易获得、更实惠，并能够实现一致、敏捷和有效的结果，进而推动人机互动的智慧

---

① Kearney. (2015). Digital supply chains: increasingly critical for competitive edge. https://www.kearney.com/operations-performance-transformation/article?/a/digital-supply-chains-increasingly-critical-for-competitive-edge.

② The Digital Supply Chain Initiative. (2015). Digital supply chains: a frontside flip. www.dscinstitute.org/assets/documents/a-frontside-flip_white_paper_english-version.pdf.

③ Cecere L., (2016). Embracing the digital supply chain. http://www.supplychainshaman.com/demand/demanddriven/embracing-the-digital-supply-chain.

网络形成。

3.1.2　数字供应链的功能特点

如今，供应链呈现出高度复杂性，这表现为参与主体越来越多样，供应链管理和运营不仅仅涉及从事交易往来的直接上下游，还涉及越来越广泛的主体，既有上游的上游、下游的下游，即逐级延伸的产业链参与者，还包括更为广泛的间接参与者，诸如与特定供应链业务相关联的其他第三方服务商、其他产业供应链合作伙伴、管理部门等。除此之外，供应链运营涉及的业务环节也纷繁复杂，既有与交易条款、价格、交付等相关的商业性活动，也有与仓储、运输、库存等关联的物流活动，还有可能涉及支付、账期、融资、筹资等金融性活动。在全球化的供应链运营中，更涉及不同国家、地域之间政策的协调，供应链运营的调整以及海关、商检、汇兑、退税等各类活动的组织与管理。显然，所有这些不同主体、不同环节的活动需要实时、高效地协调和追踪，而数字化可以促进供应链的创新和发展，同时提供灵活性和效率。具体而言，数字供应链之所以不同于传统供应链，在于如下功能。

第一，同时实现速度提升与成本降低。快速和低成本一直是供应链管理和运营所要实现的目标，即要么能够以最短的时间响应市场或客户的价值诉求，要么能以较低的成本满足市场和客户的需求。然而，传统供应链为了增强市场响应力，有可能牺牲成本；同样，为了追求低成本，也可能降低响应速度，因此，传统供应链强调根据不同的产品和服务性质，确立相适应的供应链，这就是著名的费舍尔（Fisher）模型[1]，即

---

[1]　Fisher, M. L. (1997). What is the right supply chain for your product?. Harvard business review, 75: 105-117.

功能性业务（品种规格不多、市场可预测、消费需求稳定）需要匹配成本效率型供应链，创新性业务（品种多样，市场难以预测，需求波动较大）需要匹配快速响应型供应链。而数字供应链打破了这一原则，使得速度和成本能够统一起来。这是因为数字化不仅能够通过现代通信技术实时地获取运营数据和信息，第一时间响应市场需求，而且能够将数据信息和决策同步到各参与者，增强供应链不同环节之间的协调与合作，进而降低中间节点的成本，提高效率。

第二，实现柔性和弹性化的供应链。供应链数字化意味着运作的敏捷性以适应不断变化的市场或环境。这里的柔性和弹性指的不是产品或服务的快速交付，而是就供应链运营中随时出现的问题做出反应的方式。例如，新冠肺炎疫情、自然灾害、突发事件等可能对供应链稳定、持续运营造成毁灭性破坏，在这种状况下，能够预测此类事件，或者采取适当措施做出有效反应就可以最大限度减少供应链中断。传统供应链就是采用这种方式来应对环境的不确定性，而数字供应链由于能够更有效地收集、处理产业链各环节的数据，同时通过建模来调整供应链以及供应链运营模式，因此，能够较传统供应链更及时地完成此类活动。

第三，更好地实现全球资源连接。任何企业要在全球范围内快速交付商品和服务，都需要一个真正的全球供应链来保障，以使组织不仅能够交付产品，还能确保在当地市场做出反应。例如，如果美国需要某种中国制造的产品，那么在需要的时候将产品从中国运送到美国将是低效率的，这将花费大量时间和潜在的损失。因此，这就需要在全球范围内部署物流枢纽，能够在客户需要的时候，从最近的枢纽运至目的地。数字供应链能够通过掌握实时的数据和最优的模型算法来部署全球枢纽，实现上述目标。

第四，实现实时库存。数字供应链提供了确保现有库存足够但又不过量满足需求的方法。数字供应链借助一系列传感器或其他先进技术，使仓库管理更加高效，实现连续监控库存水平。在客户行为迅速变化的同时，供应始终能够满足需求。消费者可以随时随地下订单，因此应实时监控现有的库存。这并不意味着每个配送中心都应保留相同数量的库存。实际上，应提前确认购买趋势以及商品和服务的未来需求，以做出明智的决定，数字供应链提供了高级分析所需的手段。

第五，实现供应链运营的智慧化。新一代的信息通信技术提供了配备足够计算能力的智能产品，因此可以基于定义的算法实现自学习和自主决策。数字供应链涵盖了这些功能，进而可以改进和优化决策，自动化执行并推动运营创新。吴（Wu）等学者指出[①]，数字化实现的供应链智慧主要表现为以下几个方面：一是工具性（instrumented），即供应链运营中的信息一定是由自动化或感知设备产生的，例如 RFID、Tag 标签等；二是相互关联（interconnected），即供应链中所有的参与主体、资产、信息化系统、业务等一定是高度连接；三是智能化（intelligent），即借助现代通信技术能够实现大规模优化决策，改善供应链绩效；四是自动化（automated），即供应链的业务流程能够通过信息化设备来驱动，进而替代其他低效率的资源，包括低效率的人工介入；五是整合性（integrated），即能够推动整个供应链的协同合作，包括联合决策、公共系统投资、共享信息等；六是创新性（innovative），即能够推动供应链的创新，通过提供整合化的解决方案创造新价值，或者以全新的方式满

① Wu, L., Yue, X., Jin, A., & Yen, D. C. (2016). Smart supply chain management: a review and implications for future research. The International Journal of Logistics Management, 27(2): 395-417.

足现有价值诉求。

第六，实现供应链运营透明化与快速信任的确立。在透明的供应链中，任何环节都能够理解并根据其他环节的行为和需求采取行动。相反，如果缺乏透明度，供应链中的有序流动将不可避免地在某处被打乱。数字供应链可以通过预测、对网络建模、创建假设情境并即时调整供应链以适应不断变化的条件，使公司透明地采取行动，更好地为潜在不确定性做好准备。

与供应链运营透明化相关，数字供应链能够更为有效地建立组织之间的快速信任。快速信任一词最早由迈耶森（Meyerson）等学者提出，即能够在最短时间内在一个临时组成的团队中形成信任关系。① 在外部不确定性较高，供应链随时调整的情境下，建立组织之间的信任非常困难，因为供应链参与各方没有长期交往合作的历史。在这种状态下，数字供应链则通过信息活动的透明化，让参与者对合作伙伴产生信心，从而协同开展运营活动。

第七，使供应链更具伸缩性。在供应链运行过程中，不断伸缩供应链条是非常重要的，亦即根据环境的变化和市场的需求，向上或向下扩展供应链，甚或重新建构供应链。然而，这种延伸或调整通常会给组织造成巨大困难。这种困难不仅在于管理和运营的复杂度上升，而且在较短的时间内，要协调或整合新的主体和环节极具挑战。但是，当传统供应链与数字化集成时，可伸缩性就不再是问题，流程的优化和复制变得更加容易，异常点和错误的发现也更加简单。

第八，使供应链更具前摄性。数字供应链往往采取了积极主动的行

① Meyerson, D., Weick, K. E., & Kramer, R. M. (1996). Swift trust and temporary groups. In kramer, R. M, & Tyler, T. R. (Eds.), Trust in organizations: Frontiers of theory and research. Sage Publications. Inc: 166-195.

动，防止潜在的运营中断。这不仅可以通过故障排除来实现，而且可以通过数据挖掘和其他手段提前发现潜在问题来实现。显然，要实现这一目标需要大量知识和计划来协调问题。数字供应链提供了主动解决方案以在问题发生之前进行探知，并提供有效的分析框架和运营智能，从而数字化地满足消费者的需求。

第九，实现绿色供应链。绿色供应链长期以来一直是供应链关注的重要领域，实现绿色供应链不仅仅指的是产品或材料的再循环、再利用，更是需要从供应链的设计源头开始贯彻绿色环保的理念，实现供应链运营资源使用的最小化。卡特（Carter）认为减少资源使用的内涵大于再利用和再循环，而再利用和再循环之间也是互不矛盾，相辅相成的。减少资源使用是通过设计环境有效型产品最大限度减少能源的使用和废物。通过减少资源使用，前向（正向）物流和逆向物流的物料流动减少。另外，循环和再利用可以使资源使用更加有效。而要减少资源使用，就需要在供应链设计阶段很好地把握产品使用和全生命周期的状况，数字化可以迅速对接供给和需求，快速整合各环节，从而有利于这一目标的实现。

3.2　数字供应链的基本架构

要把握数字供应链的基本框架和构成，需要了解供应链建构的基本维度。著名供应链学者兰伯特（Lambert）提出了 S-P-C 模型来分析和解构供应链，他认为一种特定供应链的形成，往往是由三个方面决定的：供应链网络结构（structure）、供应链业务流程（process）以及供应链管理成分（components），它们构成了供应链模型的理论分析框架。供应链网络结构是供应链的组织和构成方式，它是供应链运营的基础，决定了供应链运营的主体和范围；供应链业务流程是供应链运营的过程和实现管理目标以及客户价值的路径；供应链管理成分是供应链运营凭借的能力和要素，三者共同推动了供应链形成、运行和最终绩效。显然，探索数字供应链的基本架构也需要从这三个方面来解构数字化对于供应链S-P-C 的影响。

3.2.1　数字供应链网络结构：数字供应链生态

从供应链结构视角看，数字供应链的基本组织方式是数字供应链生态，数字供应链生态是数字商业生态的一种特定形式，或者说是数字商业生态在供应链中的呈现。要了解数字供应链生态需要首先明确数字商业生态。数字商业生态（digital business ecosystem，DBE）是对穆尔（Moore）提出的商业生态[①]的扩展，其中数字技术发挥了重要的作用。一般认为数字商业生态包含两层含义：一是数字生态系统；二是业务生态系统。数字生态系统是指由数字载体（如软件应用程序、各类硬件设施以及运作过程）构成的虚拟环境，数字生态作为一种点对点分布式技术基础架构，通过互联网创造、传递和连接各类数字服务。[②]业务生态系统则是由超越传统业务边界的各类组织构成的经济联合体。显然数字商业生态是将数字生态和业务生态紧密连接，通过协同既具有竞争关系又具有合作关系的成员，借助共享的数字平台来共同创造价值。

数字供应链生态是数字商业生态的具体表现，它同样是融合数字技

[①]　Moore, J. F. (1993). Predators and prey: a new ecology of competition. Havard business review, 71(3): 75-83.

[②]　Nachira, F., Dini, P., & Nicolai, A. (2007). A network of digital business ecosystems for Europe: roots, processes and perspectives. European Commission, Bruxelles, Introductory Paper: 106.

术和供应链运营，通过对供应链内外各类参与者的整合，借助共享、协同演进的供应链运营或服务平台，促进交易流、物流、资金流、人力流、信息流的高度融合，持续共创产业价值。要深刻理解数字供应链生态的内涵，需要从三个方面来理解。

一是这种生态是综合应用现代数字技术构造的体系，或者说在网络各主体协同创造价值，开展供应链运营的过程中，数字技术平台发挥着重要的作用。科尔佩拉（Korpela）等学者认为，数字技术平台在供应链生态中起到至关重要的作用，这种作用主要表现在通过现代数字技术能够以最小的成本、最实时的信息促进供应链各环节的整合，形成竞争优势。[①] 具体而言，在非数字供应链生态中，信息的传递借助于交易的形成展开，因此，在一个生态中整合的规模可以表现为 $i = \sum t \times 2$，其中 t 为生态中的每一次交易。而数字化供应链平台则突破了伴随交易而形成的信息交流，信息传递和分享的密度增加，成本减少。数字供应链生态中的数字技术平台发挥这样的作用，涉及数字技术应用的范围，以及数字技术对业务产生的影响。数字技术应用的范围指的是数字化作用的对象是企业内部商业生态，还是延伸到外部商业生态，甚或是更为开放的商业生态；而数字技术对业务的影响则是考虑数字化对于交易、物流、资金、人力等各方面的影响程度。科尔佩拉等学者提出数字技术平台对于供应链生态的影响经历了三个阶段（见图 3-1），第一阶段是基于 EDI 的 B2B 的点对点整合。这种状态下 EDI 拓扑结构是在两个端点之间的永久连接，以集成业务流程。该业务模式是基于各公司之间的联系和系统中集成的流程数量，严格意义上讲，这一阶段尚未形成

---

① Korpela, K., Mikkonen, K., Hallikas, J., & Pynnönen, M. (2016, January). Digital business ecosystem transformation—towards cloud integration. In 2016 49th Hawaii International Conference on System Sciences (HICSS). IEEE: 3959-3968.

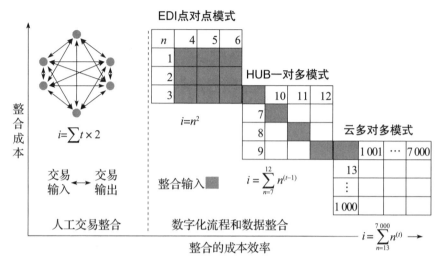

图 3-1 不同数字技术平台模式的整合效率

平台化，生态中整合规模表现为 $i = n^2$，其中 n 为每一个流程整合。第二阶段是基于 HUB 的 B2B 一对多整合。在这种模式下数字化技术已经突破了企业内部整合，延伸到外部组织，呈现出了平台化特点。任何单一公司都可以与某个中间组织（即 HUB，如撮合式交易平台）建立联系，形成网络，这使得任何企业都可以借助 HUB 与多个客户产生众多交易。而中间组织则通过产生的连接、流程整合的数量，以及系统中完成的交易而获得收益。这种生态整合的规模可以表述为 $i = \sum_{n=7}^{12} n^{(t-1)}$，其中 n 为每一次实现的流程整合数量。第三阶段是基于云的 B2B 多对多整合。多对多交流建立在开放互联网计算范式上，这意味着企业可以动态地建立商业流程连接、传递信息，或者说这一阶段存在动态、开放、多样化的平台。使用开放互联网协议的公司必须同意使用通用信息模型，以便能够在系统内建立端到端信息交换的接口。SaaS 在互联网上运行，并托管在云计算系统上。在这种状况下，生态整合规模可以表述为 $i = \sum_{n=13}^{7\,000} n^{(t)}$。显然，以云计算为代表的现代数字技术平台不仅极大地拓展了供应链运营中交互的主体，让更多的企业，特别是中小企业通过 SaaS 迅速介入供应链网络，而且由于数字化技术帮助企业快速获取供应链运营所需要的技术资源，如虚拟化硬件、无限数据存储、软件等，以较低的成本和较高的效益实现供应链信息化，供应链整合效率极大提升。

二是数字供应链生态一定具有较高的多样性和互联性，或者说供应链运营中的直接和间接参与者、各类要素能够共同创造价值、共同获得发展。一个商业生态通常具有互联性、多样性和复杂性的特点。互联性指的是生态成员之间能够建立合作关系，共同作用、共同发展[1]；多样性是能够将不同类型的机构组织起来协同运营；复杂性指通过生态要素的相互交织形成复杂但有序的系统[2]。任何供应链能够持续发展，都涉及价值链、分销服务基础设施、制度环境以及资源集合（见图 3-2），这四个方面共同构成了数字供应链生态要素。[3] 价值链涵盖了供应链运营的各个价值创造过程，诸如供应商协同创新、采购，企业自身的生产制造，产品和服务分销过程等，任何一个环节或参与主体的经营失效，都将无法完成整个供应链价值创造，因此，参与各方共同发展、协同经营才能实现供应链的可持续化。分销服务基础设施涉及在传递价值中相关联的各个环节和主体，诸如运输基础设施（如运输工具、多式联运等）、物流基础设施（如物流中心、物流网络等）、第三方服务商等，这些主体或环节虽然没有直接参与价值创造过程，但是对于保障供应链运营的高

---

① Iansiti, M., & Levien, R. (2004). Creating value in your business ecosystem. Harvard business review, 3: 68-78.

② Peltoniemi, M. (2005). Business ecosystem: a conceptual model of an organisation population from the perspectives of complexity and evolution. Frontier of e-business research, Tampere, Fiudland.

③ Viswanadham, N., & Kameshwaran, S. (2013). The supply chain ecosystem framework. World scientific book chapters, in: Ecosystem-aware global supply chain management, chapter 2, World scientific publishing Co. Pte. Ltd: 17-44.

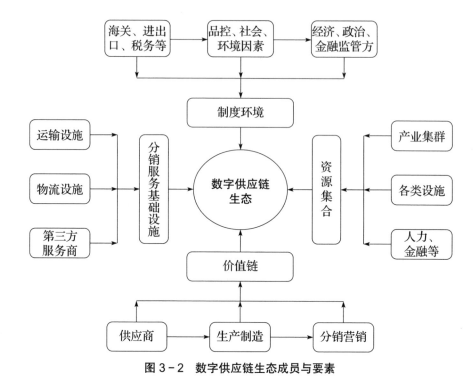

图 3-2　数字供应链生态成员与要素

质量起到了重要作用。制度环境涉及影响供应链效率的外部约束或促进因素，包括海关、商检、税务、环境等管理方，也包括经济、金融等领域的监管方，这些主体直接对供应链运营进行规制或调节，是供应链运行的情景体系。供应链运作的资源集合是供应链生态运营的场景和资源基础，包括供应链活动开展的产业集群、供应链运营的设施以及人力资源、金融资源等其他各类资源要素，显然，资源集合是供应链生态有序运行的基础。上述四个方面要紧密相连形成一个有机整体，就需要有多样化的接口有效触达各维度，并且通过灵活的方式把不同类型资源、主体组织起来实现价值创造的目标，而这正是数字化所能够实现的。

　　三是数字供应链生态是具有共生、演进特点的动态体系。共生意味着供应链参与成员能够有足够的自主权，并借助生态形成的合作关系，促进生态成员的持续发展。也就是数字供应链生态通过增加成员之间的相互依存关系，创造团结和集体行动的条件，为创新和推动生态系统发展形成提供保障，并增强生态系统成员的战略重点和地位，从而形成穆尔提到的"共同发展，共生，自我强化的战略贡献体系"。不仅如此，数字供应链生态还具有演进的特点，即生态不是静态的，而是一种动态发展的过程。数字供应链生态从演进视角看，往往会经历起始、发展、增长三个阶段（见图 3-3），各个阶段需要采取不同的举措以推动生态的更新与改进，并寻求两者之间的平衡。[①] 起始阶段的任务是为各参与组织导入数字供应链共生平台，确定建立这一生态所需要的能力组合以及生态连接方式，明确新生态体系对于各方实现价值的重要性。这一阶段需要各方识别、培育所需要的知识和技术能力。例如，寻求适合的技术与适合的生态参与者、明确供应链生态的目标等。随着数字供应链逐渐为参与方认可，并且呈现出发展的巨大潜力，供应链生态的合作范围和规模开始扩大，进而进入第二阶段，即发展阶段。这一阶段需要拓展和合法化体系，即一方面明确各方的责任义务，以及在生态中的角色，形成自组织、自我强化的行动体；另一方面各成员之间能够借助生态有机互动，形成有效、多样、灵活的合作体系。随着数字供应链生态的成熟，其实现的利益为广大参与者认同，这时便进入增长阶段。这一阶段需要供应链生态能够不断保持对发展前景的洞见，优化强化数字供应链的新技术、新资源，确保供应链日常运营的高效率。同时当目前的体系与变化的环境不协调或者发生冲突时，能够重新推动供应链生态的再变革。

---

① Montealegre, R., & Iyengar, K. (2021). Managing digital business platforms: a continued exercise in balancing renewal and refinement. Business horizons, 64(1): 51-59.

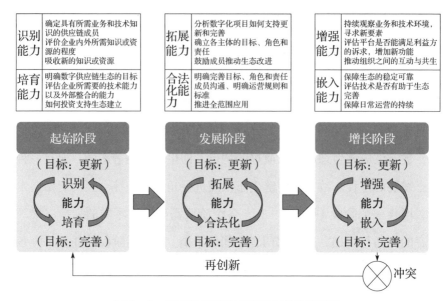

图 3-3 数字供应链生态演进与各阶段要素

3.2.2 数字供应链业务流程：数字整合链

供应链流程涉及组织和运营供应链的全部活动，以实现预定价值和目标。一个整合性的供应链的流程涉及设计链、运营链与需求链，这三者共同构成整合供应链流程框架。每类流程包括特定的管理内容，均可以再细分为三层，每一层都可用于分析企业设计链、运营链、需求链的运作，分别对应着企业期望对相应流程变革的程度，每一层都是对上一层的细化，如第二层是对第一层的细化、第三层是对第二层的细化等。

1. DCOR-SCOR-CCOR（见图 3-4）

设计链全称为设计链运营参考模型（design chain operation reference model，DCOR）。该流程模式覆盖客户需求与设计或产品规划之间的各类活动，以实现客户价值。该流程涵盖产品开发与研究，但不涉及销售

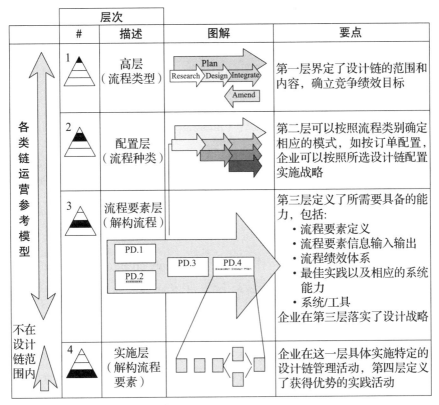

图 3-4 DCOR-SCOR-CCOR 多层架构

和营销以及产品交付后的客户支持。DCOR 最初由惠普公司开发，后于 2004 年交由美国供应链管理委员会审定，2006 年确立为供应链标准。DCOR 模型明确定义了设计研发各阶段的标准流程、绩效指标和行业最佳实践，提供了设计链成员之间沟通与协同的参考模型，因此，DCOR 模型是协助设计链流程分析、整合与改善协同设计体系的有效工具。DCOR 主要根据五个管理流程进行组织。一是计划流程（plan），是指在特定的时期内，发展和确立一系列设计链资源将采取和实施的行动，以满足设计链的需求。二是研究流程（research），是指研究项目的识别和解析、信息获取、综合信息和评价、传递或归档研究结果。这包括鉴定供应来源，按照需求采购及验证材料或产品。三是设计流程（design），是指通过对现有业务分析、测试提出新业务的模式，诸如采用更新优化原有设计或者采用全新的技术设计业务等。为了保证后期的流程能够顺利展开，设计流程也需要及时地检查以及调整采购、制造、测试、维护等相关作业流程。四是整合流程（integrate），集成当前设计、新设计或新技术所需的过程，向营销及支持机构实施和发布整合的设计体系。五是改进流程（amend），收集和分析设计问题，以及对新业务实施调查分析。上述五个流程对应三个层级，从而使得供应链业务设计形成多阶段、多层级、一体化的流程。

运营链全称为供应链运作参考模型（supply-chain operations reference model，SCOR），由美国供应链管理委员会开发，在供应链设计与优化、供应链流程再造与整合、供应链绩效评估与管理中发挥着重要作用。SCOR 同样是由五个流程、三个层级组成的体系。五个流程分别是计划（plan）、采购（source）、生产（make）、交付（deliver）和退货（return）。其中，计划流程是核心流程，其余四个流程是执行流程，计划流程对其余四个流程起到整体协调和控制作用。SCOR 第一层主要是根据供应链运作关键绩效指标（KPI）做出基本战略决策。例如确定供应链交付可靠性、反应性、供应链柔性、运营成本、资金周转等方面的关键绩效指标。第二层是配置层，由一些核心流程组成。由于每一个业务或产品型号（SKU）都可以有其相应的供应链，因此供应链管理者可以选择配置层中的标准流程单元构建其供应链模式，诸如预测驱动模式、订单驱动模式、定制驱动模式以及推拉结合模式。第三层是流程要素层，该层定义了企业在目标市场上竞争成功的关键能力要素，包括以下内容：（1）流程要素的定义；（2）流程要素信息的输入与输出；（3）流程绩效指标；（4）最佳实践及相应的系统能力；（5）匹配与运作方式相适应的系统工具。

需求链全称为客户链运营参考模型（customer chain operation refe-rence model，CCOR），涵盖了将客户需求转换为订单的所有商业活动。CCOR 也是由五个流程来推动的。一是计划流程（plan），即根据市场和客户的状况，考虑销售活动优先级，并将销售目标任务和服务的终端分配给特定的渠道。二是关联（relate），即与客户和渠道中介建立并维护关系的过程。三是销售（sell），即建立对客户需求的了解，并提出、开发解决方案以满足这些需求。四是协议（contract），即与客户沟通，为提供的解决方案定价，确立服务的内容。五是支持（assist），即为提供给客户的产品和服务予以售后支持的过程。CCOR 也由三个层级组成：高层的流程类型、配置层的流程种类以及流程要素层的流程解构。高层就是对五个流程进行定义，并确立相应的目标。配置层侧重于业务环境，包括预先设定的条款、定制条款和买方条款。因此，流程类别中的相关内容与上述三种类型的条款相关，销售、合同、计划和协助等活动都遵循同样的规则。在这一层中，用户必须考虑市场、产品和业务的限制，才能将客户链的配置重新关联到第一层模型中相应的流程类型。第三层位于 CCOR 的底层，它将第二层的过程类别分解为过程要素，为流程类别提供了有价值的参考信息，并定义了公司的竞争力和在所选择的市场上取得成功的能力。第三层包含流程要素定义、流程要素的输入 / 输出信息和流程绩效指标。此外，该层级还制定了适当的过程测量指标，以协助实现第一层制定的绩效目标。企业内部不同职能部门之间的流程整合，以及组织之间的流程整合都需要在第三层确定。

2. 数字整合链：供应链网络数字能力模型

数字化对供应链流程产生了巨大影响，也推动了上述 DCOR-SCOR-

CCOR 多层架构的演进与发展，这是因为数字化在三个方面加速了供应链网络或生态的形成，即更加强调高度关联的客户、智能化的运营以及数字研究与开发。2020 年德勤结合数字化提出了 DCM 模型（digital capabilities model for supply networks），这是数字供应链情境下的流程重构。DCM 模型认为数字供应链需要具备六个新的流程能力，包括：同步规划（synchronized planning），即能在供应链网络或生态中同步进行业务规划与目标形成。智慧供应（intelligent supply），即能够将自动化和智能化纳入寻源、采购过程。智能运营（smart operation），即通过数字技术提升整个供应链生产制造以及其他运营活动效率。动态执行（dynamic fulfillment），即实现订单履行的灵活性和适应性，并将正向和逆向供应链能力更好地集成到供应链网络中。上述四种新能力是对 SCOR 模型的拓展，将相应的运营流程与数字化结合形成了更加高效、迅捷的运营。第五种流程能力是数字研发（digital development），虽然德勤并没有明确是在 DCOR 基础上的发展，但是该流程显然侧重于设计研发流程的数字化，即强调产品设计和业务研发过程中更好地结合数字技术。第六种流程同样是对 CCOR 模型的拓展，即关联客户（connected customer），意指数字技术将供应链拓展到了整个客户网络，实时收集、反馈各类客户的需求和价值诉求，并使整个供应链同步分享、运用信息，做出迅捷的决策。

DCM 模型同样将流程分解为三个层级（见图 3-5）。第一层是对上述六个流程能力的定义，包括各个类别的目标、最佳实践和绩效标准。第二层是针对每个流程类型考虑的具体流程种类，即每个流程类型所涵盖的具体流程是什么。第三层是与每个具体流程相关联的数字含义和实现措施，也包括与其他功能之间的关系。基于 DCM 的三层架构，德勤公司提出了实现数字供应链流程转型的七步法。

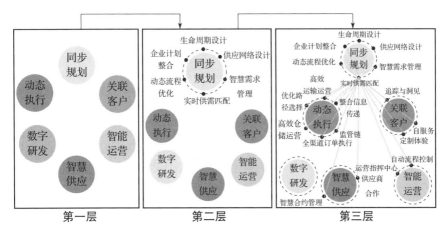

图 3-5 DCM 模型架构

第一步是确定远景目标，即思考数字供应链应该是什么样的、企业的愿景是什么、实现愿景的合适层级是什么。

第二步确定实施的范围，即瞄准哪些业务或地域、关注哪些流程、ROI 等财务指标应该是什么。

第三步明确如何实现，即企业目前的数字化程度如何、能否成为供应链的关键能力、差异化之处是什么、创造的独特价值是什么。

第四步明确应当具备的能力，即哪些是需要优先培育的能力、这些能力如何改进整体的业务流程以及数字化、如何形成整合性的供应链网络或生态。

第五步明确具备的要素，即这些能力之间的依存关系是什么、有哪些所需的技术、必要的培训和开发系统是什么、企业如何监控和适应这些系统、如何度量成功。

第六步实现集成，即需要做什么才能达到目标状态、实施路线图是什么、数字化的项目计划是什么、成功需要多长时间、要花多少钱、在扩大规模之前应该在什么级别试行。

第七步运行试验，即如何重构现有的供应链流程、如何管理风险、如何将试验拓展到整个供应链网络或生态。

3.2.3 数字供应链管理成分：整合能力体系

供应链管理成分是支撑供应链运营的要素和能力，没有良好的能力体系，供应链运营目标难以实现。数字供应链同样需要与其组织方式和运行流程相适应的能力，而且这种能力需要充分反映综合运用数字化技术，产生组织之间的同步行为，最终实现卓越运营绩效的要求。具体讲，数字供应链需要具备的能力主要表现在如下几方面：

1. 响应供应链客户价值诉求的能力

了解供应链客户（这里的客户是一种广义概念，既涵盖终端消费者或购买方，也包括所有与企业合作的主体）真实价值诉求是数字供应链的前提，要能做到这一点需要真正洞察客户内心深处的经济和情感诉求，而不仅是外在的产品和业务需求。阿米特（Amit）和左特（Zott）认为能给客户带来价值的东西一定具有四个方面的特征，即能极大地实现交易效能，实现良好的互补效应，能够通过黏合效应形成护城河，具有很好的创新和新颖性。[①] 显然，要达到上述四个维度，需要从供需互动的方式探索供应链价值诉求。从供应链服务视角看，存在三个层级的价值表现。第一层也是最基本的层级，从供应商的角度能实现最高性价比的产品和服务，需求方得到使用价值；第二层是供应商能实现供应链所有权成本降低，即帮助供应链客户降低交易前、交易中、交易后等环节全系统的运营成本，在这种状况下，供需之间不再是简单的产品或服务供给与需求，而是更多地通过系统服务得到持续发展，因此，需求方所实现的不仅仅是使用价值，还有发展价值；第二层也是最高的层级是

---

① Amit, R., & Zott, C. (2001). Value creation in e-business. Strategic management journal, 22(6-7): 493-520.

供应商不仅能够降低供应链所有权成本，而且还能帮助客户降低各种机会成本。换言之，帮助供应链客户实现其自身很难实现的目标，通过提供新的机会、新的手段，让客户企业创新业务。因此，从需求方的角度看，在这种情境下实现了创新价值，客户获得了超额收益。显然，运用互联网、物联网、大数据等各种现代化的技术辅助企业实现从第一层级向第三层级的发展，及时追踪和捕捉客户的真实需求信息和状态，进而灵活地提供相应的服务，是数字供应链需要形成的核心能力之一。

2. 技术使能下的供应链全程可视

供应链全程可视化指的是产业链运营参与各方能够对产业链全过程、国内外市场的状态和运营、物流及交易的状态和活动及时反映与追踪，做到对产业链整体运营过程的及时监测和调整。显然，供应链的可视化涉及三个重要的特征：一是能够在跨组织层面高效整合现代信息技术，自动获取供应链信息，以及实现组织间信息的自动交换与整合；二是能够实现信息获取的及时性、准确性和完整性；三是能够将获取的信息数据作用于供应链流程，产生运营效率和战略能力。[①] 要做到供应链全程可视，一方面需要运用互联网、物联网、RFID 等技术，建立真正标准化、规范化、可视化的产业供应链网络；另一方面需要对供应链的各个流程加以关注，特别是产品和分销流程的可视化、运输和物流流程可视化、供应链财务和金融可视化以及企业间或组织间动态合作流程的可视化。

3. 建立定制化、模块化的产业运营架构

数字供应链追求的是充分应对真实的价值诉求，及时、有效地设计、构建和运营供应链体系，也就是说能够根据外部市场环境的变化，

---

① Somapa, S., Cools, M., & Dullaert, W. (2018). Characterizing supply chain visibility-a literature review. The international journal of logistics management, 29(1): 308-339.

以及客户的动态需求，适时开展供应链的整体规划，使企业能迅速地运用自身、外部第三方等主体或机构的能力建立起独特的供应链竞争力，在不破坏原有体系的基础上实现产业供应链服务功能的快速响应，具有良好的智能反应和流程处理能力。显然，要实现上述目标就需要根据产业的特点以及客户的状态，充分考虑供应链服务定制化以及模块化程度。[①] 定制化反映的是在供应链运营过程中客户参与的程度，客户在供应链中参与程度越深，供应链定制化的程度越高。要实现高度的定制化需要供应链参与企业具备协作能力、适应能力、整合能力以及透明管理能力。显然，这些能力在现代信息技术的作用下更容易实现。同理，模块化指的是供应链组织方式通过松耦合业务模块相关联，通过跨组织的分工合作以及业务外包等形式组合成为一体化的结构，最终产生供应链运营高绩效。鲍德温（Baldwin）和克拉克（Clark）指出模块化就是"从较小的子系统构建复杂的产品或流程，这些子系统可以独立设计，也可以结合在一起作为整体发挥作用"[②]。要实现模块化就需要形成协议生产、可选择的工作安排以及组织间联盟，数字技术的应用推动了协议生产经营的快速形成，也使得设计可选择的工作任务更加容易，强化组织间合作联盟。

4. 实时的产业供应链计划与执行连接体系

产业供应链计划与执行体系的连接能在数据和流程两个层面同时实现。供应链计划和供应链运营执行要行之有效，必须要实现数据、信息同步化，并且相应地组织和管理流程。无论是计划层面还是执行层面，所需要的数据和信息既包括历史的，也包括正在发生的和将要发生的，

① Bask, A., Lipponen, M., Rajahonka, M., & Tinnilä, M. (2011). Framework for modularity and customization: service perspective. Journal of business & industrial marketing, 26(5): 306-319.

② Baldwin, C.Y., & Clark, K.B. (1997). Managing in an age of modularity. Harvard business review, 75(5): 84-93.

因此，同步化的概念在于进行供应链计划时运营层面的过往、即期以及可能的信息和数据能及时获取，并指导供应链规划。与此同时，在执行供应链活动时，又能根据实际正在发生的状况和下一步需要执行的活动，及时配置资源和能力，使供应链执行过程稳定有效。

5. 良好的绩效管理和风险预警

这是指能运用产业以及供应链整体运行分析工具比较预期与实效，实现统计性流程控制，防范因产业供应链运行超出预计范畴，导致企业运营的中断或产生其他风险。数字供应链管理的核心是在实现高度智能化供应链运营的同时，实现有效、清晰的绩效测度和管理，建立贯穿供应链各环节、各主体、各层次的预警体系，轻松实现供应链活动的持续进行、质量稳定、成本可控。高德纳在 2021 年 2 月开展了一次全球供应链调查，在调查企业供应链管理最优先管理目标时发现，企业最关注的问题包括增强供应链敏捷性、提升供应链韧性、应用自动化提升在岸生产经济性等几个方面。[1] 显然，如何做到供应链运营高增值的同时，实现各环节、各流程绩效的全面管理和预警是能够真正确立数字供应链的关键。

6. 建立运营精敏化供应链

供应链精敏化指的是供应链智能敏捷化（即快速响应和服务）与高效精益化（即总成本最优）相结合。内革（Naylor）指出，根据市场的状况和产业运营的特点，设计和安排解耦点（decoupling point），也就是持有库存缓冲点，可以同时实现供应链体系的精益和敏捷。[2] 而

---

① Supply chain executive report: future of supply chain — crisis shapes the profession. https://www.gartner.com/en/supply-chain.

② Naylor, J. B., Naim, M. M., & Berry, D. (1999). Leagility: integrating the lean and agile manufacturing paradigms in the total supply chain. International Journal of production economics, 62(1-2): 107-118.

运用互联网、物联网和云计算等现代技术，能够及时反映、掌握和分析终端客户的行为变化，使解耦点沿着供应链向上游推移，在保证服务质量和下游低库存成本的同时，实现上游生产运营有序、稳定和高效。供应链上游的设计、规划和供应链安排能够根据第一时间获取的数据和信息预先进行，使按单采购运营这种精敏化的目标最终得以实现。

3.3　小米数字供应链与金融服务

小米公司成立于 2010 年 4 月，是一家以手机、智能硬件和物联网平台为核心的互联网公司，致力于改造中国制造业。成立仅 7 年时间，小米的年收入就突破了 1 000 亿元。2018 年 7 月，小米正式在港交所挂牌上市。2019 年，小米全年收入超过 2 000 亿元，成为最年轻的《财富》500 强公司。2020 年第三季度，小米的智能手机出货量上升至全球第 3 名，在 90 多个国家和地区占有市场份额。为进一步提升供应链效率，在继续和上下游伙伴密切合作的基础上，小米提出做"制造的制造"，为传统制造业提供智能制造方案。

2009 年，物联网正式被列为国家五大新兴战略性产业之一。2013 年年末，小米果断做出决定——采用投资的方式孵化生产智能硬件的公司，开始正式布局小米生态链。"用投资的方式，找最牛的团队，用小米的平台和资源，帮助企业做出最好的产品，迅速布局互联网"是小米布局生态链的初衷。小米为生态链上的企业提供人才、品牌背书、活跃用户、销售渠道、供应链能力、资本、方法论和社会关注度等方面的赋能，切实帮助生态链企业成长。2017 年 11 月，小米成为全球最大

的智能硬件 IoT 平台。截至 2020 年 9 月 30 日，小米共投资超过 300 家
企业，总账面价值 395 亿元，其中有 9 家于 2019 年 12 月在科创板上
市。除了投资的生态链企业，小米的上游供应商（代工厂、原料供应
商）、下游零售体系（小米网、米家商城、米家有品等）也处于小米生态
之中。

天星数科是小米公司旗下的金融科技服务平台，其应用程序于 2015
年 5 月正式上线。目前小米金融旗下主要板块包括消费信贷、第三方支
付、互联网理财、保险经纪、供应链金融、金融科技、虚拟银行及海外
板块等。2018 年 3 月，小米金融依托小米集团的智造基因和产业生态，
正式开展供应链金融业务。小米供应链金融作为小米产业金融业务中重
要板块之一，致力于应用金融科技助力消费升级和产业升级。2019 年 9
月，小米数字科技有限公司（小米数科）成立，致力于应用数字科技手
段服务产业实体的金融需求。2020 年 10 月，小米数科品牌升级为天星
数科，小米金融 App 品牌焕新为天星金融 App，继续运用数字科技服务
实体企业的产业金融需求（产业金融服务），服务金融机构的转型升级
（金融科技服务），服务广大米粉和用户（个人金融服务）。

3.3.1 全链金融 1.0：重新定义

在 1.0 阶段，全链金融的关键词为重新定义订单融资，重点关注制
造业中的中小企业，实际上是小米有品中的和小米生态链投资的企业。
在制造业生产链条中，产品经历 ID 设计、产品封样、PO（purchasing
order）订单、原料采购、加工生产、仓储管理、销售、末端物流、产品
交付等阶段。小米结合对制造业的观察，发现企业实际在订单阶段最需
要融资。虽然在传统的银行或者其他金融机构里，都存在订单融资业
务，但是由于订单融资风险较高，实际上企业很难通过这种方式从银

行获得资金。在实际操作中，订单融资的风险具体表现为资金易被挪用、货物可能生产不出来、产品可能销售不出去、销售出去后还钱难等。在产业链上。中间任何一个环节出现断点，都可能造成融资款偿还失败，所以银行不相信小微企业，不敢为小微企业提供资金。全链金融曾尝试上线发票融资和入库融资业务，但是前者账期只有30天，后者账期只是提前了15~20天，仍不能解决小微企业在订单阶段的融资需求。

为切实解决中小微企业的资金需求，小米重新拆解制造业智能硬件企业的产业链，探索制造业中订单融资的创新路径。以小米智能门铃为例，其生产链可以拆解为创意设计、产品封样、PO订单下达、物料采购、代工厂加工生产和第三方物流交付环节。其中从创意设计到产品封样，大约耗费3~6个月的时间。在每个环节中，还有多种因素需要考虑，如图3-6所示。

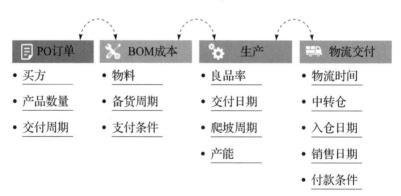

图3-6 全链金融1.0各环节的因素

针对订单融资，小米从两个方面来控制风险：第一，进行资金的闭环管理，用途定向支付，销售回款约定优先偿还融资款；第二，深挖数据，精细化中间过程管理，降低订单融资风险。具体来讲，首先，分析订单的关键字段，了解贷款的真实用途；其次，拆解产品在产业链中的生产成本和占比，精细化分析并分享相应数据；再次，在生产阶段，依靠白名单代工厂的准入，了解工厂产能、爬坡等生产过程数据；最后，将物流交付入库相关数据与小米生态体系内数据打通，了解入仓数量、退货数量、良品率、售后、对账结算等全链条信息，降低因信息不透明导致的订单融资风险。目前，小米供应链金融已经形成了集聚小米特色的动态贴身定制化模型，在每个过程的节点都做了系统层面的人为监控，如图3-7所示。以小米投资的一家生态链企业追觅科技为例，该企业拥有高速电机降噪技术，应用于扫地机器人和吸尘器的电机，改革前年销售收入仅200万元。通过订单融资，目前追觅科技的运营资金充足，销售收入规模突破了10亿元。小米为追觅累计投放了40亿元资金，收获了追觅的债权和将近8个相关企业的期权。

图3-7　全链金融1.0风险控制考虑的各种因素

3.3.2　全链金融2.0：夯实武器

由于制造业的内生性问题，执行过程中困难重重。一方面制造行业较为传统，存在生产排程不准确、产品质量追溯难、设备运行效率低、库存周转效率低等问题，生产数据都掩藏在线下，有待于数字化升级；另一方面，制造业产业链条离散、冗长，很难收集到全链条数据（见图 3-8）。所以在全链金融 2.0 阶段，小米分两个步骤对制造行业产业链进行升级。

第一步关键词为夯实武器，即利用自主研发的类似 SaaS 的管理工具，将线下数据归集到线上进行统一管理，即 PO 订单、BOM 成本、排产、进料、生产监测、发货全程数字化，实现供应链管理线上化、付款自动化和回款自动化。以扫地机器人为例，假设售价 300 元，BOM 成本 200 元，拆解制造扫地机器人物料成本的构成、数量、供应商名称等标准化字段，形成一个标准化窗口，一键导入线上，即可实现各物料成本可视化，清晰地监控资金的流向。在数字化管理供应链过程中，基于收集的线上动态数据，小米还可以依客户需求进行精细化财务管理，自动生成现金流预测表，根据物料采购周期，对一些关键时间节点做出判断，例如，小米可以自动为客户预测某月的物料成本支出，结合现金流提供金融解决方案。

第二步延展建立小米供应商画像数据库，建立微信用体系，即洞见 BI 系统（见图 3-9），解决订单融资比固定资产抵押融资更难的问题。在 2.0 后期，在线下生产数据不断传输到线上后，各个断点数据之间实现连接，例如 PO 订单数据和还款数据实际是离散的数据，线上化后，这些数据在产业链上串联起来，实现了打通数据孤岛的作用。当这些串联的链条数据不断积累，再向前一步延伸，就可以将无形的数据转化为清晰的企业信用画像。在洞见 BI 系统中，小米可以在整个贸易链条上清晰地观察到企业的历史砍单率、退货率、产品的销量等信息，并在 $t+1$ 时间对未来应收账款状态进行更新，并以报表形式对账款分层。举例来讲，一个供应商借了 100 万元的订单融资，小米在 $t+1$

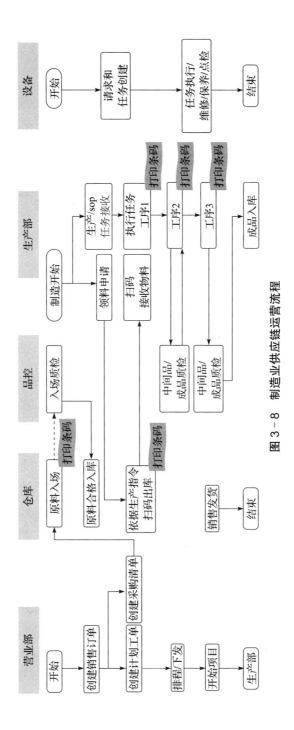

图 3 - 8　制造业供应链运营流程

图 3-9　天星数科洞见 BI 系统

时点可以清楚看到这个订单当前未收货多少、已收货多少、有多少变成了库存、有多少变成了发票，这样即通过洞见 BI 系统实现了动态、清晰、自动、可视化的应收账款管理，和固定资产抵押融资一样可视可见。

全链金融 1.0 阶段和 2.0 阶段，服务的都是小米生态链中的智能制造中小微企业。2.0 相较于 1.0，制造业各个阶段的数据由线下归集到线上，中间过程管理实现自动化且更加精细，各个断点数据在产业链上实现连接，构建小米供应商微信用画像，以此实现了订单融资可视化管理，降低了融资风险。

3.3.3　全链金融 3.0：跨界合作

基于 1.0 阶段和 2.0 阶段积累的数字供应链管理经验，小米供应链金融希望将基于数据做金融的方法论输出到与制造业强相关的其他行业（如成品油行业、玻璃行业、纺织行业等，见图 3-10）中，和其他行业中的制造业核心平台或企业一起实现跨界合作，帮助其他行业中的上下游企业。

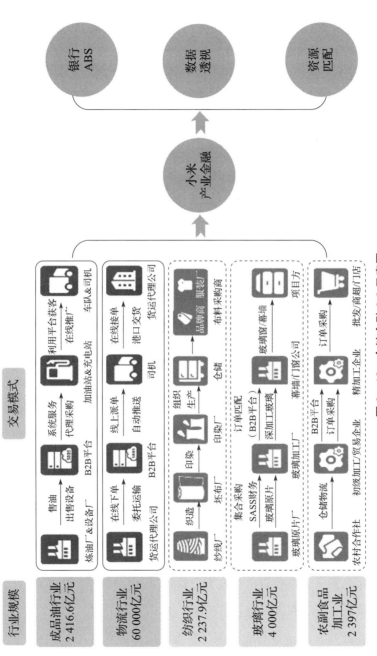

图 3 - 10 全链金融 3.0 示意图

受新冠肺炎疫情影响，产业互联网和数字化进程加快，小米供应链金融积极与产业互联网独角兽公司合作。例如2020年7月，小米集团跟投能链集团。小米供应链金融依托自身在AI、IoT设备和产业金融中的深厚积淀，以充足的资金和强大的物联网技术，与能链实现协同发展，推动能链确立并稳固行业地位。能链集团成立于2016年，积极进行数字化、信息化、智能化改造，从一家成品油交易平台转型为出行能源交易平台和数字能源服务商，促进产业上下游合作伙伴的发展。其搭建的能链云平台，能够智慧化管理每日能源交易，不仅能为加油站业主预测未来收益，也能为车主提供自动化能源补给方案。

目前小米供应链金融和生态链外部企业合作的方式有两种：单一资金方式和资金＋数字化服务方式，其中资金来源为小米集团的自有资金。前者的具体运作步骤为，小米供应链金融和集团投资部一起以投贷联动的方式进入核心企业或平台的交易中；然后通过制造执行系统（manufacturing execution system，MES）对接核心企业/平台的ERP数据，并训练读取数据的能力，还原这些平台/企业上下游中小微企业的信用情况，进而提供相关的金融服务（如ABS）。资金＋数字化服务方式不仅仅是为供应链中的参与者提供资金，还帮助平台上下游客户进行产业数字化改造，将资金连同物联网技术、集团智能硬件IT部门的相关技术一起打包与该平台合作。

在这个过程中，小米积极整合相关资源，利用自己的生态链为合作平台/企业赋能。以小米投资的A化工为例，该企业在化工行业塑料粒子领域排名第三，在投资前存在客户管理难、合同管理难、应收账款管理难、贸易分析难和客户交互难问题。小米供应链帮助A化工进行系统的数字化改造，将企业的应收应付账款做成标准化资产（见图3-11）。为符合银行金融机构要求，小米先出资将企业的下游应收账款收过来，

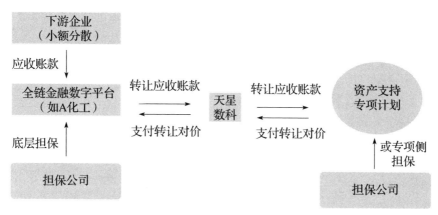

图 3-11 天星数科 3.0 金融服务示意图

再向上游付款，并找来国有担保公司为企业担保，然后将标准化资产推给银行，真正意义上帮助企业融资。改造完毕，小米将整个生态内一年 80 亿元塑料粒子订单交给 A 化工生产。此外，小米还联合了生态中其他投资企业，如物流企业来解决塑料粒子的运输问题。运输过程的数字化改造需要摄像头，小米又与生态中摄像头制造企业对接，实现生态赋能，创造更大的价值。

3.3.4 全链金融 4.0：新制造

随着行业间互动增加，制造业本身也在发生变化，如柔性制造、个性化小批量、以销定产、数据分析、数字化投入等，数字技术对传统制造业进行深度重构，进入"新制造"时代。全链金融 4.0 阶段回到制造业本身，关注新制造中新的技术，瞄准新制造带来的窗口期，为新制造企业提供相关金融服务。创始人雷军在小米创立 10 周年大会上提出"互联网＋制造"战略，即"帮助我们的代工厂，帮助制造业进行互联网改造，进行提质增效；帮助工厂进一步的智能化，进一步自动化，甚至无人化，这就是我们努力的方向"。为此，一方面在小米集团内由相关制造部门帮助工厂设备升级自动化，由小米供应链金融提供融资租赁服务、订单融资、应收应付融资等；另一方面，小米供应链金融将供应商关系管理（supplier relationship management，SRM）等系统以 SaaS 形式推行到相关的生态链企业及工厂，进而孕育出更多的全链金融客户或场景，促进整个行业的信息化和数据精细化管理。在打通整个制造业的自动化和信息化后，也就是智能化，小米供应链金融和合作伙伴努力探索工厂级信用数据传递方式。

目前，全链金融 4.0 紧随新制造浪潮，着力推进智能制造协同系统，与生态体系外合作伙伴一起打通生产各个阶段，细致划分生产环节颗粒度，精细化管理生产过程。小米供应链金融积极建立产销协同平台，打通全链条数据，还原工厂的信用画像，并结合工业互联网整理关键数据节点，如人（人员）、机（机器）、料（物料）、法（工艺）、环（环境），从时点和时段两个维度建立工厂生产经营模型来评估工厂的信用（见表 3-1），拓宽制造企业的融资路径。

表 3-1　天星数科工厂信用评估要点

	人员	机器	物料	工艺	环境
时点 指标	操作人数量 操作类型 操作时长	时间稼动率 设备状态 设备参数	物料名称 库存天数 备料时间	工序数量 是否自动化 工序类型	—
时段 指标	人员变动 人员复用 类别变动	产能波动 参数波动 更新情况	层级产出比 库存变动	工序集中度 工艺改进 工序数量变动	—

在全链金融 4.0 阶段，小米供应链金融的目标是做宽做广放款量，在产业链中做透做深，连接更多的合作伙伴，植入它们的场景中，使用它们的工具去更好地赋能小米的客户以及体系外的制造业客户，为制造业降本增效。

第四章

数字供应链技术

冯氏集团旗下的针织业务公司利洋一直在探索如何把虚拟设计技术应用在服装供应链上，经过多年的实践，利洋已成为所在行业利用虚拟技术的先锋。

　　起初，利洋遇到一个生产上的难题，那就是工厂的订单准时完成率很低，只有70%左右，其主要原因是客户对工厂提供的产前样衣的审批率极低，一般不足10%。核心原因是2D设计图与样衣展现的线条、质感及松紧度等效果相差很大，样衣经过多次修正之后才能得到客户确认。大量时间浪费在反复的等候当中，因而货物完工日期比预计的晚。为解决此问题，利洋引入了3D设计技术。厂商和客户都能看到清晰的3D效果图，进行充分的沟通，因此，当工厂提供产前样衣时，客户一般都十分满意，样衣审批率由从前的10%大幅提升至80%～90%。样衣准确度提升，审批时间缩短，各方面都能实际获益。

　　不仅如此，为进一步促进数字化管理，利洋和一个创新伙伴共同设立了CS创新实验室。CS创新实验室设有一个设计中心以及一个先进创新中心，能够提升利洋在虚拟设计方面的能力，改进供应链中设计至生产流程的效率。在CS创新实验室中有多台织机，除了具备精良的针织功能，还可通过远程系统遥距安排生产计划、排单、派单、监控，从生产现场取得实时生产数据。配合数据分析及处理平台，利洋拥有了一个创新的实时供应链生产管理模式，具备高效能生产、高透明度数据、有效质量保证、保护产品产权等优势，并且大幅缩短常规生产周期，提升跨地域生产调度的灵活性。

冯氏集团利洋公司的实践无疑表明，数字技术不仅极大提高了供应链运营的效率，使得供应链运营周期缩短，市场响应力提高，而且也通过技术的应用和赋能，协同各方为客户提供了一个独特的服务方案，开启了更多前所未有的业务发展机遇。因此，如何看待数字技术的作用，有哪些现代信息技术能够赋能供应链运营，数字供应链技术的整体架构是什么，这些都是需要探索的问题。

4.1 供应链运营中的数字信用

数字供应链建构和发展过程中，数字技术发挥着重要作用。近些年来以 ABCD（即人工智能（AI）、区块链（blockchain）、云计算（clouding）以及大数据（big data））等为代表的现代通信技术得到了产业界的广泛关注，也渗透到了产业供应链运营的各个方面。因此，数字技术成为打造数字供应链的重要手段。然而，数字技术究竟如何才能更好地作用于供应链运营，这需要首先明确数字技术在供应链中的作用。

供应链跨越了单一组织的疆界，涉及多组织之间的交互行为，不同的组织通过在商流、物流、信息流和资金流等方面的协调和互动，高效完成整个产业过程运营，最终实现快速响应市场、高质量传递客户价值的过程。特别是在数字经济背景下，供应链的运营要比以往面临更多挑战。这些挑战主要反映为在供应链组织方式、流程协调和管理要素等方面更具复杂性。首先，在组织方式上，传统的供应链主要是由上下游组成的线程式供应链，或者说整个供应链的组成方式是一种层级式的多环节交互过程，在各个节点或环节之间通过两两之间的信息传递形成交互关系，因此，整个供应链无法实现实时的连接和信息传递。而数字供应链则要求在不同的组织之间以及不同的环节之间形成多维、非线性实时交互。例如，Betabrand 是美国旧金山的一家线上时尚零售商，主要经营服装及鞋包销售业务。在客户个性化需求越来越强烈的背景下，该品牌希望通过众包模式，实现高度的客户体验和定制化。2017 年 Betabrand 开始与冯氏利丰合作，其具体的做法是，Betabrand 设计团队完成 2D 平面设计初稿后，由利丰在虚拟平台上将 2D 转化为 3D 效果图像，让客户全面了解该产品的具体设计与视觉效果。之后，Betabrand 在其网站上邀请消费者对设计进行投票，表达意愿，消费者的喜欢达到一定水平后，设计投入生产运营。[①] 其次，在供应链运作流程方面，传统的供应链往往在不同的环节形成了各具特点的管理流程，如物流、价值流、知识流、资金流等，各个流程之间没有能够形成一体化的对接与整合，这种状况就容易造成流程与流程之间的不衔接，进而产生潜在的风险。此外，一些关键供应链管理流程，如供应链计划与控制仍然借助人力或者中央控制系统来实施，整个供应链流程调整与优化对外部变化响应较慢。而数字供应链显然要求高度的流程协调和灵活性，不仅能够实现各维度流程的无缝衔接，而且流程的调整与优化应当是与外部环境变化同步。最后，在所提供的产品或服务方面，传统的供应链侧重于通过线下的渠道传递既定、规模化的产品或服务，缺乏供需之间以及客户相互之间的实时互动与体验。而数字供应链，如同冯氏利洋公司那样，提供的不仅是物理性的产品设计，还有数字化虚拟设计服务体系，使得供需之

---

① 冯氏集团利丰研究中心. 创新供应链管理：利丰冯氏的实践. 3 版. 北京：中国人民大学出版社，2021.

间能够实时互动。从某种意义上讲，客户也是设计者或生产者，所有的产品或服务都是定制化的。

显然，要实现上述数字供应链的状态，没有数字技术的赋能和作用是很难的，这是因为在传统的以线程式、点对点以及规模化经营为特点的供应链运行中，组织与组织之间的协调主要依靠系统对接和集中管控来实现，相互之间的信任来自长期的业务往来和对运营质量的可预期评价。但是在高度变异、多组织体协同以及物理与虚拟运营并存的数字供应链状况下，信任成为巨大的挑战，这不仅是因为数字供应链运营中，任何供应链参与成员都是围绕特定的任务集合在一起，导致松耦合的组织与组织之间难以建立信任关系，也是因为数字供应链同时涉及物理环境（即供应链运营的物质载体，诸如机器、运载工具等）与虚拟环境（即供应链运营的虚拟载体，诸如互联网网络、数据等），导致人与物（如企业对工具设施作用的判断，或者对数据完整性或真实性的认知）、物与物（如对不同设备之间数据传递的可靠性、及时性、真实性的判断或认知）之间也较难形成可期待的信任关系。数字供应链不仅强调组织或人在运营中起到的作用，也高度关注物在运营中的能动作用。系统、整合性的数字技术有利于解决上述问题，形成数字信任关系。

数字信任（digital trust）是任何主体对于供应链运营参与成员、使用的技术设施、运作流程能够创建安全、高价值、数字化产业能力的信心。当一个企业向其任何合作伙伴展示其能够通过线上线下服务提供安全、及时、可靠、符合伦理的数字产品或服务时，就确立了数字信任。马蒂拉（Mattila）和塞帕拉（Seppälä）认为数字信任是三个方面的要素综合形成的信任关系，即当组织之间开展数字交易时，第一，可以相信所提供的产品或服务，而不会出现机会主义或数字滥用的状况；第二，可以信任商业交易中各个参与主体，或者说可以相信各个参与者会在交易中发挥相应的作用；第三，可以相信各方能够兑现其承诺，否则，就会通过契约机制实施惩罚。简而言之，数字信任的三个关键因素是安全、可识别以及可追溯。[①]

数字信任的上述三个因素在供应链运营中非常重要，但其实现需要数字技术的助力。具体而言，在供应链运营中安全主要表现为交易安全和数据安全。交易安全指的是供应链交易是真实、稳定、持续的。显然这不仅需要借助数字技术有效对接各方，而且交易的全过程应得到有效监测，并可视化地展现在参与各方。数据安全主要是数据获取是实时化的或者说零延迟的，不会产生因为信息传递迟滞导致经营损失或决策失误。同时，要防范滥用数据而危害某些主体的行为，这要求现代通信技术的创新。供应链运营中的可识别可分为行为主体可识别和运营要素可识别。行为主体可识别针对的是供应链运营中的行为主体，诸如企业、服务机构等，这些主体的角色和行为如果不能及时掌握和认知，就容易产生机会主义。运营要素可识别针对的是运用管理的客体对象，即经营中的资产、生产要素、生产工具等，这些要素的实时把握对于防范经营风险具有重要意义。要实现经营主体和运营要素可识别，必然需要借助数字技术实现主体与客体的连接与对应，以及运营状态的透明化。可追溯是供应链管理中非常重要的特性，可追溯能够确保供应链运营的质量，提升供应链竞争力。可追溯也有两个方面：一是运营环节的可追溯，通过追踪计划、设计、采购、生产、分销、退货全环节的经营活动，保障企业供应链运营高质量。二是全网络的可追溯，通过追踪不同经营主体的经营活动，及时发现供应链网络生态中的薄弱点，事先解决问题，保证供应链运营持续。显然，可追溯的实现

---

① Mattila, J., & Seppälä, T. (2016). Digital trust, platforms, and policy. ETLA Brief: 42.

也需要通过数字技术渗透企业经营的各个环节以及供应链网络的各个节点。

4.2　供应链运营中的数字技术

多年来，一些技术在数字供应链中发挥了重要作用，整合信息和流程，监控实时库存水平，促进客户与产品之间的交互。这些技术包括GPS、RFID、条形码、智能标签、基于位置的数据、无线传感器网络和云技术。诸如，亚马逊、阿里巴巴、京东等全球零售商已经投资于机器人技术进行货物装卸，应用无人机进行配送交付；宝马、小米正致力于实现全数字化工厂，并为入站零件创建一个更动态、数据分析驱动的供应链运营。数字化改变着供应链，数字供应链的主要目标是使系统敏捷地掌握运营状况，为了实现良好的绩效，智慧化地改变供应链运作流程。其中数字技术作为数字供应链的驱动力发挥着重要作用。

对于数字供应链中运用的数字技术，很多研究有着不同的解读，例如，布尤科斯坎（Büyüközkan）和戈塞尔（Göçer）提出了能够帮助供应链实现高绩效的 11 种数字技术，包括机器人技术、传感器技术、虚拟现实、大数据、物联网、云计算技术、3D 打印、全渠道、自动驾驶车辆、无人机和纳米技术。[①] 阿塔兰（Attaran）则认为供应链中最为常见的数字技术是物联网、增材制造、机器人技术、先进分析、区块链技术、虚拟现实、RFID 和 GPS 以及云计算技术。[②] 伊万诺夫（Ivanov）等人则

① Büyüközkan, G., & Göçer, F. (2018). Digital supply chain: literature review and a proposed framework for future research. Computers in Industry, 97: 157-177.

② Attaran, M. (2020, July). Digital technology enablers and their implications for supply chain management. Supply chain forum: an international journal, 21(3): 158-172.

从供应链运营的不同环节出发，将数字技术区分为四个维度，即大数据分析、工业 4.0、增材制造、区块链等先进追踪追溯技术。[①] 尽管不同的研究对供应链数字技术有着不同的理解，我们认为供应链中的关键数字技术一定是围绕安全、可识别、可追溯三个体现数字信任的维度而发挥作用的。这包括确保实时获取交易数据并有效组织生产的物联网与工业机器人等工业 4.0 技术、大数据分析与 AI 技术、5G 技术；有效支撑经营决策、保障供应链运营灵活性、有效性的边缘计算技术、云计算技术，以及实现分布式、不可篡改、全程可追溯的区块链技术。

4.2.1 物联网、工业机器人等工业 4.0 技术

工业 4.0 是制造生产领域数字化的一种重要趋势。严格意义上讲，工业 4.0 没有唯一或者限定的技术，其宗旨在于通过生产设备、运输工具、物流要素以及其他生产环节之间相互通信，并通过嵌入式系统交换数据，形成协同，产生自组织的运营过程。其中物联网技术是工业 4.0 的重要组成部分。[②]

物联网（IoT），也称为万物互联的网络或者工业互联网，是一种新的技术范式，被设想为一个全球性的、由交互的机器设备构成的网络。由于供应链运作各个阶段的复杂性越来越高，为了努力降低成本、改善客户服务和增加整个供应链的投资回报，供应链必须变得更加智能。随着近年来的普及，物联网在供应链管理，特别是供应链创新中的应用潜力越来越大。传统的供应链面临不确定性、成本、复杂性和脆弱性等问题，阿卜杜勒·巴西特（Abdel-Basset）等认为供应链必须更加智能地克

[①] Ivanov, D., Dolgui, A., Das, A., & Sokolov, B. (2019). Digital supply chain twins: managing the ripple effect, resilience, and disruption risks by data-driven optimization, simulation, and visibility. In Handbook of ripple effects in the supply chain. Springer, Cham: 309-332.

[②] Tjahjono, B., Esplugues, C., Ares, E., & Pelaez, G. (2017). What does industry 4.0 mean to supply chain?. Procedia manufacturing, 13: 1175-1182.

服这些问题，通过应用物联网技术构建智能安全的供应链管理系统，实现数据、信息、产品、实物以及供应链的所有流程的融合，让供应商和管理者可以获得完整的产品全生命周期信息，从而实现供应链管理的透明化。[①] 维卡特（Dweekat）等研究了物联网的作用及其对供应链管理的影响，他们认为物联网可以增强供应链管理，因为物联网能够实现实时数据收集，实现供应链内部的实时通信，提高数据效率。[②]

广义上的物联网技术是指通过各种信息传感设备和协议（如 RFID+互联网、红外感应器、全球定位系统、激光扫描器、气体感应器等），实时采集任何需要监控、连接、互动的物体或过程等各种需要的信息，与互联网结合形成的一个巨大网络。其目的是实现物与物、物与人、所有的物品与网络的连接，方便识别、管理和控制。物联网主要起到以下两方面的作用：一是设备端数据的采集和共享，对设备端所涉及的所有有价值的数据进行实时收集，并分享给企业分析和决策层进行进一步的数据提炼和抽象。同时设备端也可能需要按照参与方之间的流程的共识结果将该设备的实时数据直接分享给其他参与方。二是设备端根据流程决策做出反应并执行指令。以上两点均需要对设备端在物联网层面上进行统一的身份管理。通过物联网身份管理赋予每个物联网设备唯一的网络可识别身份，并基于此进一步在供应链运营框架内管理设备端与使用方、拥有方和其他利益相关方之间的关联关系，使设备端与交互方能双向验证对方身份和访问控制权限，从而保证供应链运营过程中，设备端数据流可信安全地从感知层流向流程决策层，

① Abdel-Basset, M., Manogaran, G., & Mohamed, M. (2018). Internet of things (IoT) and its impact on supply chain: a framework for building smart, secure and efficient systems. Future generation computer systems, 86: 614-628.

② Dweekat, A. J., Hwang, G., & Park, J. (2017). A supply chain performance measurement approach using the internet of things: toward more practical SCPMS. Industrial management & data systems, 117(2): 267-286.

设备指令流可信安全地从流程决策层流向感知层。

正是因为物联网的上述技术特点，阿亚尔（Aryal）等在总结供应链中物联网技术时指出，在供应链运营和管理中，物联网被认为具有三个重要的作用：一是物联网是连接各个事物的网络；二是物联网是供应链实现智能化的能力；三是物联网超越了狭隘的技术范畴，是与社会经济环境交互的重要手段。[①]

除了物联网技术，工业机器人也是工业 4.0 的一部分，它主要应用于生产和仓储活动。机器人既可以独立地执行高精度的任务，也可以辅助人力经营管理活动。工业机器人的应用大大加速、促进和简化了生产活动。与传统的工业机器人不同，更先进的机器人可以快速向人学习。它们通过云相互通信，并支持最佳生产计划。

4.2.2 大数据分析与人工智能技术

在供应链运营中，如果说物联网技术为供应链提供了可量化可采集的直接数据源，那么大数据分析和人工智能技术则为供应链运营中数据的采集赋予智能。

大数据分析（big data analytics，BDA）是基于大量数据的知识提取，促进数据驱动的决策。从实际生产过程中记录的数据越多，在BDA 应用的帮助下评估海量数据就越重要。传统的 ERP 系统通常难以实现该目标，其原因在于来自智能网络内部和外部的数据通常是非结构化的。因此，要使不同形态、不同来源的数据能够对供应链运营产生作用，就需要用描述性、诊断性、预测性和处置性的数据分析工

---

① Aryal, A., Liao, Y., Nattuthurai, P., & Li, B. (2018). The emerging big data analytics and IoT in supply chain management: a systematic review. Supply chain management: an international journal, 25(2): 141-156.

具来重新格式化和检测数据。[①] 描述性分析记录了一个产品或业务的条件、环境和功能；诊断性分析则是剖析导致业务成功或失败的原因；预测性分析是识别将要发生的事物的状态；处置性分析是找到解决问题或者改善绩效的方法。正是因为 BDA 的上述特点，在运用 BDA 促进数字供应链发展的过程中，需要关注信息的两个维度：一是信息源，即需要同时获取和把握企业内外的各类信息数据；二是信息的类型，即需要同时关注显性以及隐性的信息数据。这两个维度都得到重视，BDA 就能对供应链管理产生巨大影响。[②]

人工智能（artificial intelligence，AI）是一种机器能力，它能模仿人类能力，并与人类进行沟通交互。因此，AI 能够更精确、更高速、更大投入地解决供应链运营中存在的问题，例如，库存控制与规划、运输网络设计、采购与供应管理、需求规划与预测、订单选择、客户关系管理以及电子协同供应链运营。[③] 具体讲，AI 技术在供应链运营中能够至少起到如下作用：

首先，是从传感器采集的数据中转换获取所需信息，例如从物流运载车辆的物联网传感器所采集的视频图像中，通过 AI 图像识别技术识别车辆驾驶人员的身份信息；又比如产品通过安全检测后，检测人员通过语音进行确认，并由 AI 语音识别系统核实后为产品信息附加检测人员的电子签名后写入数据库。

其次，是对传感器数据进行实时监控分析，借助 AI 对产品或供应

---

① Porter, M. E., & Heppelmann, J. E. (2014). How smart, connected products are transforming competition. Harvard business review, 92(11): 64-88.

② Kache, F., & Seuring, S. (2017). Challenges and opportunities of digital information at the intersection of big data analytics and supply chain management. International journal of operations & production management, 37(1): 10-36.

③ Min, H. (2010). Artificial intelligence in supply chain management: theory and applications. International journal of logistics: research and applications, 13(1): 13-39.

链运营实现预判或预测，从而及时发现产品或供应链运行中的质量问题，优化运营管理。例如钢材成品可能存在内部气泡，也就是缺陷，超声波探伤技术是探测钢材内部气泡的有效途径之一，通过分析超声波穿透钢材成品过程中震动传感器返回的震动图像的形态，AI 能够对存在潜在缺陷的钢材成品实时报警提高质检效率。再如根据实时收集到的运输、物流、市场信息，通过神经网络等 AI 技术，及时发现供应链运行中的薄弱环节，优化调整生产规划、库存和供应网络，以保证供应链高质量运行。①

再次，AI 技术还能够实现人机交互并收集交互信息，例如在驾驶过程中车辆驾驶人员可实时通过语音识别系统与 AI 交互，了解冷链运输的实时温度和湿度。

最后，AI 能够将物理世界中的资产实体与数字化之后存于参与方的信息进行自动识别和映射，从而实现反馈触发，对物理世界资产在参与方账本中的数字投影更新。例如，货运车辆入库可通过 AI 图像识别技术根据车辆图像识别车辆唯一 ID（例如车牌号），并由流程触发对货运车辆入库后的一系列的货品验收等流程环节。这些图像、视频、音频的识别分析，根据其响应时间的要求，往往会在边缘侧进行实时计算，而对于大量的数据训练的建模往往会依赖云计算来进行。

4.2.3 5G 技术

无线网络的每一代进化都为智能手机提供了更快的速度和更大的

---

① Toorajipour, R., Sohrabpour, V., Nazarpour, A., Oghazi, P., & Fischl, M. (2021). Artificial intelligence in supply chain management: a systematic literature review. Journal of business research, 122: 502-517.

实用性。1G 为第一款手机铺平了道路，2G 首次启用了文本，3G 启用了从文本到在线的飞跃，4G 提供了用户今天所能享受的速度。但随着用户的不断增长，4G 已经达到了用户智能手机和设备的数据极限。现在，技术已经走向下一代无线设备 5G，5G 能够处理比 4G 网络多数千倍的流量，而且比 4G LTE 快 10 倍。人们可以使用 5G 网络在几秒钟内下载一部高清电影，这被认为是虚拟现实、自动驾驶和物联网的未来。5G 允许多种集成的无线 / 接入解决方案，从而极大地推动数字供应链的发展。

从技术上讲，5G 超越 4G 的关键功能包括：更高的数据传输速度，能够达到每秒 10GB；借助微基站实现泛在网，使得所有的智能终端都能突破时间、地点和空间的限制，在任何角落连接到网络信号；较低的功耗，诸如华为主导的 NB-IoT 构建基于蜂窝网络，只消耗大约 180KHz 的带宽，可直接部署于 GSM 网络、UMTS 网络或 LTE 网络，以降低部署成本；延迟时间较短，通常不到 1 毫秒；更高的无线容量，支持大规模的设备连接；可按需进行面向服务的资源分配，从而保障网络安全，这不仅指信息的加密安全，也包括在产业场景中，通过多套系统保证产业的安全运行，确保网络品质。[①]

正是因为具有上述功能特点，5G 对供应链运营会产生深刻的影响[②]，这包括：

（1）5G 对采购供应的影响。5G 的高速使企业更容易与供应商沟通和协同工作，从而实现成本优化和提高整体效率。速度并不是 5G 的唯一优势，较低的延迟将意味着更少的互联网中断，这些因素将使采购形

① 项立刚. 5G 时代. 北京：中国人民大学出版社，2019.
② Taboada, I., & Shee, H. (2020). Understanding 5G technology for future supply chain management. International journal of logistics research and applications, 24(4): 1-15.

成很多新的价值机会，并减少在采购供应沟通中发生的各类成本。

（2）5G 对生产活动的影响。5G 在供应链中另一个应用领域是生产网络，主要是应用 5G 来协调机器操作，读取统计数据和日志文件，重新编程。要实现这一点，网络需要较高的可靠性和较低的延迟。未来的工厂将是高度灵活、定制化的，为了实现这一点，工厂的机器必须被重新编排或移动，以比以前更频繁地创建一个新的物理布局。当许多设备必须用单独的系统更新来重新编程时，即使每次更新都很小，总的数据量也可能会很大。5G 可以减少重新配置工厂所需的时间，从而减少工厂生产新产品的停机时间。5G 对生产的促进作用还表现在设备之间的数据交换能力增强，这样可以密切监视和控制生产过程，从而大大提高供应链运营质量。

（3）5G 对运营的影响。4G 无线移动技术改变了消费者市场，5G 将重塑整个业务前景。由大量的传感器和执行器组成的工业应用将是 5G 的创新应用之一。它将把一些便携式或移动应用程序和服务，如工业自动化和虚拟现实结合在一起，通过提供超低延迟的通信实现智慧运营。智能供应链不久将使用传感器监控操作供应链的各个方面和各个环节，5G 网络将具有高容量和无线灵活性，这将使任何供应链参与者能够收集实时数据，并使用这些信息了解和优化运营，获得最佳输出。

（4）5G 对物流的影响。物流是指在正确的时间将正确的产品送达正确的地点，它是驱动供应链的支柱。5G 和 IoT 的结合使用可以为供应链参与者提供从工厂到客户的实时信息、目前的状况。5G 网络和 IoT 的结合，使得物流中的所有载体之间能够进行实时的信息交互，进而使得实时、透明交付成为可能，这将提高仓库和分销商之间的效率，使物流运作和管理的效率效能大为提升。

4.2.4　边缘计算技术

边缘计算是指在靠近物或数据源的一侧,采用网络、计算、存储、应用核心能力为一体的开放平台,就近提供最近端服务。其应用程序在边缘侧发起,产生更快的网络服务响应,满足行业在实时业务、应用智能、安全与隐私保护等方面的基本需求。具体到供应链运营中,边缘计算技术主要用于衔接感知器和数据层之间的数据预处理环节,在数据预处理执行、数据处理程序的安全部署与更新以及数据在设备端可靠共享方面发挥核心作用。

在数据预处理执行方面,通常数据层所需的是从原始数据提炼抽象之后的数据特征,例如数据层需要对多个传感器数据每5分钟的平均值进行相关性分析。若直接将传感器数据传输到云端对数据层进行计算,将导致网络带宽浪费和过长的延时,通常供应链中的设备传感器(例如运输车的车载温度和湿度传感器)先将数据收集到车载数据网关设备,再经由具有较大数据存储和计算能力的网关设备将数据发送至云端数据层。因此通过在靠近设备端的本地网关设备上运行可定制化的边缘计算处理程序,对设备数据进行特定分析场景所需的预处理,并将处理后的数据特征或摘要上传至数据层,能够大大降低数据层的计算负载。

在靠近供应链运营所涉及的设备端的网关采用边缘计算技术能够实现数据预处理程序在设备网关端的自动化部署与更新,从而简化数据和感知对业务模式或流程的更新响应,增强数据处理的灵活性。此外,通过为设备网关配置前述身份管理模块将能实现基于身份识别的访问控制,从而安全地管理边缘计算程序在设备网关的部署与更新。

此外，边缘计算也可实现多方安全的数据共享。参与方通过设备拥有方的授权即可访问已部署于该设备网关上的指定边缘计算服务。该过程能够支持双向验证，即设备端可验证参与方的授权签名的合法性并在验证通过后向参与方推送指定的边缘计算结果并对计算结果签名；参与方接收计算结果并验证设备网关的签名以确定数据的真实性。该方法的优势在于降低了数据共享的信任成本。具体而言，设备数据使用方无须也无法获取设备原始数据，而是通过授权访问指定边缘计算服务获取数据处理结果，从而降低了设备拥有方数据隐私泄漏的风险；同时通过在设备侧引入基于身份识别模块的验证机制，数据使用方可验证接收到数据的真实性。

4.2.5　云计算技术

前述物联网技术以及边缘计算功能主要着眼于设备端的数据采集和数据预处理，然而供应链运营的决策所需的数据通常不是单个传感器设备所能提供的，可能需要对整个供应链运营所涉及的大量设备的数据进行计算密集型的数据聚集、数据融合和特征提取，也需要对大量设备端的数据进行迭代式的数据模型训练。而这些场景非常适合采用云计算技术发挥其在并行性和可伸缩性方面的优势。具体而言，对于历史业务交易数据分析，采用云计算服务可以加速从历史交易数据中抽取特征并计算运营模型，从而为供应链风险控制和供应链优化等分析需求构建价值模型。例如，对供应链上下游企业的历史货款应收应付的逾期情况和交易金额等敏感数据进行风控建模。对主要由供应链设备端产生的大量操作数据而言，通过云计算大数据分析设备端数据，能够帮助供应链上下游企业从微观传感器数据提取供应链全局特征，并以全局的视角构建供应链优化模型，优化企业在供应链中的原料配置、产能安排以及交付日程等重要生产活动。此外，云端分析企业管辖范围内的设备端数据，例如，通过大型机床的生产和检修时间段，以及设备温度传感器与故障率之间的关联等因素评估企业当前的最大月产能；通过各物流供应商的历史出车和故障率以及当前运载负荷等因素评估供应商当前可用运力等。

在云计算用于供应链运营的过程中，需要特别注意云计算如何安全地运用在数据层之上。其原因在于数据层所包含的信息分布于供应链所涉及的各参与方，而如何在各参与方之间可信地共享设备数据，是云计算能够用于供应链运营的分析场景下的前提。一种可行的思路是各参与方通过边缘计算服务以信息可控的方式向云计算任务提供所需输入数据，从而保证云计算所涉及的所有输入数据均具有各参与方的访问授权。另一种更加先进的方案是通过同态加密技术在数据传输到云计算服务之前，各参与方对传输数据进行同态加密保障数据对其他参与方的不可见性的同时，仍然保持数据在云计算环境内的可计算性，该方案适用于涉及多参与方的高度敏感的海量数据进行数据抽象的过程。

4.2.6 区块链技术

区块链技术作为一种确保透明度、可追溯性和安全性的分布式数字账本技术，在供应链运营中发挥着日益重要且不可替代的作用。区块链本质上是一个分布式、不可篡改的数据库，能够实现更高效、更透明的交易。基于一致性的记录验证可以消除对可信中介的需求，由于区块链技术的特性可以解决供应链中的一些难点和痛点，其注定会彻底改变供应链流程。[1] 区块链有两种常见形态——公有链和联盟链，二

---

[1] 宋华，刘文诣. 供应链多技术应用研究综述. 供应链管理，2021,2(1):13-19.

者最大区别在于身份和权限管理。在公有链上，任何节点成员都可以入链并获得相同的操作权限；在联盟链上则需要专门机构审核许可，发放证书，不同身份的节点具有不同的操作权限。公有链一般适用于对权限、身份管理要求较为宽松的场景；联盟链则可以根据业务场景设计出不同的网络拓扑架构，实现完善可靠的权限管理，满足更加多样的需求。考虑到供应链网络应用的自身特点，一般说来有权限身份管理的联盟链技术更加适合供应链网络的各种应用。具体而言，联盟链技术主要由共享账本、智能合约、机器共识保障以及权限隐私四大类技术构成。

（1）共享账本中以链式结构存储了交易历史以及交易以后的资产状态。每一个区块的哈希将作为下一个区块的数据头，如此一个一个地串联在一起。由于各个有存储账本权限的节点和相关方有相同的账本数据，于是通过哈希校验可以很方便地使得账本数据难以被篡改。账本中存储了交易的历史，且这些交易都由交易发起方签名，经由一定的背书策略验证，达成共识以后写入账本。

（2）智能合约描述了多方协作中的交易规则和交易流程。这些规则和流程将会以代码的形式部署在相关的参与方的背书节点中。智能合约将由一个内外部事件来驱动执行。

（3）机器共识保障。在分布式网络中，各个相关节点按照同样的顺序来执行所接收到的交易。这些交易都会通过智能合约所代表的逻辑来执行。最终保障在各个账本中所记录的交易记录和交易结果一致。

（4）权限隐私。所有加入区块链网络的人、机、物、机构都经过授权。隐私保护保障共享账本的适当可见性，使得只有一定权限的人才可以读写账本、执行交易和查看交易历史，同时保证交易的真实可验证性、可溯源性、不可抵赖性、不可污蔑性。

从商业角度看，区块链可以帮助供应链网络更方便地管理共享的流程规则和数据，使供应链网络中的各个参与主体之间更好地进行共享、互信以及价值交换。从法律角度来看，其交易可溯源、难以篡改、不可抵赖、不可伪造的特性，能使人、企业、物彼此之间因"连接"而信任，将带来前所未有的组织形态和商业模式。当监管部门以联盟节点的身份获得审阅权限模式介入的时候，由于联盟内相关节点的可见性，监管部门可以非常方便地实施柔性监管。通过区块链技术介入供应链网络，可以形成核心企业内（从设计到生产、销售、服务，到回收的上下游的数据共享价值链）、核心企业间（生产运维经验分享的价值链）的互信共享和价值交换，通过各类相关的数据可信共享来全面提高企业在网络化生产时代的设计、生产、服务和销售的水平。

4.3　供应链数字平台建构

虽然在供应链运营与管理中各类数字技术发挥着重要的作用，但是，要真正协同发挥作用，产生数字信用，需要综合性的供应链数字平台作为支撑，否则只会产生技术的信任盈余或信任赤字。技术信任盈余指的是过高期待了技术在供应链运营中的作用，从而导致迷信和盲目追求技术投资和应用的现象，亦即对数字技术产生了过度信任。与之相反，技术信任赤字则是低估了技术在供应链运营中发挥的作用，甚至否认技术对供应链可能产生的深刻影响。这两种对立的状况非常典型地反映在对区块链技术的认识上，前者认为区块链是解决供应链信息不对称，保证供应链运行真实有效的灵丹妙药，其分布式、安全加密、不可篡改等技术特性对供应链效率的提升起到了至关重要的作用，进而提出区块链必将深刻影响产业和供应链。后者则认为区块链技术只是概念，缺乏有效的项目支撑，对供应链的影响比较微弱。显然上述两种观点都是对数字供应链和数字技术的片面理解。造成这一状况的原因是将某一数字技术等同于供应链数字平台。事实上，数字技术只是提升供应链效率和效能的手段，需要与供应链运营场景相结合，形成一体化的数字平台，才能对供应链运营和管理产生巨大的影响。

4.3.1　供应链数字平台的内涵与功能目标

数字平台不是指将供应链运营局部业务模块化，或者在供应链运营活动中应用某些先进技术，促进业务之间的交互，而是指支持供应链多边互动的综合服务和信息体系结构，结合模块服务和实现互补的接口，以支持信息共享、协作和 / 或集体行动。德鲁弗（de Reuver）等学者认为数字平台不同于以往的商业平台，后者是由一个总体设计结构控制的各类模块组成的双边或多边市场，数字平台则没有任何一个单一的主体控制平台核心，而是更具松耦合特性的网络或生态，其特性如表 4 - 1 所示。[①] 具体讲，供应链数字平台有三个重要的组件：一是模块化或微架构的服务。这包括围绕供应链形成核心的资源和能力部署（如供应链运营中技术、服务、资源、能力等基础要素的建构，通过这些要素的整合，促进定制化的供应链业务或服务）。此外，各类模块化的供应链能力要素能够实现标准化和灵活组配，以支持多变的供应链运营诉求。二是良好的界面。这是指该数字平台能够有良好的

---

① de Reuver, M., Sørensen, C., & Basole, R. C. (2018). The digital platform: a research agenda. Journal of information technology, 33(2): 124-135.

链接，将内外不同的产业、金融资源和能力进行聚合，实现灵活构造和资源迅速配置。三是形成高度互补。聚集的产业、金融资源和能力能够产生巨大的效能，提升产业供应链的效率和效能。需要指出的是，这种聚合不是封闭的，它能够形成既具有合力也不过于封闭的业务关系。

表4-1 数字平台核心概念定义

概念	定义
多边平台	调解不同的用户群体，如买家和卖家
多边市场	将不同的群体聚合在一起，或匹配在一起，一个群体的价值随着另一个群体参与者数量的增加而增加
直接网络外部性	平台的价值取决于同一群体中的用户数量
间接网络外部性	平台的价值取决于不同群体中的用户数量
数字平台（技术视角）	一个可扩展的代码库，其中可以添加互补的第三方模块
数字平台（社会技术视角）	技术要素（软件和硬件）以及相关的组织流程和标准
生态（技术视角）	集合互补模块到核心技术平台，大部分模块由第三方提供
生态（组织视角）	一系列的企业通过互动贡献各自价值
应用	给客户提供可执行的软件，如 App、数字服务或系统
资源边界	通过技术和规制体系促进参与者之间的交易关系
平台开放性	平台边界资源支持的补充程度

从以上数字平台的特征可以看出，数字平台将数字技术和供应链业务场景和服务高度结合，形成了一个整体化的技术和业务架构，这种架构达到的目标是要实现供应链运营中的三个可信和三个高效。

三个可信指的是可信交易链、可信资产链和可信行为链。可信交易链指的是供应链运营中各主体之间的交易流程能够得到全面、真实的反映和管理，也就是所有的交易要素不仅能够保证其真实存在，而且能够动态地反映交易过程，清晰地追踪权益变化的过程以及发起交易的主体，甚至能够预见交易的延续或产生的结果。显然，这在传统的供应链运营中难以实现，这是因为供应链交易涉及诸多主体，不同交易主体的交易行为往往难以全面、连续追踪和反映。此外，交易过程有不同的交易要素（诸如合约、各种交易单证等），如何建立透明、真实、实时的交易全要素管理是供应链运营中的挑战。数字平台就需要解决上述问题，不仅能够确保交易本身的真实可靠，而且能够通过数字平台实现更好的交易流程管理。可信资产链反映的是能够多维度、动态地反映资产的流动状态以及资产价值变化的过程。在供应链运营中，涉及形态各异的业务或资产，诸如原材料、设备、运载工具、产品等，如何确保这些不同类型资产的真实性，即资产的真实存在和权属明确，以及资产转移变化过程的清晰，是供应链运营管理中的巨大挑战。除此之外，资产价值也是供应链管理中需要关注的问题，即在不同时间段以及资产转移过程中价值的变动也是供应链运营管理的关键，因为不当的价值变动（诸如价值巨额减损），将会直接导致供应链风险。因此，数字化平台需要清晰地管理资产以及资产的变化。可信行为链指的是交易主体的行为可识别、可追溯，以及交易与资产之间的对应关系可鉴别、可衡量。传统供应链运营中一个潜在的挑战和风险是行为的可识别性，即便是真实的交易要素，如合约、函证是不是真实的交易主体发起的，交易的对象是否真实地接受交易的条款和要素等，也都是无法保障的。或者说交易过程与各个主体的行为是否一致在传统供应链中往往无法得以保证，而一旦这种一致性受到挑战，供应链运营的安全就被破坏，违约、机会主义行为就会产生。此外，在供应链运营中，还面临交易与资产的对应性问题，即交易或交易的主体是真实的，交易的对象资产也是真实的，但是无法确保交易与资产的对应关系。例如，在供应链仓储融资中，遇到的最大挑战在于物权和货权不一致、货物与仓单不一致，这种不一致导致了很多仓储融资中的风险。因此，确保交易与资产的对应关系是亟待解决的问题，而数字化平台就需要实现这种行为的一致性，实现可信行为链。

三个高效指的是高效的异构组织链接、高效的技术架构搭建、高效的资源能力整合。高效的异构组织链接意味着能够通过行之有效的数字平台将千差万别的异构组织链接起来，协同从事供应链运营。在现实的商业环境中，组织之间的协同与整合是非常困难的，这不仅是因为各个组织有着独立的目标和战略趋向，而且每个组织由于信息化程度不同，在信息管理方面天然产生了能力差异，这种差异使得相互之间的沟通和协同变得异常困难，因此，有效的供应链数字化平台能够将信息化能力不同的企业便捷地连接在一起，推动组织之间无障碍交互。高效的技术架构搭建指的是所建构的供应链数字化平台既能够促进供应链运营的效率提升，又能够实现建构数字化技术平台成本可控，能够在组织间迅速部署。数字化技术的确在某些方面能够促进供应链运营效率的提高，切实增强信息的实时性和透明性，但是如果实施成本较高，就会影响上述目标的实现。如果供应链运营中所有的数据都通过云计算进行数据处理和决策，不仅会造成海量数据处理费时繁杂，也会由于需要在多个环节或节点部署数据采集、传输等基础设施，造成实施代价高昂，同时还会产生信息通道的堵塞拥挤。因此，在构建供应链数字化平台的过程中，如何权衡技术实施的成本和实现的收益是需要充分考虑的问题。高效的资源能力整合指的是能够借助供应链数字化平台将供应链内外的资源或能力迅速整合进平台，从而根据客户的价值诉求以及供应链运营目标高效地组合、定制各类资源和能力，从而更好地服务市场和客户。这些资源和能力既包括供应链设计能力，又包括供应链运营能力；既包括供应链创新能力，又包括供应链执行能力；既包括供应链业务能力，又包括供应链金融能力。当这些能力能够充分整合在数字平台上，数字技术与供应链才能够高效地融合，推动企业和产业的发展。

4.3.2　供应链数字平台架构

基于上述三个可信、三个高效的要求，供应链数字平台的技术架构主要是由前中后台相衔接，各类中台作为中坚形成的数字化体系。中台的概念是伴随着数字化转型和平台化发展衍生出来的管理和信息化架构。[①] 中台变得异常重要，需要结合前台和后台来理解。在管理架构和信息化架构中，前台通常是面向市场、客户和服务的系统，它是一种场景化、定制化、柔性化的管理系统，前台需要随时应市场和客户的需求，提供相适应的产品和服务，从而实现快速响应、高水准销售和服务质量。从前台的系统组织方式看，它强调的是小团队，需要扁平化管理，并且随时随地进行迭代，实现业务快速创新。从技术手段上看，前台需要通过云架构，特别是移动技术，实现数据及运营驱动的经营活动。后台则是企业经营管理、数据记录和处理的信息化系统，往往涵盖了公司的技术支持、研发、采购、生产、财务、人力资源等职能活动。后台的系统组织方式往往是大团队瀑布式开发，按年或半年为单位发布，相对而言，系统需求稳定，生命周期较长。正是因为前台和后台的上述特点，在实际运营中往往会产生前台与后台之

---

① 于浩森，赵月芳，陈盟，袁丽丽. 企业中台建设思路与实践方案. 电信技术，2019 (8): 78-80.

间的冲突与矛盾，这种冲突与矛盾主要反映在两个方面：一是前台与后台脱节，前台认为后台不了解市场和业务的变化，对前台的支持不够，管理僵化；后台则抱怨前台变化过快，需求多变，信息反馈不及时。二是后台建设重复性较高，不同管理部门之间缺乏有效的信息连接与共享，管理成本较高。正是因为上述冲突与矛盾，为了有效地连接前台与后台，一方面能够让后台更好地服务于前台，灵活支撑面向市场和客户的经营活动，另一方面又能形成相对稳定的管理后台，降低需求多变对系统建设造成的成本代价，就需要建立强大的中台能力。中台是一种技术、数据及应用架构，支撑供应链及其金融业务创新，反哺能力进化，实现高可靠、高复用、易融合和良好的客户体验，其特点是将供应链运营活动实现微架构化，不断迭代，支持赋能前台化的供应链业务。

具体讲，供应链数字平台的架构包含了后台、中台、前台以及控制塔等要素（见图 4-1）。首先是供应链后台管理系统，该系统是企业核心资源管理系统，包括财务系统、风险管控系统、战略指挥系统、生产建设系统、仓储管理系统、运输管理系统、人力资源管理系统等。需要指出的是供应链数字平台的后台系统，不仅涵盖了一个企业内部的各类资源管控，也需要从外部集成各类资源，形成产业资源生态和金融资源生态。产业资源生态是供应链运营中所需要的各类资源能力，并且这些资源能够形成互补，并集成为一体化的能力，以支持供应链运营的需求，产生价值流。除了产业资源生态，金融资源生态也是需要建构和集成的领域，这是因为供应链运营中保持良好的现金流，优化整合产业的资金，保持良性、持续的资金流是供应链运营的关键。因此，不同金融机构、不同金融产品需要协同配合、协同服务于供应链业务，譬如，面向农业开展供应链运营和金融服务，不仅需要融资决策以支持农业生产者的经营，更需要保险的配合来规避农业生产不确定性带来的风险。

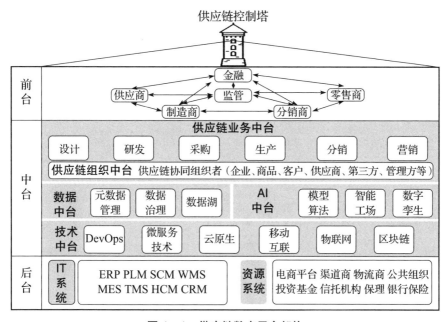

图 4-1　供应链数字平台架构

其次是供应链中台管理系统，在中台架构中，包含了技术中台、数据中台、AI 中台以及组织和业务中台几个部分。技术中台是供应链数字平台中台化建设中采用的支撑技术，这些技术既包括支撑中台化的信息技术，又包括支撑供应链运营的数字技术。前者是构建中台的基础[①]，如微服务技术，即为了服务于多前台业务，所需要建立的标准化服务接口（REST 风格的同步 API、消息队列异步通信）、服务治理能力（服务框架、API 网关、APM 等）和敏捷的研发技术；实现微服务、自助式部署的 DevOps 技术；实现底层基础设施灵活可编程的云原生技术等。后

---

① 汪源 . 如何建设中台？中台建设的组织、支撑技术和方法论 . (2019-08-09). https://sq.sf.163.com/blog/article/320702815186804736.

者是提升供应链运营效率的各类数字技术，诸如移动互联、物联网以及区块链等技术。数据中台是数字平台架构中的核心系统，当供应链各参与企业的各类资源都被数据化，且数据孤岛被连通到一个平台上，资源的供给、业务的需求、协作的界面等就一目了然，换言之，数据中台实现了"全域数据化打通"。^①在数据中台的建构中，首先是元数据管理，即数据来源或者原生数据的管理，如果不能有效地知晓、管理原生数据的来源、状态等信息，就无法明了数据之间的依赖关系，数据的质量就会受到挑战，因为无法判断一个数据的质量问题是如何产生的，又会对此后的活动或数据产生什么影响。同样，元数据不能有效管理，数字资产也无法管好，因为无法判断什么数据有价值、什么数据价值较低、哪些数据能够支撑供应链决策、哪些是冗余数据或信息。除了元数据管理，数据治理也是数据中台化建设需要关注的问题，这包括数据的指标管理、数据服务系统、数据质量管理体系、数据安全管理系统等，这些都是对数据的整体管理规则和体系的约定。此外，建立一个结构化与非结构化相结合、全周期管理的数据湖也是数据中台的重要内容。数据湖是一个存储企业的各种各样原始数据的大型仓库，其中的数据可供存取、处理、分析及传输。数据湖最为主要的特点是：第一，它能处理所有类型的数据，如结构化数据、非结构化数据、半结构化数据等，数据的类型依赖于数据源系统的原始数据格式；第二，拥有足够强的计算能力用于处理和分析所有类型的数据，分析后的数据会被存储起来供用户使用；第三，数据湖通常包含更多的相关信息，这些信息有很高概率被访问，并且能够为企业挖掘新的运营需求。^②AI中台也称智能化中台，随着可获得数据越来越多，对有价值信息的辨识、数据关系的发现、数

① 穆胜. 中台：理想国还是葬送场？. (2020-08-10). https://www.huxiu.com/article/374546.html.

② 汤姆斯·约翰，潘卡·米斯拉. 企业数据湖. 北京：机械工业出版社，2019.

据发展趋势的洞察都将变得非常困难，因此，只有通过智能化手段对海量的各类型数据进行挖掘和治理，才能提升和创新业务，推动供应链业务的发展。AI 中台就需要切合供应链业务的特点以及数据的特点，通过有效地建构模型算法、智能工场、孪生分析等，为供应链业务决策提供智能化服务。在供应链数字化中台的发展过程中，组织中台的建设是一个非常重要的方面，很多研究和讨论都提到数字化和中台化建设过程中的挑战和障碍，以至于数字化转型或者中台化建设的最终结果不仅没有提升企业或供应链的效率和效益，反而面临更大的危机和失败。[①] 其中一个重要的原因在于错误地理解了数字化或中台化，缺乏强有力、具有整体视野的组织推进。麦肯锡的数字化转型失败的研究报告中指出，很多企业陷入这一困境，第一个陷阱就是将这一工作推给了 IT 部门，或者交给了营销和销售部门去实施，没有意识到数字化的成功有赖于企业上下共同的努力和全局化的视角去整体规划、推动。[②] 供应链数字化平台的建设更是如此，不仅涉及相关企业内部不同部门的协同，更需要供应链参与企业之间的共同努力和合作，因此，建立一个跨越不同组织边界的组织中台非常重要。当然，这一中台既有可能由专业化的平台方承担，也有可能由一些自驱动、自治化的联盟体来承担。供应链中台化建设的另一个领域是业务中台，业务中台将供应链中各个参与企业的核心能力以数字化形式沉淀为各种服务中心，其目的是"提供能够快速、低成本创新的能力"。业务中台的核心是构建供应链共享服务中心，通过业务微架构之间的链接和协同，持续提升业务创新效率，确保关键业务链路的稳定高效和经济性兼顾。

---

① Morgan, B. (2019, September). Companies that failed at digital transformation and what we can learn from them. Forbes.

② Bughin, J., T Catlin, T., Hirt, M., & Willmott, P. (2018, January). Why digital strategies fail. Mckinsey quarterly.

再次是供应链前台服务系统，该系统是灵活应对市场需求和价值诉求，从而灵活、高效地组织供应链运营和服务的体系和场景。在产业供应链运营中，客户会产生各种价值诉求，这就需要供应链组织和服务者能够切合市场和客户的价值诉求，提供定制化产品或服务。这类高度差异化、定制化的服务既包括产业运营服务，也包括产业金融服务；既包括微观的生产经营活动，也包括宏观的监管活动。因此，搭建符合客户和市场的多元化服务前台是供应链数字化需要努力的方向。

最后是供应链控制塔建设。供应链控制塔最早由高德纳、埃森哲、凯捷咨询等机构提出，指的是提供端对端的无缝整体可见性，提供实时数据分析，提供预测和决策，及时解决问题，协同的、一致的、敏捷的和需求驱动的供应链。[①] 显然，通过智能控制塔不仅能够有效看见业务和资产的运行状态，而且能够通过异常判断和根源分析，进行风险预警，监测供应链及其金融活动的合规性，保证供应链金融的安全、有效。

4.4 数字供应链技术架构：用友 YonBIP

4.4.1 用友发展历程与信息化发展

用友公司成立于 1988 年，是中国最早的企业信息化服务商。用友作为中国本土的信息数字化方案提供商，从 20 世纪 80 年代末至今经历了 5 次大的变革与转型，其发展历程典型地反映了社会经济经信息化到

① 汪传雷，胡春辉，章瑜，吴海辉，陈欣. 供应链控制塔赋能企业数字化转型. 情报理论与实践，2019,42(9):28-34.

全面数字化的发展历程，并且借助最新提出的商业创新平台（BIP）赋能供应链金融发展。

第一个阶段：20 世纪 80 年代末到 90 年代，用友在这一时期主要致力于财务软件开发和推广，从 1988 年用友财务软件的第一个版本到后面的 2.0、3.0、6.0 以及 Windows 版本，用友一直在财务电算化方面不断拓展。

第二个阶段：从 90 年代末到 2011 年，这一阶段是用友从财务软件供应商向 ERP 系统服务商转变的过程，在这一时期用友推出了以 NC、U8 为代表的两款代表性的 ERP 产品。这两款产品在中国的 ERP 市场一直保持领先，NC 在高端市场、U8 在中端市场始终保持国内市场名列前茅，U8 ERP 客户装机数全球第一。此外，还有针对小微企业的系列管理软件，在中国的小微企业管理软件市场也排在第一位。

第三个阶段：从 2011 年到 2012 年，这一阶段是用友向场景结合的阶段，即针对行业的运作规律和特征，提供专业化的全面信息化解决方案。在这一时期用友先后在财政、金融、烟草、汽车、教育、广电、能源、电信和媒体等行业提供了相应的解决方案。

第四个阶段：从 2012 年到 2019 年，这一时期既是信息化发展的裂变时期，也是用友变革的关键时期。这一时期企业的信息化逐渐从 ERP 向云发展，因为基于云的互联网不仅具有更好的安全性，而且能够更便捷地获取数据、更低成本地实施信息化和数字服务。为此，在这一阶段，用友陆续推出了一批针对不同应用、不同对象的云服务，包括金融服务产品。

第五个阶段：进入 2020 年，用友提出了创建 YonBIP。YonBIP 的含义在于作为数字商业应用级的基础设施，像亚马逊、阿里云、华为云、腾讯云、百度云这样的云服务提供商，已经在计算层级上为企业数字化、数字商业建立了基础设施，在这个基础设施之上，企业最后要落地的则是数字化、智能化所需要的应用级、业务级的基础设施服务。用友 YonBIP 的定位，不是要做 IaaS，而是要做针对企业数字化、智能化的应用级、业务级的基础设施服务，即建立一个综合型、融合化、生态式的企业服务平台。

4.4.2　用友 YonBIP 的基本技术架构

用友 YonBIP 是基于大数据、人工智能、云计算、物联网、5G、移动互联网、区块链等数智化技术，采用云原生、微服务、中台化、数用分离等新一代技术架构，构建技术平台、数据中台、智能中台和业务中台，并聚焦财务、人力、协同、营销、采购、制造、供应链、金融等八大核心领域，全面支撑企业运营管理与产业价值链，赋能企业商业创新，推动社会商业进步（见图 4-2）。

图 4-2　用友 YonBIP 总体服务架构

1. 用友 YonBIP PAAS 云平台（iuap）

用友 YonBIP PAAS 云平台（iuap）作为全新一代商业创新平台的支撑底座，服务于成长型、大型及巨型企业数智化转型，助力企业提升数字化技术驱驭能力。其基于技术平台、数据中台、智能中台及业务中台，为企业提供了中台化构建能力、多云环境下的混合云开放集成互联互通能力、技术普惠化下的低代码开发和数智能力自助等应用快速构建能力。iuap 提供开放共享的生态连接，赋能客户、生态伙伴、社会，共享共创，成就数智企业，推动商业创新（见图 4-3）。

图 4-3　用友 YonBIP PAAS 云平台示意图

2. 用友 YonBIP 技术平台

用友 YonBIP 技术平台是基于云原生技术，集容器云、DevOps、服务治理、诊断与运维工具为一体的综合技术支撑平台。技术平台是在继承原有的云基服务基础上，深入践行 DevOps 理念，更新容器编排系统，全方位监控业务应用，针对影响系统稳定性的问题做深入优化，满足企业所需的快速交付、应用微服务化、运维自动化等需求，助力企业实现数字化转型。该技术平台的主要功能包括：云原生架构——新的技术架构支撑业务需求和创新，Docker 容器化，Kubernetes 集群调度；微服务化——业务更加灵活，敏捷响应变化，微服务提升效率，微服务调用链路查看，微服务之间的限流、熔断；资源池管理——服务器性能监控，应用性能监控、健康检查机制，保证故障自动恢复；异步处理——异步调用、提高性能，支持消息队列（MQ）、事务补偿型（TCC）、SAGAS方式保证最终一致性；全链路监控——支持业务链路分类（运营型、经营管理型、生产型业务）及可视化依赖管理、预案管理，变更记录；业务熔断／限流——可针对特定租户／组织／角色、单据类型／交易类型／流程等进行限流；业务降级——推动业务服务分层降级策略，基于配置中心和可视化业务链路，提供一键降级入口；动态扩缩容——基于业务链路监控和压测容量评估，可针对特定业务服务和中间件服务进行扩缩容，支持手动及自动；变更及复盘——基于业务链路，实时记录业务变化、监控异常、限流、降级、扩缩容情况，推进故障复盘和链路优化。

3. 用友 YonBIP 数据中台

用友 YonBIP 数据中台以数据移动、数据仓库、大数据和人工智能等数据加工处理技术为基础，主要提供主数据管理、数据移动、画像标签、关系图谱和智能分析服务等产业标准服务。具体包括：数据湖／中间件——基于大数据技术的可视化管理工具，对数据湖中的数据进行可视化管理；数据移动——解决生产系统与数据处理系统之间的数据抽取、转换、装载（ETL）过程，实现各系统之间的数据流的自动化；数据工场——提供 DPaaS 服务的一体化大数据处理工具产品，它主要解决中大型、大型企业数据处理、数据治理等方面的问题；智能分析——基于创新中台化架构的云原生智能数据分析产品。主要服务包括数据模型、自由报表、数字大屏、指标预警、移动分析、数据填报和智能发现；企业画像——提供企业数据服务，对社会级大数据＋企业级小数据进行数据的融合利用；数据资产——解决企业数据资产管理可视化的工具集合，对数据湖中的数据进行全面的浏览探索，并提供数据质量管理的规范和评价手段。

4. 用友 YonBIP 智能中台

用友 YonBIP 智能中台是 AI 企业大脑，基于企业大数据、领域模型、算法，由智能工场开发平台构建，赋能商业创新。数字工作助手，帮助提升用户体验；机器人流程自动化（RPA），赋能业务，企业大脑帮助管理者智慧商业决策，实现敏经营、轻管理，智慧商业创新。用友 YonBIP 智能中台的特点是：随需随建——用户可以按需准时创建 AI 应用；自主协同——自发式协作，机器学习，自主开发；人在回路——赋能人的辅助决策，构造人机闭环；向导式交互——简洁易用，快速构建；群智激发——形成泛在智能的企业文化；虚实一体——利用企业数据挖掘支持预测。

5. 用友 YonBIP 业务中台

用友 YonBIP 用友业务中台秉承社会化、全球化、数据化、智能化、生态化的理念，提供企业、用户、多企业账号、企业间关系、用户与企业间关系的社会化建模模型，帮助核心企业构建生态产业链，落地产业互联网；提供数字化企业通用的数字化建模能力，构建企业应用云服务的坚实底座；基于元数据驱动，提供丰富的能力支撑服务，帮助企业通过无代码配置，适应企业个性化业务的需求；提供 AI 应用平台和 VPA/RPA 机器人智能服务，用智能技术为企业提质增效。

6. 用友 YonBIP 低代码开发平台

高生产力是开发平台持续追寻的目标，用友 YonBIP 低代码开发平台遵循云原生技术、多租户架构的编程模型，基于统一元数据规范的模型驱动实现，支持代码生成到本地、源码深度定制，通过可视化设计器、插件化开发、拖拽实现业务建模、UI 设计等环节，开启企业定制化构建业务应用的无限可能。

7. 用友 YonBIP 集成连接平台

社会化商业时代，企业不仅是社会化商业生态的功能单元，也是社会化商业的连接器。用友 YonBIP 集成连接平台可在公有云、混合云、私有云环境下连接任何应用、数据、设备，帮助企业设计、构建应用程序接口（API）和实现应用之间的集成，实现低成本、快速、便捷的应用连接和集成，促成业务、流程及体验的一体化；同时可轻松连接企业产、供、销等环节应用，连接产业链上的企业应用，连接社会化应用，支撑企业商业的快速创新。

4.4.3 用友 YonBIP 的 SAAS 服务

用友 YonBIP 可以为核心企业汇聚产业上下游优质资源，提供企业互联网的产业链运营平台，实现产业链上下游信息系统交易过程全程一体化；实现产业链下游渠道实时在线交易可视、营销管理跨经销商直达、全渠道库存可视、终端消费可视；支持产业链上游供应商在线交易、招投标、跨租户合同管理等应用服务，为产业链上下游企业赋能，从而实现产业链整体数智化转型升级。具体讲，用友 YonBIP 聚焦的 SAAS 服务有八个板块，即财务云、人力云、协同云、营销云、采购云、制造云、供应链云和金融云。

1. 财务云

财务云采用最新的"大、智、物、移、云"的技术，基于事项法会计理论，以业务事项为基础，以实时会计、智能财务、精准税务、敏捷财资为核心理念，构建财务会计、管理会计、税务服务、费控服务、财资服务、企业绩效、档案服务、数据服务、共享服务的全新一代财务体系，打造具备实时、精细、智能、多维、可视、生态的全球领先企业数智化财务云服务平台，增强全球化、智能化、社会化新能力，助力企业数字化转型（见图 4 - 4）。

图4-4　财务云示意图

2. 人力云

人力云是基于 iuap 开发的云原生人力服务应用，以赋能员工、激活组织为核心价值主张，支撑企业快速构建数字化工作场所、数字化人力运营和数据化人力决策，助力企业完成数字人力转型。其功能覆盖人力资源管理各个角落，包括核心人力、共享服务、编制与预算、薪酬与考勤、招聘与培训、干部与测评、目标绩效、人才管理、组织发展、员工智能服务、智能分析等，能够为企业提供一体化、全方位的数字人力服务（见图4-5）。

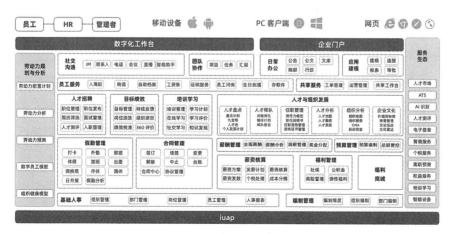

图4-5　人力云示意图

3. 协同云

协同云（友空间）是专为企业打造的社交化协同办公平台，为企业提供日常办公、社交沟通、团队协作、业务协同等核心解决方案，帮助企业构建数智化的多端统一工作入口（见图4-6）。

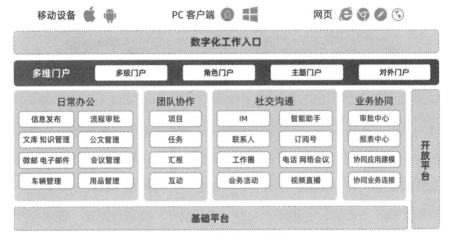

图4-6　协同云示意图

4. 营销云

营销云致力于为企业营销数智化转型提供一站式服务，包括企业渠道数字化交易、销售赋能型CRM、全渠道电子商务、智慧门店以及会员数智化运营管理，提升企业经营业绩，助力企业商业创新（见图4-7）。

5. 采购云

采购云是智慧采购SaaS服务平台和社会化网络交易平台，是采购经理人与供应商最高频的采购在线协作商业网络，能为企业快速搭建数字化采购管理系统。采购商可在平台上招募更多的供应商资源为己所用，并享受平台提供的物流跟踪、金融服务、商品推荐等服务，让采购交易更简单（见图4-8）。

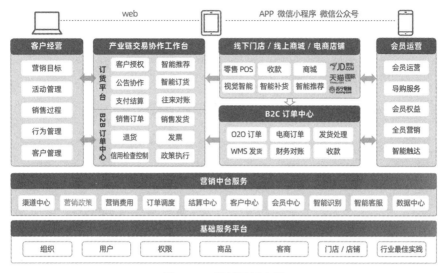

图 4 - 7 营销云示意图

图 4 - 8 采购云示意图

6. 制造云

制造云是基于用友最新技术架构打造的制造领域云产品，旨在帮助大型、多制造模式、多工厂的集团型制造业管控安全、提高质量、缩短交期、提升效率、降低成本，由此提升综合竞争力，实现数智化转型。制造云面向工厂级、集团级、社会级提供不同 SaaS 应用，主要有：物联服务、智能制造（工厂模型、车间作业、品质管理、能源管理、安环管理、生产检查、辅助调度、文档管理、智能配料）、研发管理等（见图 4-9）。

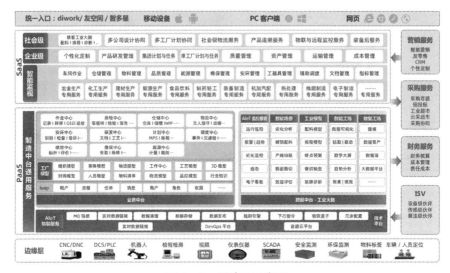

图 4-9　制造云示意图

7. 供应链云

供应链云以采购、库存、销售服务为核心，通过与采购云、营销云、财务云、制造云深度融合，实现敏捷供应，产供销、业财税一体化高效协同，并赋能产业链，实现社会化商业服务、全产业链数字经营可视（见图 4-10）。

8. 金融云

金融云专注企业市场，致力创新金融服务并将其融入企业业务场景，为企业及公共组织客户随时随地随需地提供方便、快捷、低成本的金融服务，主要包括银企联、好收银、友理财、融资通等产品与解决方案服务（见图 4-11）。

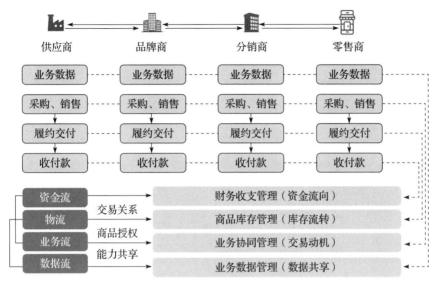

图 4 - 10 供应链云示意图

图 4 - 11 金融云示意图

第五章

数字供应链创新模式

2013年，厦门象屿集团以缓解农民卖粮难、打通"北粮南运"、延伸粮食产业链为目标，为保障国家粮食安全提供专业化服务，果断进军黑龙江开展农业投资。象屿以"搭平台、促共赢、全产业链运营"模式扎根黑土地，创造了"当年立项、当年建设、当年投产、当年收益"的速度。本着"立足供应链、服务产业链"的经营理念，真正实现了"国家增产、农民增收、地方增税、企业增效、合作增利"多方共赢。象屿现已发展成集种子繁育、化肥生产、合作联社、农业种植、粮食仓储、现代物流、贸易销售、金融服务和粮食深加工于一体，三产有效联动的中国一流的现代农业全供应链综合服务商。

目前，象屿在农业板块（以下简称"象屿农业"）拥有正式员工5 000余人，带动当地就业达1万人以上。迄今总投资超过180亿元，资产总额近260亿元，累计实现营业收入502亿元，利税总额超42亿元，直接税收超22亿元。象屿的农业供应链业务主要包括以下内容：

（1）合作种植领域。已打造成为综合化种植服务平台，种植规模最高峰达500万亩，带动农户超25万户，有效带动当地农民增收。经测算，象屿农业提供的全产业链服务可直接为农民节本增收100～120元/亩，按平均家庭拥有土地30亩计算，每个家庭至少可增收3 000～3 600元/年。

（2）粮食收储领域。现已建成七大现代化仓储物流中心，总仓储能力逾1 750万吨，储粮量1 710万吨，其中国储最高峰达1 500万吨，在全省占比近10%，日烘干能力逾12万吨，辐射粮源逾3 000万吨。其中，富锦象屿金谷农产公司拥有世界最大的单体粮库，占地面积300多万平方米，仓容达 500 多万吨。

（3）粮食流通领域。已建成覆盖南北、布局合理的销售网络，与温氏、双胞胎等大型养殖、饲料企业建立良好的战略合作伙伴关系，年粮食贸易量逾 1 000 万吨，贸易品种丰富，不仅经营玉米、水稻、大豆及小麦等主要品种，还广泛涉及高粱、大麦、豆粕、葵粕、葵油、葵籽等油脂油料采销业务。建立了公、铁、海三位一体的"北粮南运"物流通道，与大连港、北良港、营口港等港口建立了战略合作伙伴关系，积极拓展销区关键物流节点，优化"北粮南运"物流体系，在南方销区重要城市大力铺设销售网络，构建长三角、珠三角及长江中下游地区消费市场网络。打通了"北粮南运"物流通道，确保国家粮食调得动、用得上。

（4）粮食深加工领域。拥有强大的研发能力、亚洲最大单体玉米淀粉加工生产线和世界最大单体苏氨酸、色氨酸生产线。已建成富锦、北安、绥化三大深加工产业园区，年玉米深加工能力 320 万吨，成为黑龙江省粮食加工领域龙头企业。

未来，象屿农业将继续链动上下游产业发展，构建共生共赢的价值生态圈，制定种植联农户、仓储联产区、加工联产业、物流联销区、金融联资本的全产业布局策略。通过贯通生产、流通、消费各个环节上的合作伙伴，促进一、二、三产业交叉融合发展，形成"一条链、一个园、一张网"的产业发展规划。进口方面，象屿农业在大豆、油脂、玉米、大麦、高粱、粕类等均占有一定市场份额，同时将构建全球化粮食采销体系，在美洲、澳大利亚、黑海、中亚及俄罗斯等设立经营支点，并重点建立"一带一路"沿线国家的关键物流节点。其目标是通过在海外主要粮源国构建收购和物流能力，建成中国和第三国的粮食供应链，坚持市场化运营，拓展全球布局，谋划粮食进口供应链，确保国家粮食安全。

象屿的实践不仅创新了数字供应链在农业领域中的应用，而且也探索了新的产业价值，形成了独特的运营模式。可见，任何数字供应链的推进，都需要考虑如何切入产业运营，建立什么样的供应链运营模式，创造什么独特的价值。

5.1　供应链运营创新中的核心要素

数字化技术的进步促进了局部经营管理效率的提升，更创新了供应链运营模式，通过推动整合先进的运营模式为客户创造价值。[①] 广义上讲，任何供应链都有两个重要的目标：一是计划、实施和控制主要的经营互动，为客户创造和传递价值；二是将各类商业伙伴整合成为价值网络，并在企业内外协调相应的商业流程。由此可以看出，在供应链运营中流程的整合管理是建立新型供应链模式的关键。在供应链整合管理中，创新网络和创新内容是供应链运营变革的两个方面[②]，创新网络是通过组织间的联盟和整合，产生集体创新行为；创新内容则是指流程创新的结果。而在数字化时代，供应链运营模式的变革更在于先进技术的应用加速了网络和内容的创新。阿尔布约恩（Arlbjørn）、德哈斯（de Haas）、芒克斯加德（Munksgaard）提出了数字供应链整合模式创新有三个交互因素，即供应链流程（processes，P）、供应链技术（technologies，T）以及供应链网络结构（architectures，A），他们认为这三个因素驱动

---

① Khan, S. A., Kusi-Sarpong, S., Gupta, H., Arhin, F. K., Lawal, J. N., & Hassan, S. M. (2021). Critical factors of digital supply chains for organizational performance improvement. IEEE Transactions on Engineering Management.

② Flint, D. J., & Larsson, E. (2007). Supply chain innovation. In Handbook of global supply chain management. Thousand Oaks/CA: Sage Publications: 475-486.

了供应链整合成本的下降，并带动了客户价值的改变，使得供应链运营模式发生变革。[①] 基于 PTA 框架，哈恩（Hahn）在探索工业 4.0 对供应链创新的影响时指出，三个因素对数字供应链的作用在于，数字供应链流程不仅促进了供应链生产的一体化，而且通过预测以及实时感知技术更好地管理供应链风险；数字供应链技术既包括智能化的核心通信技术，也包括支撑核心技术的互补技术，这两类技术的融合推动了数字供应链转型；数字供应链网络结构的变化在于一方面产业的边界逐步模糊化，使得现实世界和虚拟世界高度融合，另一方面平台生态成为供应链运营的基本形态。从以上探索中可以看出，数字供应链模式创新可以从PTA 因素的变革以及相互之间的影响来分析。

通俗地讲，数字供应链模式创新变革在 PTA 三个维度直接反映为协同服务化、智能智慧化以及平台生态化。其中，协同服务化是从供应链流程的视角看的，意味供应链流程要素高度集成化，从而使得关联企业之间以及供需之间形成稳定的交易流和价值流；智能智慧化则是立足于供应链技术，使供应链各个环节实现所有业务数字化，进而实现智能决策或智能优化；平台生态化反映的是供应链的结构维度，即所有相关参与者相互之间形成了密切合作但是具有松耦合特点的关系体系，即兼具协同和开放化的生态系统。上述三个因素的结合，将供应链打造为一个具有"人类"特性的智慧体系，智能智慧化使供应链通过物联网、云计算、大数据、区块链这些新的技术创新和手段具有感知和神经系统，进而使供应链能够产生智慧和意识；平台生态化决定了供应链的活动场域，使供应链整体有具体的生活场景；协同服务化使供应链具有人类"社会化"的感情基础，形成不同用途的感情功能纽带。通过"三化"，

[①] Arlbjørn, J. S., de Haas, H., & Munksgaard, K. B. (2011). Exploring supply chain innovation. Logistics research, 3(1): 3-18.

供应链鲜活的形象跃然纸上。

5.1.1　协同服务化

人是社会化动物，人类生活不仅需要一定的空间，而且需要和周围形成一定的感情纽带和关系联系，这些都是人类生活的润滑剂，可以使人类的生活更加便利，并且在与同类或其他生物的情感交互中，人类自身甚至可以发现新的人生意义。同样，具有"智慧"的供应链也必须要在自己的活动场域中形成各种各样的"情感纽带"。协同服务化就强调了企业与其他组织建立联系的能力，表现为供应链整合度。供应链通过各要素、各节点之间的协同，解决了供应链所在场域内的社会协调成本和运营成本的问题，进而能够更高效、无摩擦地运作。正是因为如此，供应链整合被认为是供应链流程创新的等价物。总的来看，企业所在的供应链中存在三种"情感纽带"，即横向价值链、纵向价值链以及斜向价值链，三者共同构成了价值网格（value grid，见图 5-1）。[①]

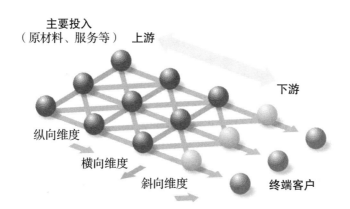

图 5-1　数字供应链价值网格

---

① Pil, F. K., & Holweg, M. (2006). Evolving from value chain to value grid. MIT Sloan management review, 47(4): 72.

　　横向价值链上主要包含的是所有在一组相互平行的纵向价值链上处于同等地位的企业间的内在有机联系。横向价值链由于存在业务的交叉，因而相互之间存在竞争关系；而且，由于处于同等地位，横向价值链上的企业之间在技术开发、采购、生产、客户服务等方面如果进行合作，则可以极大地提高效率，降低单个企业的风险。[①] 特别是在数字化的作用下，能够极大地提升并行作业效率，增强应对市场的能力。[②] 例如，平行企业之间如果能够协同进行采购，不仅能降低单一采购导致的高昂成本，也能简化采购的管理流程和活动，这也决定了横向价值链中各个企业之间存在的合作关系，因此，横向价值链之间的"纽带"的关键词是"竞合"。分工能够促进工作的效率，因此，横向价值链如果能够有机集聚形成良好的同产业内部分工，就能形成有序集群，从而提高横向价值链产生的总体价值。

　　纵向价值链可以将企业、供应商和顾客都分别视作一个整体，它们之间通过供需互动形成了链条关系，这种链条关系可以向上延伸至最初原材料的生产者（或供应者），也可以向下延伸到达最终产品的终端用户。因为纵向价值链整体的最终目的是最大化终端用户的价值，而完成这一目标需要链条各节点之间良好的协调和互动，数字化为实现这一目标奠定了基础，数字化不仅促进了上下游之间的沟通与交流，也能够帮助供应链参与者更加及时地了解彼此的价值痛点以及市场客户的需求，

---

① Pérez-Lara, M., Saucedo-Martínez, J. A., Marmolejo-Saucedo, J. A., Salais-Fierro, T. E., & Vasant, P. (2020). Vertical and horizontal integration systems in Industry 4.0. Wireless networks, 26(7): 4767-4775.

② Sun, J., Yamamoto, H., & Matsui, M. (2020). Horizontal integration management: an optimal switching model for parallel production system with multiple periods in smart supply chain environment. International journal of production economics, 221(3): 107475.

进而让各方协同参与价值创造的活动过程。[①]纵向价值链之间的"纽带"的关键词就是"协同"和"互动",由此形成了一个"生物圈"。但是纵向价值链形成的"生物圈"并不是一个封闭的环状结构,而是一个开放的系统,由此决定了该"生物圈"的有机性,即该生物圈的整体形态可能由于新成员的加入或是旧关系的瓦解而改变。

斜向价值链跨越了单一行业,不仅强调同行业内部以及上下游之间形成有机结合,而且强调不同行业之间也能进行有机整合,以实现更大范围内的"生物圈",形成了商流、物流、信息流和资金流在多行业之间的完全整合。由此可以看出,斜向价值链扩展了企业的视野,使企业可以站在更高的位置来进行战略部署,由此可以进行更好的价值挖掘,因为不同行业的价值链之间的碰撞可以产生更多的"智慧"。

5.1.2　智能智慧化

人类具有智慧的关键在于能够不断地从周围的环境中获取信息,并能够将不同来源的信息结合形成新知识,还能够利用存储的信息和知识根据一定的情境自动做出相应决策。智能是智慧生成的基本环节,其强调的是"信息数据化程度",通过充分的信息获取、呈现以及分析,降低信息不对称带来的机会主义风险,由此促进供应链整体的专用性资产投资,提高供应链的柔性[②],降低整体的运营成本。

具体来看,智能智慧化强调信息来源、信息呈现以及信息运用三个

① Guan, W., & Rehme, J. (2012). Vertical integration in supply chains: driving forces and consequences for a manufacturer's downstream integration. Supply chain management, 17(2): 187-201.

② Gupta, S., Drave, V. A., Bag, S., & Luo, Z. (2019). Leveraging smart supply chain and information system agility for supply chain flexibility. Information systems frontiers, 21(3): 547-564.

方面。从信息来源来看，企业在进行相关决策时，需要依赖对外部世界的感知，即需要了解外部的情况，其操作的第一步便是需要从外界获取相关可靠的信息。在如今的数字化时代，由于互联网、移动互联网以及物联网等技术的发展和普遍，企业的信息不仅包括企业日常经营主动产生的数据和信息，例如 ERP 系统、CRM 系统产生的相关信息，还包括外部的环境信息，例如客户社区信息、媒体传播信息等，并且随着技术的发展，物联网也开始向企业提供大量的信息。①信息的来源呈现出多样化的特点，信息来源的主体也出现了多元化。需要考虑的信息不仅包括企业日常运营相关的信息，还包括人的行为、物的运动等。最后，以供应链整体为战略导向的企业不仅需要关注与企业自身运营相关的内外部信息，还必须扩展自己的信息面，将其他主体的相关信息和数据纳入数据收集系统，也即信息的来源不仅来自特定的主体，还有其他相关主体。

信息来源、信息主体的多元化以及信息面的扩大，使企业的数据存量大大增加。而数据并不具有价值，将数据转换为能提供决策参考的信息时，才能体现出数据的价值。因此，企业收集的多方数据需要经过清洗、整理、集成以转化为真正"可视"的信息，而不仅仅是简单的数据代码编号。在信息技术发展的今天，企业可以借助计算机和相关通信技术将获取的信息可视化，便于决策人员理解。②智能智慧化对于企业的挑战还在于需要以动态的视角管理数据信息。移动互联网以及物联网的发展，使企业淹没在了海量的数据中，信息流和数据流不

① Abdel-Basset, M., Manogaran, G., & Mohamed, M. (2018). Internet of things (IoT) and its impact on supply chain: a framework for building smart, secure and efficient systems. Future generation computer systems, 86: 614-628.

② Somapa, S., Cools, M., & Dullaert, W. (2018). Characterizing supply chain visibility-a literature review. The international journal of logistics management, 29(1): 308-339.

断涌入企业的数据信息接收端，即企业信息接收端需要不停汇聚数据和接收数据，这对企业的数据可视化能力提出了挑战，企业需要不断对数据进行清洗、集合和转换，以便相关的决策人员能够迅速了解数据的深层次内涵，使数据不仅仅是数据，而且转化为对企业决策有用的及时信息。

企业数据信息可视化的最终目的在于信息运用，而信息运用最终反映为能在多大程度上为企业的运营决策提供辅助。企业对于外界的感知需要通过相关决策和行为与环境交互进行验证，其中的关键在于企业通过获取的信息进行相关决策，即企业需要进行信息的分析。商务智能、大数据和云计算等分析技术的发展使企业驾驭海量数据成为可能，并且也使企业变为更加智慧的生物。云计算和商务智能等分析技术代表了企业中枢神经系统萌芽。大数据获取代表了企业的信息层（数据海洋），成为智慧和意识产生的基础。因此，源源不断的信息获取通过大脑中枢的决策运作，不仅能够增加企业决策的正确性，还能够提高决策的效率和效果。另外，具有智慧特征的生物不仅能够运用相关信息来指导现有的行为，还能通过"过去"产生的知识积累对未来形成一定的预期。[①]类似地，企业的信息运用通过大数据和云计算等分析技术不仅能指导现有的活动，还能对未来进行预测，更好地指导企业的战略决策，做好相应的风险防范措施。

5.1.3　平台生态化

人类的生活，具有一定的活动空间，也即一定的活动范围，在自己的活动范围内，个体形成了自己的社交网络并创造了自己的生活场景，

---

① Wu, L., Yue, X., Jin, A., & Yen, D. C. (2016). Smart supply chain management: a review and implications for future research. The international journal of logistics management, 27(2): 395-417.

从而使自己的生活变得更加容易，也由此形成了自己的发展空间。作为具有"智慧"的供应链实体，也拥有具体的活动范围，即有自己的活动场域。供应链企业之间"互联化"的能力就决定了自己的活动场域，即决定了"组织场域的程度"，从而解决了供应链经济价值和发展价值的实现途径。因此，供应链网络[①]或供应链生态[②③]已被认为是未来供应链发展的活动范围或组织场域。然而，要能真正形成供应链网络或者供应链生态，需要将各个主体、资产相互连接，形成一个有机体，或者说其服务的对象不是特定的主体，而是整个行业或产业。平台生态化需要整合内外的各种要素，这些要素既包括活动的主体——企业，也包括活动的对象——资产，正如人在自己生活领域中必须和周围的人、物产生交集，供应链中也存在各种关联，包括人与人、人与物以及物与物的互联和交互。

人与人互联（human to human，H2H）：人与人之间的互联是组织得以存在的基础，人与人之间的良性互动有助于形成良好的组织生态。人与人的互联不仅强调组织内部各人员之间的关系纽带，更强调所有的利益相关者之间的相互联系、相互作用以及相互合作。企业与多个主体之间的互动互联，可以使彼此的关系更为紧密，由此增强彼此之间的沟通交流，更容易碰撞出智慧的火花，使知识的汇集、整合、再生能够不断地循环往复。

人与物互联（human to thing，H2T）：人与设备的交互也能够产生

① Lazzarini, S., Chaddad, F., & Cook, M. (2001). Integrating supply chain and network analyses: the study of netchains. Journal on chain and network science, 1(1): 7-22.

② Dalmolen, S., Moonen, H., & van Hillegersberg, J. (2015, February). Building a supply chain ecosystem: how the enterprise connectivity interface (eci) will enable and support interorganisational collaboration. Global Sourcing Workshop 2015, Springer, Cham: 228-239.

③ Viswanadham, N., & Samvedi, A. (2013). Supplier selection based on supply chain ecosystem, performance and risk criteria. International journal of production research, 51(21): 6484-6498.

大量信息，人与设备之间的交互是企业重要的信息来源之一。但是，如前面强调的，信息和数据本身并不存在价值，其价值体现在企业将不同的信息数据进行整合，从而转化为企业的知识来支持企业的决策。这就要求不同来源的信息数据能够在一个系统中共存。然而，支持企业运作的设备很少是由唯一的供应商提供的，企业一般是从多个供应商采购不同的设备，由此就导致了数据流的标准不统一的问题。因此，企业在建构自己的信息系统时，首先需要思考怎样通过标准化来确保不同来源的信息和不同供应商的解决方案不仅能够共存，还能做到相互沟通和高度集成。另外，物联网的传感器和互联网的使用者可以通过网络线路和计算机终端与云计算进行交互，由此，面对海量数据，企业需要决定是自建数据存储和分析能力，还是向云计算服务提供商购买数据的存储、运算分析等服务以便更好地进行数据的开发和运用。

物与物互联（thing to thing，T2T）：物联网技术使得"物体"也具有了生命，并且能够彼此沟通交互。因此，设备的联网集成使其具有了动态数字存储、感知和通信能力，由此可以承载整个供应链和生命周期中所需的各种信息。而且，企业的用户端还可以由此延伸和扩展到任何的物品与物品之间，使物品与物品进行信息交换和通信。

5.2 数字供应链创新模式之一：数字信息服务型

5.2.1 数字信息服务型模式的特点

在数字供应链创新模式的建立中，有些企业的供应链建构或者服务模式的建构是从智能智慧化入手，之后逐渐向协同服务化和平台生态化演进。具体来看，就是企业具有良好的数据收集、整合、分析以及运用能力，或者帮助供应链客户企业实现数据收集、整合、分析的能力，从而支撑企业或者客户企业做出良好的业务决策。但是企业本身并没有打造组织生态，运用自己的能力促进整体产业链的协同和互助，并且提供的服务也局限于供应链运营的数字化，尚未进一步渗透到供应链提供综合性服务或者创造价值。这种供应链模式的特点是，企业建立了产业链级的信息平台，由此能够将产业链整体的数据信息进行整合，由此促进了供应链整体的数据透明化，研究表明，信息的处理能力，即供应链分析能力能够促进供应链运营的透明度。[①] 数据的透明化以及信息的可视化可以帮助整个产业链降低信息不对称引发的机会主义道德风险，因此供应链各个节点之间可以更放心地进行专用性资产投资，增强自己的专业化能力，供应链合作主体之间可以进一步进行合作的业务分工，增强整个产业链运营效率，改变整体的运营成本结构，降低整体的运营成本。这一模式所实现的利益可以通过经济学的均衡曲线来反映，如图 5-2 所示，横轴表示的是服务程度/潜在收益，纵轴代表的是该模式实现的边际收益/边际成本，数字信息服务型模式的特点是通过将供应链各环节充分数字化，实现活动的智能化管理，从而改变信息不对称的程度以及信息利用的程度（边际成本曲线的斜率变小），提升供应链运营的整体收益。

采用这种供应链创新模式的企业首先需要考虑的是所在的供应链能

---

① Zhu, S., Song, J., Hazen, B.T., Lee, K., & Cegielski, C. (2018). How supply chain analytics enables operational supply chain transparency: an organizational information processing theory perspective. International journal of physical distribution & logistics management, 48(1): 47-68.

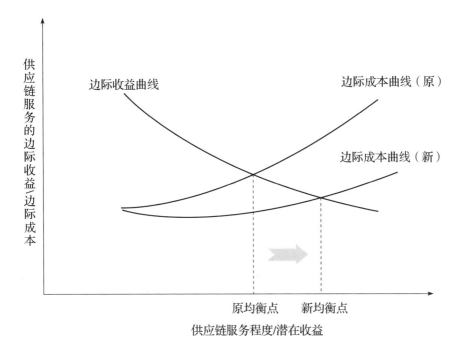

图 5-2　数字信息服务型供应链创新模式效益分析

否实现业务流的数据化，如果供应链中各个环节或者各个企业采用的技术具有不同的标准或标准之间不能统一整合，就算能获取信息流，也无法实现信息的整合，对于整体的运营改良则不具有太大的效益。另外，在确保供应链中的信息"互存"时，该种模式还需要企业打造产业级的信息平台，由此，企业需要以"产业协调员"的身份对整个供应链的各个业务环节进行协调，打通各个业务主体之间的信息传递，消除供应链各个环节或者主体之间的瓶颈，保证信息汇聚平台的无摩擦运转，使信息平台能够获取全供应链周期的所有信息数据。当然，数据和信息本身并不能产生或创造利益，如果企业仅仅是一个数据信息的汇聚终端，并不能对整个供应链运作产生任何效益，那么信息或数字化没有任何意义，所有努力只能是徒劳，成本代价高昂。只有将数据和信息转化为与产业运作决策相关的知识才能将数据和信息的价值释放出来，因此，采用数字信息服务型模式的企业在打造数据平台的同时，要确保自己拥有良好的数据分析、报告以及预警能力，并且企业需要具备动态经营思维，因为数据信息呈现流动的状态，企业要时刻对于流动数据的异常情况保持警醒，根据客户业务或供应链整体的运作变化动态调整自己的信息化模型。总的来说，运用数字信息服务型模式的企业的主要任务在于，通过保证供应链中的信息流顺畅，提高整个供应链的可视化程度，企业则通过对数据信息价值的挖掘，为产业链各节点提供定制化的特殊服务。

5.2.2　数字信息服务型供应链模式：国家电网数字供应链

国家电网公司是从事输电、供电业务的特大型企业，成立于 2002年 12 月 29 日，公司资产总额 4.3 万亿元，2021 年位列《财富》世界500 强企业第 2 位。电网建设运营投资规模约 5 000 亿元，投资规模大，具有超大规模市场优势。在产业分布上，国家电网公司拥有众多业务板块，供应链伙伴分布在电工装备、机械制造、工程建设、信息通信等产业，横跨多个产业集群。网络布局上，按照地理行政区设有省、市、县，直至村级办公网络，覆盖 26 个省（自治区、直辖市），供电范围占国土面积的 88%。国家电网供应链平台拥有注册供应商 13.5 万家，影响范围延伸至多级供应链，在电网建设中，民营、中小微企业占中标合作企业数量的 90% 以上，发展带动能力强。

2018 年以来，国家电网公司提出以"安全""质效"为核心，运用"供应链＋互联网"思维，将"大云物移智边链"（大数据、云计算、物联网、移动应用、人工智能、边缘计算、区块链）技术与业务深度融合，用数字技术驱动业务变革，建设具有抗风险能力的供应链体系。国家电网公司的供应链数字化体系主要是"5E 一中心"，5 个子系统彼此连接、互为补充，由" e 链国网"门户"一键登录、全网通办"（见图 5-3）。"5E"指的是电子商务平台（ECP）、企业资源系统（ERP）两大作业系统，贯穿集团内部与外部，实现业务全程电子化操作；" e 物资"移动 App 让业务办理"能掌上尽掌上"；电工装备智慧物联平台（EIP）是国内首创与上游装备制造企业互联的平台，电力物流服务平台（ELP）是特种设备物流服务平台，两大专业系统为供应链上下游提供专业化服务。供应链运营中心 ESC 应用 5E 系统数据，打造供应链管理"控制塔"，分析预测、风险识别、主动感知、确保供应链安全稳定运营。

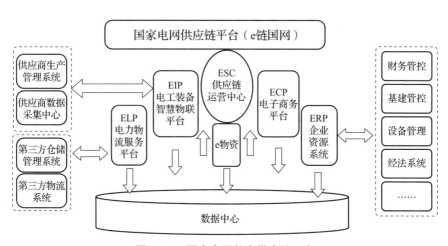

图 5-3 国家电网数字供应链平台

基于以上 5E 系统，国家电网公司最大限度提升了产业信息化程度，从而提高了供应链运营的效率和安全。具体讲，国家电网公司的数字供应链实现了如下功能：

（1）基于大数据的物资标准设计。基于国家电网公司的 ERP 系统，利用大数据分析技术（主要分析采购集中度、需求数量占比、物料通用性等）以及省公司范围专业分析（包括可替代分析、特殊环境需求、通用标准等），持续精简设备选型，压缩标准物料，形成"优选、可选、限选"标准物料目录清单，建立总部、省公司"两级三类清单"管控新模式。基于上述物料的标准化体系，在工程建设初期设计阶段，直接引用标准物料物资，从而极大降低了分散采购带来的物料标准不统一、规格纷繁复杂、采购不规范的问题。

（2）基于大数据的需求计划。国家电网数字供应链在智能采购方面，不仅通过大数据形成标准化物料，而且基于大数据分析编制需求计划。具体讲，在需求计划申报环节，以项目物资储备信息为基础，按照实际需求自动生成采购计划，调用采购标准技术规范结构化数据，根据项目里程碑计划、生产周期自动匹配适合的采购批次，智能申报。国家电网公司采用基于数字化的需求计划后，编报时间压缩95%。

（3）智能化的招标采购。在招标采购环节，国家电网公司所有招标采购活动在电子商务平台开展，这一智能化的招标采购，不同于以往的招标，所有专业委员评选的是采购的标准，对采购体系的合理性进行评定。基于标准化的评选体系，数字系统在线发标、在线投标、在线开标，参数自动比对，量化打分，按照预设受标规则，自动生成招标采购结果，全流程电子化操作，防止人为干预。

（4）智能化供应商管理。在供应商评价和管理方面，国家电网公司基于数字供应链平台，应用物联感知等技术，采集供应商及设备全寿命周期数据，从资质能力、履约表现、运行绩效、社会信用、成本费用等多维度，开展供应商全息多维评价"画像"。具体讲，国家电网公司通过数字技术采集了五个维度的数字信息，包括资源能力（包括财务状况、企业规模、供货业绩、工装设备、制造环境、技术能力等）、履约表现（包括生产制造、物资供应、安装服务等）、运行绩效（包括运行服务、运行质量等）、社会信用（包括失信行为等）以及成本费用（包括采购成本、运维成本等），客观量化供应商能力和状况，并且在招标采购环节自动引用这种客观数字信息。

（5）智能招标监督。在招标评标环节，在总部和省公司封闭的评标基地开展评标活动。应用音视频监控、人脸识别、智能定位、分区隔离等新技术，对评标全过程线上智能监督，实时查纠违规违纪行为。推广建设电子评标室，充分利用专家资源，打破地域限制，开展远程异地评标，防范采购风险。

（6）在线智能化合同履行。招标采购结束后，中标结果自动回传，物资合同远程确认、在线签约。利用电子商务平台和移动应用（e物资）与供应商原厂交互信息，通过实物身份证准确跟踪、协调开展生产、交催运。利用物联感知技术，将物资生产、在途、交付以及供应商库存形成数字"资源池"，全网物资统筹调配。

（7）全景质量监督与控制。在生产制造环节，国家电网公司基于电工装备智慧物联平台对接上游电工装备企业，实时采集物联工厂信息，获取供应商订单、排产、进度、产品工艺参数、出厂试验等信息，打造"透明工厂"。公司主动向供应商推送工程进度、安装运行、质量评价、全行业参数等数据，引导供应商按需生产、智能生产。

（8）数字化物资运输。物资运输环节，依托电力物流服务平台，应用自主研发物联传感器终端，对重要设备运输的位置、状态及进度参数进行监控，确保运输过程安全。国家电网公司致力打造国内最大、最具竞争力的电力设备、精密设备、超限运输的电工装备专业化物流平台，为电力企业、制造企业、物流承运商提供运力共享、服务共享、数据共享服务。

（9）数字化物资仓储。在物资仓储环节，发挥国家电网公司四级仓储网络（六大国网应急储备库、一省一中心库、一市一周转库、一县一终端库）、1 752个仓库的服务支撑作用，实施库存资源在线查询，形成库存"一本账"。应用仓库管理系统，实现物资出入库、结余盘点等自动化、无纸化作业，提高自动化、智能化、数字化应用水平。

（10）数字化检储配一体化作业。在仓储配送环节，国家电网公司开展检储配一体化作业，依托公司仓库资源，建设质量检测中心，具备入库条件的配网物资集中检测、合格入库、统一配送，严把设备材料入网质量关。

（11）基于数字化平台的验收管理。在验收结算环节，国家电网公司推行结算单据电子签署，到货验收单、投运单、质保单等结算单据，供应商网上办理，无须线下"跑单"。此外，国家电网公司还推行合同结算机器人，贯通国税系统，发票自动验审，ERP系统自动触发结算申请，结算进度自动提醒预警，确保合同账款"应付尽付"，加快向供应商支付资金。

（12）数字化的废旧物资处置管理。在物资报废阶段，对退役计划、拆除回收、资产报废、移交入库、竞价处置等各业务流程在线管理、跟踪进度。国家电网公司各级单位电网设备材料废旧物资处置，在电子商务平台开展网上竞价，确保公开透明，年均处置金额达40亿元。

国家电网数字供应链的"一中心"指的是供应链运营中心，即建设总部、省公司两级供应链运营中心，挖掘5E供应链平台数据资产价值，立足运营分析决策、资源优化配置、风险监控预警、数据资产应用、应急调配指挥五大功能，促进供应链管理提档升级，推动公司运营提质增效。

5.3　数字供应链创新模式之二：运营服务渗透型

5.3.1　运营服务渗透型模式的特点

在运营服务渗透型模式下，企业通过一系列的增值服务向产业上下游延伸，即企业具有很强的协同化和服务化能力，实现了供应链服务化，产生了紧密的供需依存[1]，实现了高度的供应链整合[2]。在这种模式下，虽然涉及数字化服务，或者利用信息化来提供增值服务和协同，然而供应链运营并没有完全实现智能化或智慧化，或者说供应链运营并不是建立在数字化和智能决策基础之上的。此外，平台或生态也未能在模式创立之初形成。智能化和平台化都是在发展过程中逐渐实现的。该模式的特点是企业通过产业延伸和产业服务化拓展市场经营空间，企业一方面通过为客户提供产品的延伸服务降低了顾客的综合运营成本，从而增加顾客价值；另一方面则通过将自己的产品或服务逐渐渗透到客户的服务流程中从而实现产品的嵌入式服务，例如产品的融资、租赁服务等，并由此通过上下游的协同实现服务的底层化。它强调通过经营流程的协调整合满足客户需求，从而降低客户的总运营成本，用一种协同的思维，与客户维持良好长久的合作关系。具体来看，企业通过将业务活动整合到客户服务价值链或业务流程中，对一系列逻辑相关的活动进行协调，即企业通过为产业链中各个合作企业提供综合性服务或者增值服务成为合作企业运营的"润滑剂"，减轻了企业使用产品与企业整个运

[1] Vendrell-Herrero, F., Bustinza, O. F., Parry, G., & Georgantzis, N. (2017). Servitization, digitization and supply chain interdependency. Industrial marketing management, 60: 69-81.

[2] Shah, S. A. A., Jajja, M. S. S., Chatha, K. A., & Farooq, S. (2020). Servitization and supply chain integration: an empirical analysis. International journal of production economics, 229(11): 107765.

作系统之间的摩擦，使产业链各节点更加高效地运转，由此降低产业链
整体运营的成本，实现客户价值增值。仍然援引经济学的均衡曲线（见
图5-4），这种模式带来的价值在于帮助客户企业将边际成本曲线整体
下移，从而创造了服务价值。

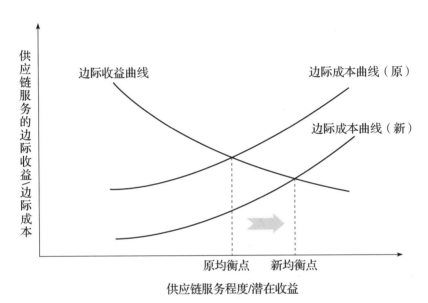

图5-4 运营服务渗透型供应链创新模式效益分析

采用运营服务渗透型模式的企业首先必须能提供优良的产品或独特
的增值服务，并且具备不断拓展产品或服务的能力，而且形成的产品或
服务系列能够帮助供应链其他企业极大地提升效率或效益。由此可以看
出，这种模式下的企业不仅能够产出高质量、值得客户信赖的产品，还
具有服务识别、服务建构、服务拓展以及服务质量管理的能力，具有深
刻的客户价值洞察力，能够明白客户的价值诉求，由此，企业需要掌握
整个供应链的运作流程以及运作特点，进而发现价值"撬动点"。采用
这种供应链模式的企业站在高处俯瞰整个供应链的运作，将产品配套服
务嵌入链条网络的运作中充当润滑剂，提高整体的运作效率，但是随着

企业服务的形成，企业也会面临更多的风险，首当其冲的便是服务能力弱化甚至丧失的风险，甚至企业可能会由于发展服务导致精力分散进而弱化了自己的产品功能，致使产品丧失了竞争力，服务不再具有增值价值。另外，由于企业为客户提供增值服务，一方面面临企业自身运作成本上升的风险；另一方面，由于服务的特殊性，企业还需要应对大量的模仿性竞争者，因此，企业需要考虑成本效益之间的平衡以及强调对于相关核心能力的保护。

5.3.2　运营服务渗透型供应链模式：宏伟核电服务

浙江宏伟供应链股份有限公司成立于2001年，是现代服务业中集产品供应链和服务供应链为一体的具有平台型供应链管理能力的创新发展企业，主要服务于能源行业（核电、石化、天然气）和大型高端装备制造业（航空、机车、船舶），为工业客户量身定制工业物资供应链管理方案。目前宏伟供应链已具备核电行业服务经验，致力于搭建供应链集成服务平台，包括产品供应链和服务供应链。核心的业务模式包括工业物资供应、一站式采购/集成供应平台、技术研发平台、供应链管理咨询、仓储物流服务平台、工程现场服务平台、信息管理服务平台、供应链金融服务平台。

1. 企业发展历程

宏伟公司自2001年成立至今，经历了几次模式的转型和变革。

第一阶段（成立至2006年）是创业探索期。成立初期，公司主要为能源行业企业从事采购、搬运、装卸、配送等基础性的交易和物流活动。在连云港发展近3年，宏伟开始站稳脚跟，迎来公司第一个拓展阶段。2004年宏伟陆续成立了深圳项目部和上海项目部，分别服务深圳岭澳核电及当时全球第三大的上海金山化工项目。2006年成立了福建泉州项目部、浙江海盐项目部。此时宏伟拥有5个项目部，涉及核电、石化、天然气等核心能源项目，初步形成公司的行业定位和销售基础，也是在这个阶段宏伟开始了制度和管理标准化的建设。

第二阶段（2007—2010年）是生产性服务探索期。自2007年随着核电行业及自身的不断发展，宏伟将更多精力集中在核电板块，逐渐形成了有核电的地方就有宏伟项目部的规模效应，开始建立在核电领域的形象。也正是在该阶段，宏伟开始探索生产性服务，以深圳项目部为试点，开始推行"零库存""物资大包""仓储管理"等生产服务项目，具体讲就是根据客户的工程状况提供一站式采购服务，实行客户物资的供应集成，提供定制化的物资解决方案，并且还提供相应的仓储物流外包服务和工程现场服务。伴随着业务模式的转型，在内部管理上，宏伟在这一阶段引进信息化管理SAP ERP系统，提高公司集成化管理及整体运营效率。此外，在管理结构上，成立了宏伟永康总部中心，集采购管理、物流配送、财务集中、人员培养为一体，达到资源共享、合理分工，提高各个项目部的服务效率并降低运营成本。与此同时相继成立了浙江三门项目部、山东海阳项目部、福建福清项目部、广东阳江项目部；项目部合计超过10个，并在对接央企项目中崭露头角。这一阶段宏伟的销售业绩突破了亿元，奠定了生产性服务的战略和运营模式。

第三阶段（2011年至今）是供应链集成服务期。宏伟在这一阶段的模式形成与产业发展的状况以及客户的价值诉求变化相关。2011年以后安全高效发展核电成为我国加快调整能源结构、增加清洁能源供给的重要战略选项，因此，核电发展面临良好机遇，截至2020年第三季度，我国共有48台商业运行的核电机组，总装机容量达到4 987.7万千瓦，在建核电机组 14 台，总装机容量 1 553 万千瓦。据《中国核能发展报告（2020）》预测，"十四五"及中长期，核能在我国清洁能源低碳系统中的定位将更加明确，作用将更加凸显，核电建设有望按照每年 6 ～ 8 台持续稳步推进。到 2025 年，在运核电装机达到 7 000 万千瓦，在建 3 000 万千瓦；到 2035 年，在运和在建核电装机容量合计将达到 2 亿千瓦。在国际上，由于拥有低排放、低能耗、高能效等优势，核电成为绿色能源典范，国际核电市场迅速扩容，包括中东、南非、巴西、土耳其等多个新兴经济体要求发展核电。与国内外核电蓬勃发展机遇并存的是核电运营及建设过程中所面临的挑战。根据国家发展战略，在中国除三大核电巨头中核集团公司、中广核集团公司、国家核电外，还首次允许中电投、华能、大唐国际等电力集团投资核电建造和运营。在核电建安市场，尤其是核岛安装市场，越来越多的建安单位跃跃欲试，广东火电和浙江火电已经成功取得核岛安装资质。电力集团和建安单位纷纷计划对新一轮核电进行投资、运营和建造，它们的全方位进入，给我国核电的发展注入了新的活力，同时，也使得目前核电市场将由垄断走向市场竞争。在国外市场，在"华龙一号"机组推出后，如何在与国际核电巨头竞逐中逆转取胜也值得关注。针对上述状况，核电企业只有不断提高核心建造和运行能力，不断优化建造成本，才能在竞争日益激烈的核电市场中占据更加有利的地位。随着核电行业竞争加剧，经营领域成本降低的空间愈来愈小，而在企业采购、库存、物资管理等环节，却有着极大的空间。对于目前运行发电的核电机组，业主方面临多基地、多机组的运营管理，不同业主方由于技术不统一、各自为政的分散管理形式，运营和管理成本居高不下。针对这种状况，宏伟在这一阶段由国家电投产业基金、中广核产业基金、中核建产业基金、国泰君安、中核产业基金、上海电气集团等作为战略投资者搭建战略平台，对接资本市场，成立了浙江永康总部以及十多家项目部，同时拥有三家全资子公司和三家控股子公司。在经营模式上，宏伟提出了供应链服务集成这种多方位的生产性服务模式。

2. 采购集成与整合性供应服务

宏伟提出和实施的供应链服务体系涵盖从客户需求管理到研发解决方案和方案实施的整个过程，并且涉及供应链中的商流、物流和信息流，其宗旨在于为客户提供量身定制的零库存物资解决方案、仓储服务外包或职能外包方案以及一站式供应链管理方案。在采购供应方面，主要是提供采购集成和整合性供应服务。

工程是一项复杂的交易和管理活动，往往涉及不同的物资、设备的采购以及相应供应商和供应活动的组织，所有这些都由客户来完成，不仅管理活动烦琐，影响了客户将主要精力和资源集中在专业优势活动上，而且交易成本较高、代价较大。为此，宏伟供应链服务中一项重要的管理活动就是通过充分的资源共享，实现集中采购。在规模效应下，联合供应商共同提升管理水平和产品质量，将与供应商的关系由传统的相互竞争向双赢的模式改进。其具体的服务内容包括供应链咨询服务、B2B 集成采购交易和技术研发应用服务。

供应链咨询服务是根据客户工程的不同阶段和需求，提供物资采购的一站式打包方案服务，帮助客户降低采购成本、管理成本、沟通成本等，最终提升客户竞争力。具体的咨询服务包括物资大包供应（即围绕项目全面的物资供应方案）、特定物资供货（即围绕特定系列或功能的物资供应）、现场紧急需求物资供应方案、物资采购 / 维修 / 养护服务方案、仓储改造与规划方案等。例如，宏伟曾为浙江火电建设公司提供主管道模拟焊接系统解决方案，该方案提供了围绕全过程中的物资解决方案，包括母材（316LN 锻管）、切割破口（管道坡口机）、焊接（窄间隔自动焊接机、焊接材料）、打磨（砂轮片、钨极削磨器）、探测（红外测温仪）以及标示包装（不锈钢粘胶带等）。

B2B 集成采购交易服务是在方案咨询的基础上，依托 14 大类产品线系统（金属材料、电气系统、仪器仪表、管道及其附件、泵阀类、通风保温、机电设备、工具、焊割系统、小五金、化工系列、安全防护系统、工程耗材以及特色产品）、几十万种产品的采购管理渠道和供应商管理系统，为客户提供一体化的采购集成。目前主要的集成采购交易服务有：核岛与常规岛全方位、专业、安全的物资集成供应；核电不同建设周期一站式物资供应服务（按照筹建阶段、土建阶段、安装阶段、配套设施、运营阶段提供物资采购供应）；物资系统模块化供应（即 14 大类产品的集中采购供应）。这种服务对于宏伟和客户而言，由于管理标准统一以及流程简化，有利于降低综合采购成本，降低全程的不良率，提高供应链运营绩效（见表 5-1）。

表 5-1　集成供应物资质量和服务质量变化趋势

序号	主要绩效指标	分包前	分包后	变化趋势评价
1	采购成本下降率（%）	2.00	18.00	提升
2	库存成本下降率（%）	3.30	18.50	提升
3	一次交检合格率（%）	94.66	98.84	提升
4	全过程不良率（%）	2.96	1.55	降低
5	准时交付率（%）	87.93	94.50	提升
6	不良品退货率（PPM）	348	205	降低
7	质量损失率（%）	1.56	0.76	降低
8	战略供应商占比（%）	10.40	15.00	提升

技术研发应用服务是宏伟供应链提出的另一个生产服务方向，即通过宏伟的技术研发和应用创新平台，结合客户与市场的需求，与供应商、研究院共同研发新材料、新工艺、新产品。例如，与中广核、国核、中核、原子能院、台电等旗下的设计院进行国产化系统的研发，目前有核岛蓄电池项目、非能动防护系统项目、给排水 HDPE 管道系统项目、超级不锈钢管道系统项目等。

3. 综合仓储物流管理服务

宏伟通过自有或第三方物流平台的管控，旨在实现物资（商品）从出厂、物流、中转、仓储、保管、配送等全流程的适时监管和服务，并通过外包的服务模式为客户降低成本，同时也便于业主专心做大做强主业、剥离辅业并社会化。目前宏伟的综合仓储物流管理包括物流云仓储服务平台、工程现场服务平台和国际进出口服务平台。

物流云仓储服务平台指的是宏伟通过自身或第三方的资源为客户提供仓储物流外包服务。自 2007 年起，宏伟公司在核电行业开始提供仓储物流业务的外包服务，现管理的仓储面积达 50 多万平方米，管理的物资价值高达 100 多亿元人民币。通过此项服务，每个项目现场客户减少了上百人的仓储服务队伍，节省了人力成本。与此同时，通过核电备品备件及库存共享平台，还能解决众多核电企业历史存货及备件共享问题，并同时配备宏伟的仓储外包管理服务。目前，宏伟公司实现了浙江永康 211 亩中央仓储物流基地的开工建设，先后实施了多个项目的核电物项仓储管理等仓储物流外包服务。

工程现场服务平台通过宏伟的 100 多位销售工程师全天候为客户提

供服务，并承诺对项目上出现的质量问题可实现 10 分钟内响应，3 小时内派人到达现场，最短时间内解决问题。

国际进出口物流平台是以永武缙五金产业链为依托，充分利用宁波港港口资源优势和管理经验，打造区域国际物流公共服务平台，推进海铁联运、"双重"及"甩挂运输"等运营模式，从而降低进出口企业通关综合成本，提升电商国际化，同时也为公司国际化战略奠定基础。

4. 信息化服务管理

信息化是企业实现供应链生产服务底层化的关键，这是因为只有建立了极具核电及装备制造业供应链领域特色的信息化综合解决方案，才能为不同层次的用户提供全方位信息，最大范围和限度满足不同规模的供应链企业对信息化的需要。目前宏伟供应链已经独立承担建设完成"基于核电供应链仓储管理系统"自主研发项目，完成开发采购询价管理、报价管理、供应商管理、订单管理、运输管理、运单管理、仓储管理、质保管理和客户管理等供应链模块功能，通过信息互通、资源共享及统一调配，满足管理的需要。

供应链、大数据与云计算已经成为推动社会创新的新动力，逐渐成为企业发展的趋势。在此背景下，宏伟与 IBM（中国）建立了战略合作协议并启动"宏伟供应链云"项目，集成云计算，打造统一的供应链信息共享平台。根据规划，通过智慧核电供应链系统、智慧五金供应链系统和智慧宏伟供应云三阶段的信息化发展，实现资源的不断整合和利用，企业内部与外部大协作，使企业高效实现按需索取、随需而变，为客户提供专业化、自动化、智能化的云平台服务。

5.4 数字供应链创新模式之三：交易平台聚合型

5.4.1 交易平台聚合型模式的特点

交易平台聚合型模式的特点是通过互联网实现供需以及相关利益方的聚合，形成供应链交易平台，从而产生平台经济效应。这种供应链模式虽然实现了规模性和多边交互性，但是供应链的服务渗透仍然有改进的空间，也就是说，这种模式尚未形成全产业链、多方位的增值服务，尚未渗入客户供应链底层开展供应链运营或服务。此外，除了平台交易，没有实现供应链网络全程数字化，以及供应链运营的智能化以及智慧化。交易平台最大的优势在于形成双边或多边市场效应，进而产生巨量规模和范围经济。[①]供应链运营平台带来的优势在于网络效应，这种网络效应具有两种状态，一是从同边网络效应到跨边网络效应的进化。同边网络效应源自客户或消费者的海量聚集，形成了规模效应。20世纪80年代美国信息与通信产业迅速发展，研究者发现，信息商品和服务的消费者越多越有价值，当它们单独被使用时只有很少的价值。跨边网络效应来自双边交互形成的网络外部性，当海量的客户与海量的供给者产生交互，必然对产品的生产效率、质量等方面产生巨大的促进作用，这种效应也被称为直接网络效应。[②]直接网络效应直接带来了市场规模的扩大，这是因为企业通过兼容选择与技术标准的建立扩大了市场规模。[③]这种规模性一旦达到了临界点，便会产生网络正反馈，这种正

---

① 陈威如，余卓轩. 平台战略：正在席卷全球的商业模式革命. 北京：中信出版社，2013 .

② Farrell, J., & Saloner, G. (1985). Standardization, compatibility, and innovation. The RAND journal of economics, 16(1): 70-83.

③ Katz, M. L., & Shapiro, C. (1985). Network externalities, competition, and compatibility. The American economic review, 75(3): 424-440.

反馈不仅促进了产品生产效率的提高，而且促进了产品质量和技术的不断提升。二是从同态网络效应到多态网络效应进化。同态网络效应指的是同类产品服务市场网络效应，如通过平台将计算机硬件的众多买卖双方进行海量聚集，形成网络外部性。多态网络效应则是借助平台实现多互补产品或服务的海量汇集，即形成计算机软硬件等众多互补要素和服务的网络外部性，这种多态网络效应称为间接网络效应。间接网络效应实现了范围经济，即不仅极大地拓展和丰富了经营的种类，而且将不同的互补产品进行集合和集成，增强了客户的消费效用，降低了多产品采购使用过程中的成本代价。上述平台实现的价值用经济学均衡曲线来反映（见图 5-5），则是提升了边际收益曲线，为客户带来了新的价值。

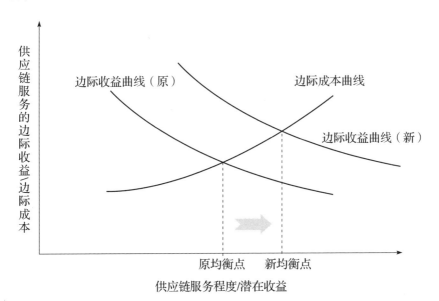

图 5-5　交易平台聚合型供应链创新模式效益分析

采用交易平台聚合型供应链模式的企业必须具备四个方面的能力：一是能够吸引和调动用户参与供应链运营，并且能够借助平台对用户产生巨大的影响。显然，要发挥这一能力，先要深入地了解和研究用户的效用函数，即用户在供应链经营中面临的挑战和需要改进的领域。钱·金和莫博涅提出了分析和掌握用户效用杠杆的六大因素，包括用户生产率、简单性、方便性、降低风险、趣味和形象、环保性。[①]任何因素的改进，都将给用户带来潜在的价值，从而吸引用户积极参与。二是信息的精准匹配。在这种模式下，如何让海量的买卖双方形成交易至关重要，而平台的效率也集中体现为撮合效率，因此，提供精准的供需信息，并且通过平台迅速地达成交易，是这种模式所要具备和形成的能力。这种精准信息匹配能力需要企业具备快速获取用户信息、客户数字画像、精准信息推送，以及自动化搜寻匹配等能力。三是跨界资源的整合能力。该模式的特点如前所述，在于其直接网络效应和间接网络效应，直接网络效应取决于加入平台的买卖双方的数量，即通过海量的供需能力形成网络的正反馈。间接网络效应则是平台能够实现产品服务互补性和广度所带来的正的外部性。因此，如果平台能够充分融合跨界资源，整合多方资源，这种间接网络效应就会更加明显。四是逐步优化平台治理的能力。随着不断发展，平台往往涉及多方利益主体，包括平台企业、用户、其他互补者（数据服务商、广告商、开发者以及平台其他参与方）以及政府管理机构，因此，如何协调各方形成各自的责任义务，防范某一方利用平台危害其他参与者，最终形成可持续发展的集体行为，是平台治理的关键。[②]平台治理往往涉及如何管理平台设计、体系结构、算法和其他技术来规范各方的行为，或者说如何根据不同的平台类型来采用相应的管理体系规

---

① W. 钱·金，勒妮·莫博涅. 蓝海战略2：蓝海转型. 杭州：浙江大学出版社，2018.

② Gorwa, R. (2019). What is platform governance?. Information, communication & society, 22(6): 854-871.

范各方在平台上的行为。① 此外，如何与外部社会展开更为广泛的互动，也是平台治理的重要内容。这种供应链模式的最大风险在于模式的稳定性和强劲性，由于供应链运营往往涉及多环节、多主体、多维度，因此，很多运营活动不仅仅涉及交易，也涉及物流、资金往来、信用管理、函证传递等，而交易平台聚合模式由于将海量的供需双方以及互补资源通过平台来汇集，并没有渗透到供应链网络的全过程提供嵌入型服务，而且对供应链智能化、智慧化的影响不够显著，因此，对于长价值链、作业环节多且复杂的产业，该模式实现的价值有限，容易产生聚合迅速，一旦产业发生波动或特定风险，离散也快的困境。

5.4.2　交易平台聚合型供应链模式：江苏物润船联网

江苏物润船联网络股份有限公司（以下简称"江苏物润"）成立于2011年12月19日，2014年在"新三板"挂牌，是国内以船/车联网大数据＋人工智能为基础，开展供应链创新与应用、"互联网＋"高效物流、无船/车承运的智慧物流服务商。公司自主开发的中国内河航运物流智慧平台是国内首家利用船联网技术研发的平台，它是基于船联网、云计算、大数据等领先技术，促进水上物流相关企业在供应和物流"链"统一协同合作，船、货、港高效地进行物流竞价，提供物流方案咨询、第四方物流软件服务、单证票据等数字一体化的物流商务平台。它有效改变了传统的电话沟通竞价的中介模式，采用目前流行的O2O模式，即将互联网与线下商务货运承载有机结合在一起，让互联网成为线下交易的前台。平台入驻用户超30万，积累的用户量位居长江经济

---

① Gol, E. S., Stein, M. K., & Avital, M. (2019). Crowdwork platform governance toward organizational value creation. The journal of strategic information systems, 28 (2): 175-195.

带的首位。平台自上线以来，整合长江、沿海、大运河 12.6 万条船舶运营数据（包括但不限于船舶类型、吨位、船规、吃水、船籍、当前位置等多维度数据）；接入交通运输部 500 万辆货车的运行数据。根据该公司平台大数据测算，平台为加盟企业降低采购成本平均达到 10%～15%，降低运输成本 15%～20%。

1. 水陆联运网公共服务平台主要服务功能

江苏物润船联网通过聚合众多的物流服务商和客户，力图高效实现物流服务，其平台具备的功能包括：

（1）网络货运 SaaS 系统搭建服务。该系统是用于解决整车运输过程中的车辆调度、订单追踪、车辆管理、运输监管、财务结算、信用评价等问题的网络货运智能管理系统。系统经过多次迭代更新，已经成熟稳定，支持本地化部署个性化开发，能最大限度地帮助企业降本增效，贯通物流、信息流、证据流、资金流和票据流，推动企业业务发展，提升行业竞争力。

（2）智慧供应链物流服务。将传统物流运输与互联网深入融合，通过综合运用现代科学技术、整合各方信息资源、统筹各种业务应用系统，整合供应链的商流数据、物流数据、资金流数据、信息流数据，以及车、船、货、港等公共数据，实现互联互通，结合线下的服务跟踪、资源配置，并辅以国内首创的物流可视化监管系统，建立了智慧物流一站式服务网络，彻底颠覆传统物流商业模式，为生产企业、贸易商、物流企业及第三方物流提供一站式智能物流综合服务，解决了物流信息不对称、资金流动不畅、货物运输方位不清和运输到货不及时等一系列问题，提高了运输工具配载效率，降低了制造企业和商贸企业的物流成本。

（3）互联网＋多式联运服务。平台实时获取长江、沿海货船运营数据，全国各大港口数据，接入各铁路局数据以及全国货源、车源信息，通过大数据分析共享实现全国船舶运价和运力信息、各港口基本信息、铁路货运信息、车辆运载信息在线交互，并运用云计算、人工智能技术将火车的动态数据、预到港时间、港口装卸计划与平台网约公路运力、返程船舶进行有序衔接，将商品动态、托运需求通过"AI智能大脑"融合计算，筛选出满足客户需求的物流方案，并不断优化，在提供不同运输方式选择的同时，保证方案的时效性，以最小的综合成本满足顾客的需求，达到运力共享、资源共享，提高链条上每一环节的效率，促使物流价格下降。

（4）无车承运服务。依托互联网平台集约整合、合理配置物流资源，以平台承接运输业务，平台承担运输责任和风险，并与托运人和实际承运人签订托运、承运合同，通过合同方式组织运输车辆，委托实际承运人进行运输服务，实现了货物运输门到门、港到门、门到港等一站式服务。打造以"协同运输理念"为核心的综合性方案，包括协同运输管理引擎、运输微信小程序、中央预警监控系统、现场装运作业监控、平台运营管理系统。

（5）其他物流服务。包括：船舶/车辆在线跟踪服务，通过AIS信号接收基站实时获取的船舶信息，用户可以通过船舶名称、MMSI、IMO对船舶进行搜索定位，实时追踪船舶，目前平台上可以显示全国已装AIS的约12.6万条货船的运行轨迹，并接入交通运输部500万辆货车的运行数据，实现了车/船运输轨迹可追溯；保险服务，平台与太平洋保险、龙琨保险合作推出国内水路货物运输综合险和船舶保险，为用户提供线上保险服务，支持24小时在线投保，极大地方便用户购买保险；通过微信小程序、公众号向客户提供保险产品售前咨询和售后服务，在客户发生理赔时，协助保险公司提供相关的损失勘查和理赔协助服务，移动视频监控服务，通过 4G 移动网络、无线传输等技术手段，实时将多路摄像头信号传输到用户端，有效防止货损货差，减少油料非生产损耗，同时这一服务也可作为解决船货双方纠纷、政府市场监管等方面取证的手段。

2. 江苏物润平台应用的主要技术

在平台呈现与应用方面，江苏物润以中国水陆联运网为依托，主要开展信息咨询、船货交易竞拍、在线船舶视频监控、撮合交易等服务，是国内领先的互联网和相关服务行业内的水上运输物流互联网服务企业，将水上物流运输与互联网和移动互联网深入融合，通过线上的信息整合、智能管理，结合线下的服务跟踪、资源配置，建立起网站、手机端 App 一体的智能匹配的船货竞价模式。

在在线交易方面，货主或货代可以通过网站或手机 App，一键发布货源信息，进行实时在线招标；船东或船代也可以竞价投标。双方还可以通过信用评价及保证金制度建立起自动的招标、投标、评标及船货位置跟踪与到港提醒系统，通过此水上物流大数据，为生产企业、贸易商、物流企业及第三方物流提供一站式智能物流运输及船货撮合平台，摆脱传统物流的管理调度模式。

为了实现以上模式，平台采用的技术主要有：船舶信息接收系统（自行开发的 AIS 系统）；二维、三维电子陆图、海图地理信息系统（自行开发的 GIS 系统）；无线射频识别技术；软件即服务（自行开发的 SaaS 网络架构）；通过对接网络平台标准化接口，实现物流园、产业园、政府监管平台、金融支付平台的信息共享，互融互通。

江苏物润还利用互联网技术，采用中国北斗卫星（国际海事卫星）全球定位技术，结合公司自行研发的拥有知识产权的船舶航行信息接收系统（AIS）及 SaaS 架构的 O2O 商务系统网络平台，打造水陆联运的电子商务物流平台（该平台具有水上物流企业货物全程跟踪、船舶定位、视频监控等功能），为制造商、贸易商、物流商和第三方物流公司及相关物流企业提供网上物流在线洽谈、竞价、交易、合同签订、税务方案、第三方金融支付等功能。

5.5　数字供应链创新模式之四：数字服务延伸型

5.5.1　数字服务延伸型模式的特点

数字服务延伸型模式与运营服务渗透型模式的区别在于，采用这种模式的企业不仅能够进行产品配套服务的产业链渗透，并且还拥有强大的数据整合能力，能够打通整个产业链的信息流通渠道，并在企业的信息平台上进行数字信息的聚合和分析。因此，采用这种供应链模式的企业具有较强的数字化能力和协同服务化能力，但是尚未形成广范围的产业组织生态，或者生态聚合的资源有限，需进一步拓展。这种模式的特点是企业以上游供应商和下游客户为特定对象，以自身设计、生产的产品和业务为依托，并且通过产业供应链服务化，实现产业供应链的顺利运营，稳定上下游关系，促进产品和业务的发展，同时拓展供应链服务化的空间。企业通过建立产业级的信息平台使供应链的信息流通以数据化的形态清晰呈现，降低了供应链中的各个交易节点由于信息不对称引发的机会主义道德风险，各个节点企业愿意进行专用性投资，由此增强了各个运营业务运作效率，进一步促进了产业链整体的劳动分工和协同运营。总体来看，企业通过产业供应链的服务化扩大自己的市场空间，并且企业提供的配套服务向上下游逐渐渗透，其优势在于产品和服务的结合更加有利于客户投入生产经营和市场开拓，降低了客户的运作成本，增强客户对服务企业以及产品的信心，并且有利于买卖双方形成长期稳定的合作关系。数字化、信息化，加强了供应链整体运营的透明度，使得各方的行为可视，有利于及时发现问题和调整运营，大大降低了因为信息不对称产生的交易成本。从均衡曲线看（见图5-6），这种供应链模式一方面降低了边际成本曲线的斜率，另一方面通过提供的配套服务增强了整个供应链的黏性，促进了供应链的整合，降低了客户企业整体的运营成本。

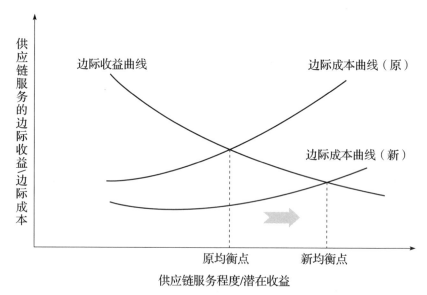

图5-6 数字服务延伸型供应链创新模式效益分析

采用这种供应链模式的企业需要将自己的服务嵌入进供应链的整体运作中，企业首先需要确保自身产业供应链网络的建成和成熟，特别是具有完善的供应商和客户管理体系。另外，企业必须对于整个产业链的运作有全面了解，由此才能为客户的业务安排以及运作提出更好的服务建议，并通过信息化为客户提供信息数字服务，实现运营的底层化。另外，在此种模式下，企业需要具有较强的技术、设计和产品运营能力并向客户提供产品技术、产品组合、服务集成以及系统化方案服务，因此，企业除了要掌握供应链的运作特点，还必须具备很强的内外资源整合能力、信息化构建能力以及供应链流程管理能力，并且还需要根据供应链内部运营系统的变化以及供应链外部环境的变化及时做出资源安排、智能决策，以及供应链运作流程调整，因此，供应链全周期和动态管理能力的形成至关重要。这种模式在未来发展的过程中，面临着生态化发展的风险管理问题，因为随着生态成员范围越来越广、数量越来越多，如何有效地管理因为场景多样化、服务主体多元化带来的复杂性和风险，成为供应链模式能否持续发展的关键。

5.5.2 数字服务延伸型供应链模式：华西云采

四川华西集采电子商务有限公司成立于 2016 年，是四川华西集团有限公司的全资子公司。华西集采依托华西集团稳定的采购需求、优质的供应商资源、便捷的金融支持，打造了围绕建筑行业供应链管理、电子商务交易、供应链金融服务、物流服务的电商平台——华西云采。

1. 华西云采的主要功能模块

华西云采专注于建筑行业，集"供应链管理＋互联网＋金融"于一体，提供大宗材料的集中采购和供应链管理服务，土建、安装、装饰等领域建筑材料的线上交易服务，以及供应链融资支持和金融产品服务，致力于降低采购成本。华西云采借助移动互联网等技术，实现手机移动端信息推送、移动审批、移动下单、物流协同、移动验收等服务，提升物资采购和交易环节的效率。随着业务发展，华西云采平台现在涵盖华西集采、云采商城、云采指数、云采金服等业务版块。

华西集采：建筑行业供应链管理服务平台，为全行业提供专业的集中采购和供应链管理服务，包括电子化招投标、供应链管理、结算支付、物流协同等，保证物资采购全流程公开透明，为企业降本增效。

云采商城：建筑行业电子商务交易平台，利用华西集团优质的供应商资源，实现建筑材料在线交易、结算和支付，提升企业采购效率，降低采购成本。

云采指数：建筑行业大宗材料价格指数平台，实现分类商品区域性价格指数权威在线发布，提供价格趋势分析等价值数据服务。

云采金服：建筑行业供应链融资、互联网金融服务平台，利用华西云采创新的供应链业务模式，提供多种供应链融资方案，有效解决建筑行业供求双方融资难和资金周转难题。

2. 华西云采的技术架构

华西云采平台关键技术包括云计算、大数据、区块链，架构如图 5-7 所示。平台跨越云计算 IaaS、PaaS、SaaS 三层。IaaS 层采用了阿里云技术、ECS 虚拟化服务器、SLB 负载均衡等技术，实现了基础设施的高可用性、横向扩展及容灾备份能力。PaaS 层采用 Docker 技术及容器编排服务，实现快速部署和迁移，可在 1 个小时内完成新租户上线。SaaS 层实现多租户的数据物理隔离，实现了系统内部数据中台服务，提供 150 多种标准数据服务。同时，平台采用微服务架构，可实现业务集群和服务的弹性缩放，从而承载高并发业务，采用分布式的架构，提高了容错性。

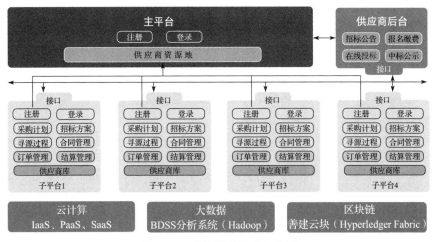

图 5-7　华西云采技术架构图

BDSS 基于开源 Hadoop 生态自研，具备大数据计算和存储能力，为供应链平台的数据提供全方位的支撑。BDSS 支持业务灵活定制和数据扩展，实现异构数据资源的抽取、清洗、转换，装载到信息资源平台上的数据湖和仓库中，最终实现数据集成和数据消费。

区块链"善建云块"是基于开源 Hyperledger Fabric 平台开发的联盟链，确保投标数据和开标数据的安全、信任和不可逆推，充分体现了区块链的分布式、稳定性、真实性、可溯源性等优点。

3. 华西云采数字服务延伸型模式的实现价值

华西云采主要围绕建筑企业供应链业务，实现计划、招标、采购、供应、结算、支付、库存、融资全链条业务数字化，从而赋能行业中小型企业，推动平台用户的资源配置高效化、成本管控数字化、项目管理精细化、行业企业生态化，克服原有采购模式下存在的信息不对称、风险难以控制以及实施成本高昂的挑战。

计划环节：原有方式下，各公司下属分子公司或项目部的信息是孤立不通的，存在同区域同品类材料各单位单独采购的情况，导致难以形成量的集聚从而提升议价能力。通过华西云采数字供应链平台，各单位可提前将相关采购计划上传到平台，同区域、同品类的信息会自动汇总，各企业就类似项目施行单批次统一采购，形成量的集聚，从而降低采购成本，同时提升企业对于生产计划的掌握准确度，便于做出更优的资源整合决策。

招标环节：原有方式下，各公司的分子公司或项目部通过各类不同的线上线下渠道进行招标，存在信息不透明、供应商资源不共享、招采资料查阅不便、难以进行招采分析等痛点。数字供应链平台的运用，使得平台用户的优质供应商资源可以实现共享，招标申请、招标审批、招标寻源、供应商投标、评标、定标、结果发布等环节均在线上完成，且通过区块链技术实现过程不可窜改。

采购和供应环节：原有方式下，通常通过电话、纸质单据等形式下订单，相关数据和留存资料不易保证，还可能导致供需双方不协调的情况。在数字供应链平台上，订单可通过在线方式下达至供应商，供应商在线确认并安排供货，可实现物流轨迹监管，到货后在平台完成在线签收。同时，采购单位的月度/季度计划也可提前通过平台告知供应商，以便供应商有针对性地备货。

结算和支付环节：原有方式下，结算资料人工制作，需要双方反复确认才能达成一致，常会对支付时效产生影响，导致供需方的利益争议。在华西云采搭建的数字供应链平台上，结算资料依据合同条款、在线订单、在线签收单等数据自动生成，供需双方在线确认即可。对于纸质单据，使用光学字符识别技术来自动识别各类单据，提取单据文档中的内容，完成数据的结构化，并将纸质单据的影像资料作为附件永久保存，根据业务需求导入生产系统数据库。在光学字符识别过程中，人工只需做少量的数据校验工作即可，提高了劳动生产率，降低了人员成本。机器流程自动化（RPA）应用在融资服务平台和 OA 流程审批双向数据流，实现异构系统之间数据和业务集成。

库存环节：原有方式下，部分项目部的库存管理依靠手工方式进行，部分项目通过人工在项目管理软件中录入的方式进行，这类管理方式有一定信息滞后性且存在遗漏风险。在数字供应链平台上，库存管理模块供手工登记库存的项目部人员使用，业务人员可以根据进出库情况进行登记，系统也会根据订单及当前系统显示的库存情况进行准确度提醒及库存警戒提醒。同时，针对使用项目管理软件进行库存管理的项目部，平台提供相应接口进行对接，便于数据资源的打通。

融资环节：原有方式下，企业的融资多依靠"三张表"，银行等金融机构难以就需求的真实性和资金去向进行监管，金融机构为降低自身风险往往提供更高成本的资金。数字供应链平台与金融机构实现了平台对接，企业向银行等金融机构申请的资金专款专用，仅用于在平台上发生的真实交易行为且实施订单式风控，有效降低了金融机构的融资风险，也使得企业可以获取更低成本的资金用于扩大生产，金融机构、采购单位、供应商、平台方实现了共赢。

4. 华西云采实施的状况

华西云采已在华西集团内全面应用，在"降成本、促管理、保廉洁、防风险"方面得到了验证。同时，华西集团牵头打造了"建造云"数字供应链平台，已有核工业西南建设集团、成都市政总公司、川航置业、雅安城投、雅安发展等多家单位加入。华西集采下一步计划将"建造云"数字供应链平台进一步打造并推广，形成较大规模的区域建筑供应链生态圈，赋能建筑企业，助力建筑企业高质量发展。该平台上线以来，已实现交易额 1 131.2 亿元、营收 140.7 亿元、利润总额 1.1 亿元，上缴税收近 1 亿元，已经有 50 家采购单位及 10 家大型金融机构加入。

此外，数字供应链平台提高了建筑企业的采购效率，仅钢材一项，平台已为需求单位降低成本超过 10 亿元；招标成功率提高了 97.3%，同时有效防范了廉洁风险。

5.6　数字供应链创新模式之五：数字交易促进型

5.6.1　数字交易促进型模式的特点

数字交易促进型模式建立了较强的数字化能力，能够实现运营和管理的智能化，助力业务决策能力提升。此外，通过数字平台的建设实现了众多交易主体的链接，形成了较为广泛的生态。但是在发展初期，协同服务化仍然需要进一步深入或完善。渗透到产业供应链全过程提供协同管理和服务，切合产业运营的特点，提供定制化的能力是未来强化的方向。这也就意味着，这种模式具有较好的协同商务和市场拓展能力，能够将供应链中的交易各方有效地整合起来，高效促进交易实现和市场开拓。这种模式所能实现的价值和收益主要表现在两个方面：一是数字化对平台参与者的赋能作用。在交易平台从事业务往来的企业，往往面临较突出的信息不对称，这种信息不对称既来自寻源、采购、物流等活动中买卖或服务双方无从知晓对方的质量、能力、状态等，也因为在工业领域中，存在着大量的产品或服务规格、种类，以及各类函证等交易要素，在交易过程中容易因标准不一产生信息不对称。因此，借助数字化技术和手段，该模式能够提升信息的透明度和对称性，进而降低交易过程中的各类直接或间接成本。二是通过将分散的主体、业务聚合到平台中，并且相互之间形成交互，不仅交易的规模得以扩大，将长尾市场进行整合，降低了分散交易导致的高额成本，而且由于通过平台实现了多种要素、多种服务的整合，特别是数字化服务支持，交易的范围经济效应增强（见图5－8）。

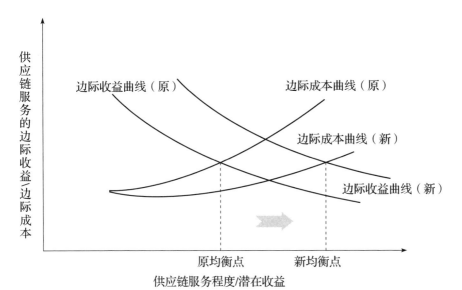

图5－8 数字交易促进型供应链创新模式效益分析

整体来看，要建设和拓展这种供应链模式的创新，需要从事这种模式服务的企业具备丰富的行业生产经营的经验和知识、强大的相关能力，能掌握行业生产和贸易的规律以及关键环节和要素，能对外部的资源进行整合。另外，企业本身还应该具有功能强大的信息数字平台，具备强大的业务数字化、交易单元规格化的能力，以及信息聚合、信息管理和信息分析能力，能充分地协调供应链各方。最后，由于平台服务内容的扩展，平台企业需要围绕平台交易建立一个生态环境，因此，交易的后续服务也需要提升。由此平台企业还需要具备物流运营能力、融资管理能力以及交易管理能力，整个平台的所有价值在于可以为客户提供围绕平台交易的整套服务。这种模式需要拓展的方向在于平台企业的产业纵深服务和专业性定制服务，或者说这种供应链模式虽然具备了数字化的能力，也建构了较为广泛的生态，但是尚未渗透到整个产业供应链运营过程。换言之，这种模式所提供的服务只是局限在围绕平台交易产生的互补服务，对于产业企业的供应链优化服务、生产流程优化、分销网络优化、分销增值服务等尚未过多涉足。因此，对于一些垂直化、专业性较为明显的产业，该模式会遭遇客户黏性不足的问题，发展持续性会面临挑战，尤其是当产业市场出现不确定性或波动时。另外，平台企业需要管理多种业务，因此业务流程的标准化也成为这种模式需要重点解决的难题之一。交易平台的重要功能在于数据整合，因此，企业需要考虑服务客户的交易能否形成标准的数据信息。最后，平台企业在为客户提供围绕交易的一揽子服务，特别是为客户提供融资服务时，需要特别强调客户的信用管理，如果该项工作不能很好地进行，平台企业则可能面临较大风险。

5.6.2 数字交易促进型供应链模式：京东工业品

京东工业品是京东集团进军工业互联网的产物。2017 年 7 月京东正式推出工业品品类；2018 年 10 月京东工业品升级为一类频道；2019 年 3 月，京东正式发布工业品战略，发布 iSRM 平台，提出以寻源系统为基础，打造集商品数字化、供应链数字化和平台数字化为一体的数字化工业品，实现数据在产业链上下游和企业间无障碍流通，助力工业互联网落地。2019 年 9 月京东工业品发布首个智能工业物联网产业平台解决方案。2020 年 5 月，完成 A 轮 2.3 亿美元融资，由 GGV 纪源资本领投，红杉资本中国基金、CPE 等多家投资机构共同参与，汉能投资担任独家财务顾问。京东工业品投后估值预计超过 20 亿美元，此次融资完成后，京东工业品拥有智能采购管理平台 iSRM 和智能工业物联网产业平台解决方案，完成了由工业品交易平台到集寻源系统、商品采购管理、履约交付、对账支付及售后服务于一体，覆盖供应链交易管理上、中、下游的管理行为数字化及资源服务一体化平台的升级，形成了工业互联网落地的"京东模式"。2021 年 3 月，京东工业品升级中小企业采购服务，发布中小企业采购服务平台——"工品优选"。

1. 京东工业品创立动因

工业品是产业客户采购用于生产经营的投入品，一般而言，工业品分为非生产性物料（MRO，指在工业领域非生产原材料类的物料，此类物料在企业生产过程中不直接构成产品，只用于维护、维修及运行用途）以及生产性资料（BOM，指工业品生产加工所使用的原材料、零部件以及半成品等，是构成最终工业产品的直接生产性资料）。其中 MRO 是生产经营中重要的生产投入要素，据艾瑞咨询研究的统计，2018 年中国工业品市场规模约为 10.1 万亿元，其中 B2B 线上市场规模约为 2 700 亿元，线上渗透率 2.7%，MRO 占了工业品市场的 20%，约为 2 万亿元。[①]尽管 MRO 市场规模可观，线上发展迅猛，但是 MRO 往往涉及范围广，品类众多，纷繁复杂，单品量小且多为易耗品。正是这些特点，造成了 MRO 采购供应的如下特点：一是有着较为明显的非计划性，即采购供应的时间、数量、要求具有非计划性，不像生产物料是根据生产计划而产生，不仅具有规模性，而且能够根据项目里程碑展开采购，MRO 的需求往往是随机、分散的，这就造成了需求难以事先计划。二是由于品类繁多，供应商数目庞大。三是由于 MRO 主要用于维护、维修以及工业运行，因此，专业服务要求较高，往往对技术安装、维护、保养等本地化服务有较大需求。

---

① 艾瑞咨询研究. 中国工业品 B2B 市场研究报告（2019）. https://www.iresearch. com.cn/.

MRO市场的上述特点给供需双方在采购和供应领域带来了巨大的挑战。首先，对于MRO供应商而言，面临供应链效率低下的挑战。这是因为在传统采购模式下，从厂家到产业客户中间经过数个环节，造成产销差价较大，厂家的利润往往因为中间沟通成本过高而下降。此外，由于品类复杂性高、订单分散且小，供方管理难度较大，很难切实了解需求方实际需求，容易产生供应不正确、不及时的问题。加之MRO往往需要定制化、专业化、集成化服务，单一供应商较难满足产业客户的综合需求。其次，对于MRO需求方而言，同样也面临效率低下的问题，主要是零散、不规则采购会造成交易、沟通、协调成本高昂。此外，MRO业务往往需要供方提供相应的技术服务、物流服务等，面对多元、复杂的服务商，需求方往往难以及时寻找到适合的服务商，并且服务质量把控较为困难。

正是因为上述挑战，京东试图通过其长期建立的互联网电商运营能力和数字技术开发运用的经验，针对工业制造业长期存在的长尾商品多、供应商数量庞大、供应链管理难度大等问题，通过搭建数字化平台并集合商品、金融、物流、服务、质控等能力资源模块，实现集寻源系统、商品采购管理、履约验收、财务对账付款及售后服务于一体，覆盖供应链管理各主体的管理行为数字化及资源服务一体化的解决方案。

2. 京东工业品服务体系

作为产业供应链平台，要有效实现MRO交易、物流、支付等运营的高效率，必须首先解决规范和标准问题，即完成产品的数字化、构建产品数据库，从选品环节提高采购效率。MRO领域品类众多，如何实现品类数字化，形成规范化产品体系，成为供应链运营平台的关键。此外，基于产品标准化和数字化，赋能MRO产业，特别是解决供需双方的价值痛点和挑战，是京东工业品服务体系的目标。

京东工业品的供应链模式中有四大类服务产品："墨卡托"工业品标准商品库、工品优选、京东工业品智能零售门店及"京工帮"工业品服务体系。

（1）"墨卡托"工业品标准商品库。京东工业品与 ABB 公司联合发布了"墨卡托"工业品标准商品库，该服务结合京东大数据和人工智能技术，以及各品类头部品牌商的专家经验，通过对海量工业品数据进行数据清洗和知识抽取，构建出工业品知识图谱。基于"墨卡托"工业品标准商品库，行业能够搭建一套更加完备的工业品标准化分类和商品体系，有效解决行业现有体系产品信息和参数不统一、行业属性不全的问题，为工业品供应链上下游企业互联互通奠定数据基石。诸如螺丝，按硬度、强度、材质这些属性细分，每三个属性相叠加可以生成实体数，每三个实体数叠加可以生成知识条目，目前京东工业品已经累积了 10 亿多个知识条目，这是工业知识图谱最重要的底层来源。有了标准商品库，京东会生成标准数据源，同时所有供应商挂标准数据源就可以，不需要额外生成自己的 SKU 和商品库。对于需方而言，借助标准商品库，采购决策准确度大为提高。

（2）工品优选。工品优选主要是通过链接产业带打造工厂直供的工业品采购平台和数字化供应链，特别是为中小企业 MRO 采购助力，通过京东工业品为其选品、选型提供技术支持。其一，工品优选平台上 10 万家工业品零售门店成为京东工业品布局中新的抓手。通过引进"店务通""京满仓"等数字化管理系统，对原有工业门店进行数字化升级改造，门店运营管理效率大幅提升。其二，工品优选将会作为京东工业品的子品牌，做工厂直供的采购平台，通过打造极致性价比的工业品数字化供应链，成为工业品生产产业带和工业品终端、次终端之间的超级链接器。其三，工品优选宣布启动"百万计划"，目标是链接百个产业带，精选超万家优质工厂，通过精准匹配京东主站、工品汇、大型企业客户封闭采购平台、零售门店等全渠道资源，为产业带打造"一品多端"的上行通道。目前，工品优选已面向温州、余姚、金华、台州、常州、丹阳等多个工业品重点产业带展开低压电气、五金工具、电动工具等品类招商，在提供零成本入驻及低佣金、高补贴服务的同时，通过严格的质量把控体系确保商品品质。其四，在数字化选型工具方面，工品优选在传统电商"品牌+品类"选型逻辑的基础上，针对工业品特点补充了参数选型、附件选型，通过"品牌+品类+参数+附件"四维选型帮助中小企业精准定位。[①] 其中，参数选型能够针对不同类型工业品提供专业参数维度，如螺母的宽、高、法兰直径，断路器的短路分断能力、极数、额定电流等，方便中小企业快速筛选。附件选型更是聚焦工业品的应用场景，针对工业品在使用过程中需要配套各类配件这一特点，发挥京东工业品的专业知识优势在采购中自动推荐具备主附件关系的工业品，不仅提高工业品的采购效率，更提高工业品的安装及使用效率。

（3）京东工业品智能零售门店。京东工业品智能零售门店聚焦工业品次终端，连接线下零售门店和品牌商，通过品牌形象升级、门店改造、系统植入等数字技术应用，帮助门店提升经营效率，实现智能化管理。目前，京东工业品智能零售门店提供进销存数字化管理平台、京东工业品智采优选店、京东工业品智采旗舰店三种合作方式。

（4）"京工帮"工业品服务体系。"京工帮"主要聚焦工业品服务"最后一公里"，联合行业内优质合作伙伴为大型企业提供覆盖全链路的

---

① 京东工业品升级中小企业采购服务 推出"工品优选"采购平台.(2021-03-01). 中国日报网.

"原厂级"线上线下一体化服务方案。"京工帮"主要有三类服务解决方案，即驻厂服务（现场工程师在一线为企业提供采购建议）、末端供应链服务（通过前置仓、企配仓、智能柜等多种方式，满足企业对于履约服务的需求）、品类专业场景服务（联合各地服务商提供属地化的调试、安装、维修服务）。

5.7　数字供应链创新模式之六：增值服务生态型

5.7.1　增值服务生态型模式的特点

在增值服务生态型模式下，企业的协同服务化和生态化程度较高，但是仍然需要在供应链全程数字化、智能化方面有所投入，这意味着企业从产业链流程上实现了从原料采购、加工生产、分销物流以及销售全过程的高度整合，帮助客户形成产业化、组织化、标准化的生产经营体系。此外，企业充分结合技术和产品，为产业供应链提供配套服务，进而保障自身供应链运行的高效率和效益，稳定上下游关系，促进产品和业务的发展，在为上下游服务的同时，进一步拓展自己发展的空间。该模式运营的另一个特点是通过产业生态化使多元化的主体和资源形成了广泛互动的网络，从而不仅交易主体之间能够形成广泛的合作体系，而且各类资源和能力能够通过供应链平台实现整合，产生了差异化、各具特色的供应链服务产品，从而使供应链运营的市场范围和规模得以扩大。这种模式所实现的供应链价值如图5-9所示，其创新价值在于通过供应链活动协同实现运营成本下降，同时最大可能整合利益相关者以扩展市场空间，使企业不仅能够成为产业流程的组织者和管理者，又能改变单纯的产品业务销售模式，真正成为综合性生产性服务经营者。

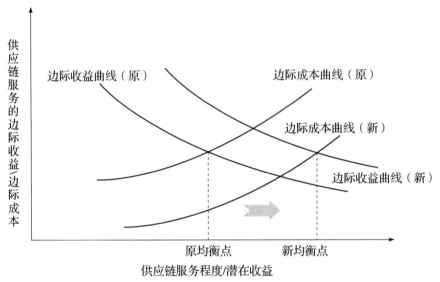

图 5-9　增值服务生态型供应链创新模式效益分析

基于增值服务生态型供应链创新模式的特点，综合性供应链运营和服务商需要向客户提供要素＋产品（业务）＋流程管理＋物流＋市场管理的一揽子服务以实现要素的底层化，这就要求企业具有良好的管理和服务能力，特别是供应链设计、组织和运营能力，企业不仅要擅长生产领域内的管理，还要具有很强的渠道、市场拓展能力，即企业必须具备要素组合能力、流程优化能力、市场应对能力以及物流组织能力。企业需要依靠自身的产品和业务进行产业链的服务渗透，因此，需要具备较强的产品和业务能力，并且有很好的产品线和资源。企业需要协调整个供应链网络的运营，因此，可能面临要素之间的互动不足、系统不能形成闭合、市场对应不足等问题，这就要求企业具备较高的风险管理能力，能分散和降低供应链整体运行中的潜在风险。

5.7.2　增值服务生态型供应链模式：苏美达国际

苏美达国际技术贸易有限公司是江苏苏美达股份有限公司的核心企业，隶属于中国机械工业集团有限公司。

苏美达国际成立于 1999 年 3 月，总部位于江苏南京，注册资本 4.11 亿元，净资产 20 亿元，总资产超 200 亿元。经过多年业务积淀和发展，公司已发展形成东南亚、中东（北非）、中南美三足鼎立的国际运营架构，以及包含海南自由贸易港、渤海湾、长三角、粤港澳大湾区、成渝经济区、海峡西岸经济区在内的"一港一湾一角三区"国内战略布局。该企业主营业务范围包括纺织、轻工、机床、冶金、电子、新能源、医疗等高端机电设备引进和钢铁、煤炭、矿产、建材、石油化工品等大宗商品的国内外供应链运营，依托多年形成的产业资源渠道和供应链组织与整合能力，为海内外客户提供"资源供应、商务咨询、金融支持、物流服务"四位一体的供应链集成服务。目前，该企业已发展成为国内领先的机电设备进口供应链服务商和大宗商品供应链综合运营商。

苏美达国际自成立伊始，主要从事机电设备和大宗商品的国际贸易。随着社会发展，一方面，机电和大宗商品行业的行业格局、竞争环境、产业发展与流通体系都发生了根本性变化，以信息数字技术为代表的产业互联网和供应链创新应用正逐渐重构行业生态；另一方面，传统商贸型企业的盈利模式逐渐固化，边际收益递减，传统商业模式已无法满足公司的发展需求。在数年的业务模式转变的尝试中，苏美达国际探索出一条从简单的贸易代理模式发展为提供集资源供应、金融服务、手续代办、报关商检、物流运输、信息交互、咨询服务等为一体的全流程、一站式供应链解决方案的发展道路。

1. 苏美达国际供应链协同管理系统

为了实现供应链协同服务，在技术应用方面，苏美达国际通过与甲骨文、德勤，以及国内信息化建设企业九恒星、泛微等建立深度合作，加大资源投入，建设了业财一体化管理系统、物流管理系统、指挥决策分析体系。

（1）业财一体化管理系统。

渠道报备系统。渠道报备系统以客户管理、渠道管理、设备变现力管理、项目管理、签约管理为抓手，对线上、线下的获客进行充分引流和协同管理，实现从渠道建设、客户获取到行业信息、设备信息获取，再到最终签约的全流程管理，实现内部客户开发资源信息化管理，客户信息数字化沉淀、结构化建模和动态化评审，构建内部共建、共享、协同的管理机制。

EBS业财一体化系统。目前，EBS业财一体化系统已实现财务处理自动化程度95%以上、自动成账率达95%以上，全面提高后台自动化水平，简化财务人员财务核算等烦琐事务，提高财务人员的财务分析、财务管理能力；同时，促进业务端各项管控提升——逻辑性更强，操作更加规范，控制更加严密。系统还嵌入九恒星资金管理等衍生功能，实现了公司各项管理在线化、数据化。该系统是具有公司供应链业务特点的业务、财务、资金端到端全流程集成的支撑、分析性平台，为数字化供应链决策奠定基础。

CTRM商品交易与风险管理平台。该系统可以实现对客户信息的收集、管理与分析，并对境内外客户企业进行动态跟踪与评审，为后期分析和决策提供支持，有助于提高客户忠诚度和满意度，同时及时把握上下游企业的履约动态，防范供应链系统性风险。

期货运营管理平台。苏美达将期货作为风险管理工具，利用现货企业的贸易背景、产业链相关资源优势，运用期货套期保值、套利对冲交易等方法将现货贸易与期货交易紧密结合，运用现代化的仓储、物流、供应链融资等方法为交易商服务，将国际市场和国内市场紧密结合，将发达区域市场与欠发达区域市场紧密结合，将产销市场紧密结合，稳定发展业务规模，实现产业链服务链整合。

（2）物流管理系统。

自管库仓储管理系统。自管库仓储管理系统集成库存、加工、费用和物料管理，对专属仓储场地内的货物实现全方位实时监控，有利于企业对在手货物进行及时库存盘点，对新签订单和延期出货订单进行进出货调度安排，从而及时清理库存，避免因库存堆积引发的一系列负面连锁反应。

网络货运平台。苏美达与外部网络货运企业开展合作，集中采购交通运输部大数据平台的货物运输信息数据，搭建适配公司物流轻资产运营的网络货运平台。一方面，对货运代理、报关行开放线上的物流需求发布与整合功能，极大提高物流环节的需求匹配效率；另一方面，通过实现在途物资动态跟踪，加强物流环节运能运力运速优化，确保货物安全。

（3）指挥决策分析体系。

BI商业智能平台。BI商业智能平台有效整合现有数据，快速准确提供报表，助推供应链决策智能化建设，为公司提供科学合理的决策依据。平台着重搭建可视化驾驶舱，通过常见的图表形象标示企业运行的关键指标，实现对指标的逐层细化、深化分析，直观地监测企业运营情况，进行异常关键指标预警和挖掘分析，构建企业的经营分析体系。

智能资金平台。智能资金平台聚焦财务系统智能化管理运营，一方面，利用银企接口运行监控实现对外部银行和金融机构的风险管理，保障企业间的信息实时流转；另一方面，通过内嵌票证台账管理、投资理财管理、授信管理、收存款管理、借付款管理、融资担保管理、结售换汇管理等模块，完成财务管理运营数字化、流程智能化的转变，优化营运资本，连接和分析数据，实现"票、证、款"三流合一。

2. 苏美达国际供应链服务生态体系

苏美达国际供应链服务生态体系主要是以"达天下"和"智慧链＋"为主体的供应链开放协同管理平台为基础，实现了公司各类业务、管理体系的全程实时在控、在线、可控、优控，从而实现业务前台、中台、后台的一体化贯通。

（1）"达天下"数字化交易平台。

苏美达国际采用微信企业号、微信小程序作为载体，提供金融及行业公共信息的推送、在线合同拟订签约、物流运作、报关报检、减免税办理、业务信息反馈等在线服务。同时推出线上装备展示厅和融资租赁展示厅，移动端、手机端联动，打造产品发布与信息交流平台的同时，汇集多家金融机构，网罗优质金融产品和融资租赁方案，为中小企业设备采购需求方和资金方架桥通路。平台还推出在线物流竞价功能，通过物流需求在线发布、集合竞价、低价中标模式，在通过评价机制保证供应商服务能力和服务质量的同时，帮助供应链上下游企业降低运输成本。

（2）"智慧链＋"开放系统平台。

针对大宗商品交易的信息资源综合利用程度低、数据孤岛现象严重的痛点问题，苏美达国际建立了大宗商品开放协同平台——"智慧

链 +"，集成外部物流公司、运输公司、仓库、银行、税务、海关等多渠道信息，与公司内部客商管理、仓库基地、风控评审等数据形成内外联动，使上下游和合作方的信息实现通畅流通，客户下单、打款、调拨结算等操作完全线上化运行，保证全链条真实、可追溯，提升流转效率，实现信息流、物流和资金流"三流合一"。

5.8　数字供应链创新模式之七：智慧生态服务型

5.8.1　智慧生态服务型模式的特点

智慧生态服务型模式强调企业充分运用信息数字技术和互联网（尤其是跨组织系统），通过对外部资源进行整合协同，参与到客户的订单执行中，实现原料采购、加工生产、分销物流以及进出口贸易的高度整合服务，帮助客户打造贯穿产业的从方案商到原材料供应商、从制造商到渠道商的完整的生产运营体系，因此需要企业具备较高的智能化、生态化以及服务化能力。在这种模式下，企业通过供应链整体的流程整合以及协同服务大大降低了客户在生产运营中潜在的交易成本，实现了生产的高效率。另外，信息数据的整合还降低了信息不对称的风险，由此促进了专用性投资，改变了客户的成本结构，进一步提高了运营效率，降低了运营成本。生态系统的建构，可以汇集具有不同核心竞争力的企业协同进行供应链运营，不仅使服务规模得以扩大，而且由于提供了丰富的资源和差别化的经营能力，供应链运营服务的范围也得以扩大。智慧生态服务型模式所实现的价值如图 5 - 10 所示。

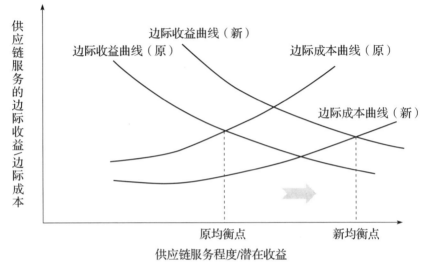

图 5-10　智慧生态服务型供应链创新模式效益分析

　　此模式的创新价值在于通过开放垂直平台不仅降低风险，同时降低运营成本，拓展市场空间，这表现在企业能将多种功能平台进行衔接，实现各个功能平台的对接，使信息能在各个平台上顺畅流转。具体表现在凭借基于云的管理系统，一方面内部供应链运营管理能帮助客户企业实现采购管理、生产管理、销售管理等运营活动，并且贯通不同运营功能之间的信息，消除传统功能之间的信息壁垒；另一方面在外部资源管理方面能帮助企业实现资源能力寻源、关检税的协同服务以及其他组织系统连接，以保证为客户提供 DMS（方案设计、生产管理以及系统服务）一揽子全程服务，做到端对端的供应链服务。由此可见，采用此模式的企业应当非常熟悉整个产业链的运作细节，了解其经营特点以及行业运行的规律，并且还需要具有很强的生产组织以及管理能力，特别是流程设计和质量管理能力。由于此模式要实现供应链数据信息的整合，平台服务企业需要建立基于云端的信息数字管理系统，有效组织生产经营活动，并同步管理控制分散在不同地区的生产者，同利益相关者建立良好的关系，将所有相关利益者纳入生态圈的管理范围。此外，还需要加强客户资源的管理能力、政府管理机构的协调能力以及外部资源的整合能力。从整体上看，提供这种模式的企业需要着重解决生态建构能力不足、风险管理能力不足、信息整合管理能力不足以及流程管理能力不足等难点问题。

5.8.2　智慧生态服务型供应链模式：海尔海达源

海尔公司于 1984 年创立，是一家全球领先的美好生活解决方案服务商。在互联网和物联网时代，海尔正在从传统制造企业转型为共创共赢的物联网社群生态，在全球创立物联网生态品牌。从海尔的发展历程看，企业历经了名牌战略（1984—1991 年，创造出冰箱品牌）、多元化战略（1991—1998 年，拓展家电品牌）、国际化战略（1998—2005 年，进军海外市场）、全球化品牌战略（2005—2012 年，确立全球白电品牌，提出"人单合一"模式）、网络化战略和生态品牌战略（2012 年至今，开创小微与创客经营模式）等阶段，从资不抵债、濒临倒闭的集体小厂发展成为引领物联网时代的生态系统，连续两年作为全球唯一物联网生态品牌蝉联 BrandZ ™最具价值全球品牌 100 强。

海尔的业务已遍布全球 160 个国家和地区，服务全球 10 亿多个用户家庭，拥有海尔智家、海尔电器、海尔生物医疗、盈康生命等 4 家上市公司，成功孵化了 5 家独角兽企业和 23 家瞪羚企业，在全球设立了 10+N 开放式创新体系、25 个工业园、122 个制造中心和 108 个营销中心，实现了设计、制造、营销"三位一体"的网络布局。继 2016 年 6 月收购美国通用家电之后，2019 年 1 月，海尔正式并购意大利家电企业 Candy。至此，海尔拥有卡奥斯、日日顺、海尔智家等众多生态品牌和新物种。物联网时代，海尔将围绕"智家定制"（智慧家庭定制美好生活）的战略原点，构建食联生态、衣联生态、住居生态、互娱生态等物联网生态圈，满足全球用户不断迭代的个性化家居服务方案的需求。

在全球供应链运营中，传统的采购供应往往面临诸多问题。其一，采购的串联流程使得供应链运营周期长，市场反应力弱。供应商引进、部件定价、部件下单等流程串联执行，前面一步流程节点未完成，后面的节点无法触发，导致整体效率很低，新产品上市时间较长。其二，全球采购管理中，不同区域管理体系不一致，各区域组织自行制定机制和流程，使得管理不协调。其三，由于供应商不能直面客户需求，供应效率低下。产品的需求来自用户，用户的需求经过企划和研发节点的转化，变成模块和零件的需求，这个需求一般以图纸的形式由采购经理下发给供应商。供应商对接采购经理，而不是直接对接企划、研发甚至是市场节点。这种状况造成供应链运营的效率取决于采购经理与供应商的协调和沟通状况，一旦市场需求发生改变，采购经理不能及时反馈，就会造成供应商供应效率低下。面对供应链采购运营中存在的问题和挑战，海尔于2014年开展了智慧平台转型，建立了全球模块商资源平台，即海达源平台。

海达源平台是全球家电行业第一家供应商资源服务平台和聚合平台，它提供了专业的供应商引进、供应商成本、质量、交付、绩效管理、风险管理等一整套管理体系，支持产业在平台上实施采购业务。如图5-11所示，平台的一端是用户，另一端是全球的供应商资源，通过开放的业务流程把用户和供应商资源连接起来。在平台上，供应商零距离获取用户需求，提供解决方案，接受用户评价，动态优化，优胜劣汰。在这个平台上，只有一流的供应商资源才能与海尔共创共赢，持续发展。概括地讲，海达源平台的设计逻辑核心就是"三四三"模式，即三个目标、四个特征、三个能力。

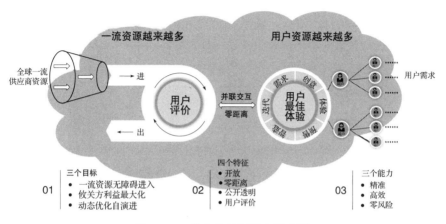

图 5 - 11　海尔海达源平台示意图

1. 海达源平台建设目标

海达源平台三个目标：一流资源无障碍进入、攸关方利益最大化、动态优化自演进。

（1）一流资源无障碍进入是指全球一流的供应商资源，在符合供应商标准和规范的基础上，都可以到海达源注册，从事供应链业务。海达源按照供应商的供货品类制定了差异化的供应商能力要求，分为设计能力、质量管理能力、交付能力、二三级供应商管理能力、数字化能力和财务能力六类。供应商自承诺满足这些能力，海尔对供应商进行现场校核和信用等级评价，满足要求的供应商可以进入。海达源自上线以来，已成功吸引了 32 000 多家供应商在线自注册，其中 500 多家最终进入了海尔的供应商网络。

（2）攸关方利益最大化是指海达源平台从满足用户需求出发，追求全流程成本最优，并实现攸关方的利益最大化。例如，供应商 J 公司，作为压缩机行业的引领企业，在 2019 年初，通过海达源平台率先实现与用户的零距离交互，并成功交互出引领行业的一流压缩机模块解决方案——针对用户抱怨冰箱制冷工作时噪声大的痛点问题，该方案不仅实现了噪声值的降低（从 38 分贝到 32 分贝），而且根据用户实际体验做出了声舒适度指标的改善（声音波动度降低 70%，粗糙度降低 40%）。J 公司凭借改善用户听觉体验的引领方案成功获得了海尔在中国区、美洲区、澳大利亚区的大订单；与此同时，J 公司也以一流质量、一流保障和一流合作，助力海尔冰箱产品实现全球第一竞争力的持续引领。

（3）动态优化自演进是指海达源平台不是一成不变的，而是动态优化持续迭代的。伴随技术的进步，用户需求的改变，海达源在策略、流程、系统上持续迭代。其中，每年的系统迭代超过 100 次，有效支持采购业务的可持续发展。

2.海达源平台的四个特征和三个能力

海达源平台的四个特征是：开放、零距离、公开透明、用户评价。

（1）开放。海达源的开放抢单体现在两个方面：首先，全球任何具备政府合规注册的企业都可以在海达源注册，供应商也可以在平台上自主发布其产品解决方案，由各产业线进行选用；其次，海达源的模块需求对所有供应商开放，但供应商要想响应模块需求，必须具备这些模块的供货资质，即符合自承诺、现场互联和信用等级评价等要求。总之，供应商根据海达源发布的需求，提供解决方案，这些方案的侧重点可以是成本、质量、交付或者技术引领，方案选择的标准也是看全流程成本最优而非只看价格。

（2）零距离。海达源的零距离体现在供应商和用户需求的零距离。在平台上，产品需求直接推送到供应商，不再经过采购等部门的传递。供应商与开发、企划等节点可以零距离交互，获取相关的信息。供应商绩效评价结果和用户抱怨也是直接推送到供应商，不再经过各部门的层层传递。如市场问题，由供应商直接与用户进行对接交互，找出问题的原因并进行分析改善闭环。

（3）公开透明。海达源的公开透明穿插在各个节点。首先，海达源将供应商自承诺内容（非保密部分）在线公开，相互监督；其次，所有需求向供应商开放，自承诺通过的供应商可以根据自己的能力参与，提交方案；最后，需求选定结果公示。通过公开透明，为供应商创造公平的竞争氛围，让它们积极参与到平台建设中。

（4）用户评价。海达源主要从技术（T）、质量（Q）、响应（R）、交付（D）、成本（C）以及底线等维度对供应商进行全方位的评价。这些评价有些是定性的，如响应等；有些是定量的，如交付准时率。评价信息来自终端用户，如质量欠佳，就直接来自售后服务反馈的信息。用户产品出问题，判定问题在某一物料，通过四码（产品编码、物料编码、供应商码和生产线的编码）合一，可以追溯到供应商，即可实现对供应商的评价。供应商在海达源平台的 PC 端、App 移动端都可以看到包括用户评价得分与分层结果，即共享层、提速层、整改层和淘汰层，系统会根据供应商的不同分层，采取停新品、增加风险抵押金、停合作等策略。而且，信息会实时推送给供应商总经理、业务负责人、质量负责人，以便及时做出改善。

海达源平台的三个能力是：精准、高效、零风险。精准体现了目标导向，采购的一切工作都是围绕市场竞争力；高效体现了平台对流程高效运转的一贯追求；零风险体现了底线要求，平台无论如何发展，风险管控必须做到位。

3.海达源供应链采购运营流程

针对传统采购串联流程造成的问题，海尔海达源平台从原来串联的流程改为并联的"六自"流程。原来串联的流程是采购一个节点把流程都走完，而且要经过层层审批，现在的"六自"流程是多个节点同步走，把审批变为公议，这样不但能够提升效率，还能减少舞弊的风险（见图 5 – 12 ）。

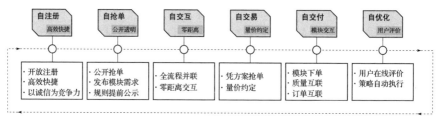

图 5 – 12   海尔海达源"六自"流程

（1）自注册：开放注册，一键登录。

新供应商需要在海尔系统上注册相关信息，对于海尔提出的要求进行资质承诺并提供相关见证性材料，海达源按照 278 个品类制定了差异化的供应商能力要求，分为设计能力、质量管理能力、交付能力、二三级供应商管理能力、数字化能力和财务能力等六大能力，供应商自承诺满足这些能力，海尔不同节点的人员（如采购、SQE、研发、工厂等）会对这些能力进行校验，并对供应商进行现场校核，满足要求的供应商可以进入。同时对供应商的信用等级进行评价，以对供应商的财务能力进行评估，防止在合作过程中出现资金链断裂不能供应的风险。

（2）自抢单：规则提前公示，发布模块需求。

用户需求在平台网站上公开发布，包括物料品类、需求数量、规格要求、时间限制等，所有供应商都可以查询浏览。如果想查看需求具体详情则需要供应商通过自承诺。供应商可以就具体的需求与海尔的全流程节点人员（采购、研发、SQE 等）在线互动，互动完毕后，锁定需求。平台事先公开抢单规则，包括选择供应商的数量及额度分配原则，供应商资源在线签订电子版保密协议，参与抢单。

（3）自交互：全流程并联，零距离交互。

供应商选择参与交互的项目，双方在线互动模块解决方案，对于技术领先和差异化属性的模块，重点互动方案的用户体验；对于卓越运营属性的模块，着重进行质量保障及成本竞争力的方案交互。交互的结果由以用户小微为核心的团队成员共同确定，选定结果公示给供应商进行监督，公议。在供应商端，参加交互的供应商都可以同步看到用户选择的结果。

（4）自交易：结果公开公示，信息直接进系统。

在这个阶段，模块的价格、配额等中标供应商信息直接传输进 GVS 订单系统（一种 ERP 系统，基于 SAP 开发）。如果是新供应商，还须签订框架合同，然后可获得公司系统正式编码。供应商根据合同约定，开展新品验证、审批等流程。

（5）自交付：按模块下单，按模块交付。

在交付执行阶段，供应商通过海达源交付中心获取订单交付数量和时间，按单交付，供应商可以在平台网站上看到付款预算。海达源平台还可以自动展示具体工厂、模块或物料的供应商交付不到位订单差异信息、被抱怨信息。如果供应商对信息有异议可以即时进行在线申诉。平台网站在线服务人员落实情况后，对信息启动纠偏，否则按照双方合同约定处理。

（6）自优化：在线用户评价，策略自动执行。

在完成上述活动后，根据采购供应执行情况，用户参与评价，系统给出供应商绩效评分，并根据供应商绩效评分，确立供应商管理策略。例如，对于优质供应商，考虑优先采购或者增加采购量；而对于绩效有问题的供应商，则予以警示，甚至淘汰。

4. 海达源六个中心

经过六年发展，海达源平台在将"六自"流程线上化的同时，逐步形成了六个中心，并在功能搭建的过程中，不断探索大数据、区块链、CA（电子签章）、NB-IoT等数字化、智慧化新型技术要素的应用转化（见图5-13）。

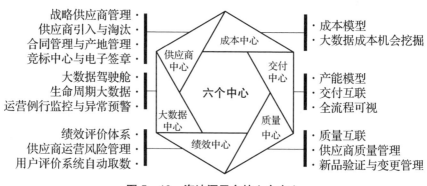

图5-13 海达源平台的六个中心

（1）供应商中心。海达源实现了新供应商引入过程中对黑名单供应商的校验。海尔在多年的发展过程中，形成了自己的黑名单供应商库。在新供应商引进的过程中，海达源系统自动校验注册供应商及其母公司、子公司的名称、法人、注册地、税号等信息是否与黑名单供应商有交集。如有信息能够匹配，系统自动暂停该供应商的注册，信息自动同步推送给寻源经理，由寻源经理经过调查之后，做出继续引入还是停止引入的决定。该功能自2018年上线至今，成功挡住了260多家黑名单供应商的再次"伪装"注册。同时，供应商中心实现了电子签章的应用。海尔以前的合同签订、供应商报价、看单等均采用线下盖章的形式，自2012年起开始尝试电子签章，经过多年的推进，于2020年实现了所有节点均可以使用电子签章，年用量在2万次以上。电子签章可以方便快捷地远程签署文件，极大地提高了效率，降低了纸张和寄送的成本。

（2）成本中心。海达源系统建立了成本大数据（DBS）子系统，该系统通过个性化的报价单采集每一个物料的成本构成细项大数据，利用大数据进行成本分析和成本模型的搭建，挖掘成本优化机会，聚焦识别和创造新的价值。目前已建立70多类报价单模板，收集10万条以上的大数据，初步建立起家电行业物料成本大数据库，并建立起30多类成本分析模型，可以提供新品目标价的参考和老品竞争力水平的衡量，最终输出潜在降成本项目。

（3）交付中心。海达源采用NB-IoT物联网技术连接模具，实现模具物理实时定位、生产数据监控、资产可视化管理。通过物理实时定位，可以监控供应商模具是否调给二三级供应商或者是否存在转包行为。通过利用率、符合率、效率、寿命大数据等数据信息，对供应商的效率进行横向比较，帮助效率低的供应商提升效率，降低成本。目前，海尔已经有超过19 000套模具安装了NB-IoT模块。此外，交付中心正在逐步搭建区块链驱动下的自对账自开票体系。海尔原来和供应商之间进行线下对账，周期长、人工成本高、易出错。如与供应商B公司之间，每个月需要花费9人天来对账，数据差异较大，双方反复沟通。后来基于区块链技术开发了票联网平台，双方事先明确对账规则，在系统上自对账，不需要任何人工，实现了高效快捷。同时，B公司在票联网上，还可以实现税企直连，自动开票，且零错票、零附件，大大节省了成本。

（4）质量中心。海达源通过系统对接供应商的实验室信息，实现了供应商生产线检测信息自动采集。供应商检测信息可以作为海尔公司入厂检验的凭证，因此做到了入厂免检、结果互认、信息互联，在提升效率的同时，有效降低了检验成本。目前，海尔已经与10多家核心供应商实现了质量互联。例如，以前大宗材料供应商W公司的产品需要进行进货检验；现在，通过海达源质量互联功能，W公司的检测数据实时传递到海尔公司，可以享有免检权利，供货效率提升15%以上。

（5）绩效中心。海达源平台改变了以往绩效评价通过线下人工操作的方案，改为系统评价，所有的数据均来自系统，拒绝人工干预。为了实现系统的取数，除了海达源系统，还从30多个其他系统进行取数，例如研发系统、物流系统、售后系统等。海达源平台的绩效评价从六个维度，即技术（T）、质量（Q）、响应（R）、交付（D）、成本（C）和底线进行评价。数据收集之后，依据不同的类别（主关类、结构类、包辅类、大宗类）设置不同的权重，根据评价的结果将供应商区分为共享层（85～100）、提速层（70～85）、整改层（60～70）、淘汰层（<60）四个层级。最终的结果可以到品类、产品线、集团三个维度，评价结果实时显示。

（6）大数据中心。海达源整合了海尔的采购业务，拥有海量数据。针对这些数据，海达源大数据中心建立了三类数据应用。一是驾驶舱。海达源建立了大数据驾驶舱，供管理层进行决策。驾驶舱包括成本、质量、交付、模块、供应商等多个维度的年、月、实时数据，同时能够实现到品类、产业线、供应商等多个维度展示，并能够做到同比、环比等分析。二是业务数据和异常数据。海达源建立了业务数据报表，供采购经理进行数据分析。同时，针对报表中的异常数据，海达源开发了邮件推送功能，每周两次推送到相关节点责任人，推进关差闭环。三是生命周期大数据。海达源建立了供应商和模块的全生命周期数据系统。例如到供应商的生命周期，从供应商的引入到供应商的淘汰，整个生命周期中的供应商能力信息、绩效信息、订单信息、财务信息等，全部可以查询。生命周期大数据主要用来保证业务的延续性。

第六章

数字供应链分析框架

普洛斯是全球领先的投资管理与商业创新公司,专注于物流、不动产、基础设施、金融及相关科技领域。在全球拥有和管理的物业合计达 6 200 万平方米,结合投资与运营的专长,普洛斯致力于为客户及投资者持续创造价值。普洛斯的业务遍及巴西、中国、欧洲、印度、日本和美国,在不动产及私募股权基金领域的资产管理规模达 890 亿美元。

仓储质押一直是产业金融中的瓶颈,主要原因在于在仓储运营中往往存在仓库标准不统一、运营方(监管方)评价不一致、系统标准千差万别、存在多头质押借贷风险等,因此,智能监管仓的建设与管理成为仓储业以及仓储融资发展的关键。基于以上痛点,普洛斯推出了金融监管仓服务平台——普云仓。利用区块链和物联网技术,以产业与仓库为切入点,牵头建立金融监管仓库体系标准,同时发起企业多头借贷联盟共享借贷信息,建立货押产品登记与查询平台,防止多头借贷。通过创新建设动产融资的基础设施以及标准业务流程,为中小企业及金融机构服务,推动整个行业规范发展。

普洛斯在中国有将近 400 个园区,园区的仓库中有价值万亿的货物。基于普洛斯金融以往对于货押产品的管理经验,结合数据风控技术、行业特点以及新科技,创新推动了仓储融资基础设施建设。这表现为普洛斯牵头建立了仓储服务联盟,整合金融机构、货主、其他物流服务商、科技公司等确立了金融监管仓库体系标准,在进行货物质押融资贷款时,金融机构可以参照此标准制定融资决策,根据来自金融监管仓库的各项指标形成分数，据此对整个借方仓库体系进行分类和分级，对特定客户的业务进行评价。

基于建立的标准体系，普云仓围绕金融监管需求，构建了"一体两翼"的系统架构。"一体"围绕质押货物，上线金融监管仓系统，实现仓库、运营及监管方的准入管理，货物价值计算与监管管理，出入库管理，货物盘点管理等。"两翼"向下与仓储管理系统、物流系统连接，实现仓储货的数字化管理。同时结合物联网技术，通过全库光扫描、视频监控、电子围栏等措施，实现质押货物的动态监管。"两翼"向上与资金方系统对接，将监管能力快速便捷地输出，实现授信申请、合同签约、提款、还款的全线上操作，提高融资客户的体验。

为了实现底层资产透明可追溯的目标，普云仓采用区块链技术，联合仓储方、货主、监管方、金融机构、第三方征信机构等构建货物质押生态圈，并从供应链视角切入，将仓储环节中各个节点的信息上链，实现商流与物流信息的链上记账与存证，确保了货权及货物的真实性；同时利用区块链智能合约功能，实现交易自动化，提高整个交易效率。

普洛斯的普云仓业务无疑切中了产业供应链运营中，尤其是仓储融资的痛点。有效的业务架构设计和数字技术应用，为解决长期以来困扰产业和金融机构的监管难问题提供了良好解决方案。由此不难看出，数字供应链的确立，需要充分了解服务产业的特点，有针对性地分析、建构服务框架体系以及相应的流程和服务内容，并且合理应用数字技术实现产业供应链运营智能化。本章将首先阐述产业供应链运行的特殊性，特别是产业供应链与消费互联网的区别，在此基础上，提出数字供应链分析的系统框架。

6.1 产业供应链运营的特质

供应链数字化和服务化在产业领域有着特定的情景和要求。消费领域，其经营和服务的对象主要是个体消费者，属于大众化场景；产业供应链则是面向产业用户，各参与者是供应链特定要素的提供者，各方协同从事相应产业和行业的运营，共同为产业效率的提升做出努力，因此，产业供应链是个性化的产业场景。正是因为情境差异，产业供应链与消费互联网有完全不同的特点。这些差异体现在对价值的理解、运营的组织方式、运营管理的流程以及运营的模式和能力要素几个方面。

6.1.1 价值的理解和定义

在消费或者 B2C 领域，对价值的理解源于个体消费者的心理感受和对事物的评价，具体讲，消费领域的价值定义有两个标准或维度：一是从产生的时间维度来定义；二是从形成的方式来定义。[①]

从时间维度定义的价值主要关注价值创造和实现的时间节点，一般而言可以分为采购价值、购物价值和消费价值。采购价值是由泽丝曼尔（Zeithaml）提出的，他认为该价值是消费者购买产品的预期收益与预期代价之间的差异，这种价值在消费者实际购买产品之前就已经产生，其思想根植于经济学的价值交换理论，反映的是一种效用评价。[②]购物价值指的是消费者购物时的体验价值，顾名思义，该类价

[①] Mencarelli, R., & Riviere, A. (2015). Perceived value in B2B and B2C: a comparative approach and cross-fertilization. Marketing theory, 15(2): 201-220.

[②] Zeithaml, V. A. (1988). Consumer perceptions of price, quality, and value: a means-end model and synthesis of evidence. Journal of marketing, 52(3): 2-22.

值关注消费者在购物消费时的心理感受和评价。消费价值是由霍尔布鲁克（Holbrook）提出的，他认为消费价值是一种相对偏好，表现为消费者在主体与客体之间互动所形成的体验。具体讲，消费价值有三个形成维度，即本体论维度（内在的还是外在的导向）、行为学维度（主动的还是被动的倾向）以及社会维度（个体还是社会交往取向），显然这种对价值的理解关注使用价值，并产生了对价值定义的象征性概念。[①]

从形成方式定义的价值主要侧重于价值产生的过程以及价值形成的要素，从某种意义上讲，该类价值定义更加趋向于价值衡量和价值建构。门卡雷利（Mencarelli）等将这类价值定义分为整合单维价值（aggregate one-dimensional conceptualization of value）、整合多维价值（aggregate multidimensional conceptualization of value）和分析多维价值（analytical multidimensional conceptualization of value）。整合单维价值指的是价值是建立在物有所值基础上形成的评价，即消费者对质量和价格的综合评价，诸如高性价比的产品。[②]整合多维价值则进一步丰富、细分了消费者所能获得的收益和代价，形成了价值的多维度综合评价。[③]譬如，消费者所能实现的收益可以表现为功能性、社会性、情感性、认知性、审美性、享乐性、情境性和整体性，同样代价也可以表现为货币成本、时间成本、风险和人力成本等，消费者正是从这些多维收益和成本相互对比中来综合形成价值认识。分析多维价值指的是价值可以解构

---

① Holbrook, M.B. (1999). Introduction to consumer value. In M. B. Holbrook (eds) Consumer value: a framework for analysis and research. London & New York: Routledge: 1-28.

② Dodds, W. B., Monroe, K. B., & Grewal, D. (1991). Effects of price, brand, and store information on buyers' product evaluations. Journal of marketing research, 28(3): 307-319.

③ Lai, A.W. (1995). Consumer values, product benefits and customer value: a consumption behavior approach. In F. R. Kardes and M. Sujan (eds) 22th advances in consumer research. Provo: association for consumer research: 381-388.

为不同来源、不同状态的评价，例如消费者认定的价值可以分为功能性价值（绩效——质量评价）、经济性价值（价格——价值评定）、情感价值、社会价值等。[1][2]

与消费或 B2C 领域不同，在产业供应链或者 B2B 领域，对价值的理解源于组织对实现利益的理解以及相互之间交互所产生的利益认同。B2B 领域对价值的定义也可以从两个维度来评价：一是价值产生的时间轴；二是价值创造的受益方。

从时间轴的视角看，价值可以从交易和关系两个阶段来定义，交易阶段指的是短期内客户对于供应商供给从收益和成本权衡的角度来定义价值，诸如客户企业会根据供应商的供给状况来评价质量（产品、服务和促销相关的要素）和成本（供货价格、服务成本等）。[3] 关系价值指的是通过供需之间长期往来所形成的价值评定，这种价值来自关系性流程或者频繁往来形成的信任感，包括关系质量（关系联系的程度）、接触密度（关系联系的数量）以及接触权限（关系联系的决策能力）。[4] 此外，关系价值还涉及所实现的内容或结果，例如关系价值能够促进组织之间的知识分享与流程耦合。[5] 显然，关系价值不是着眼于短期内所能实现的经济利益，而是从长远的视角关注所能带来的利益。

从价值受益方的视角看，主要是从客户视角、供应商视角以及双边

---

① Mathwick, C., Malhotra, N.K., & Rigdon, E. (2001). Experiential value: conceptualization, measurement and application in the catalog and internet shopping environment. Journal of retailing, 77(1): 39-56.

② Sweeney, J.C., & Soutar, G.N. (2001). Consumer perceived value: the development of a multiple item scale. Journal of retailing, 77(2): 203-20.

③ Ulaga, W., & Eggert, A. (2006). Value-based differentiation in business relationships: gaining and sustaining key supplier status. Journal of marketing, 70(1): 119-136.

④ Palmatier, R. W. (2008). Interfirm relational drivers of customer value. Journal of marketing, 72(4): 76-89.

⑤ Saraf, N., Langdon, C. S., & Gosain, S. (2007). IS application capabilities and relational value in interfirm partnerships. Information systems research, 18(3): 320-339.

或网络视角定义的价值。客户视角主要是立足于客户角度来评价产业供应链所实现的利益，如安德森（Anderson）等提出价值是客户企业获得的经济、技术、服务和社会效益的集合，并据此支付价格。[1] 供应商视角是从供方立场定义的价值，如沃尔特（Walter）等提出供需之间实现的价值既包括客户关系的直接功能（利润功能、数量功能和保障功能），又包括客户关系的间接功能（创新功能、市场功能、预知功能和介入功能）。[2] 双边或网络视角则认为价值是由供需双方以及相关利益方互动、协同创造出来的，该观点认为供应链中的每一个参与者都是价值协同者，他们与客户一起创造价值，共同增进供应链全过程的效率。[3]

从以上消费领域和产业供应链领域对价值的不同定义可以看出，消费领域的价值理解倾向于消费者个体的情感或心理评价，产业供应链领域对价值的理解更加趋向于组织利益的评价以及相互之间协同行为所实现的效率改进，或者说产业供应链领域对价值的理解更趋理性化，更关注具象化的利益。

6.1.2　运营的组织方式

在消费或者 B2C 领域，供应链的组织方式或者结构形态更加趋向简短，特别是近些年来随着市场个性化、体验化的要求逐渐强烈，互联网技术不断发展，去中介化的趋向日益明显。直销渠道或者基于互联网的双边市场成为 B2C 领域重要的组织方式，诸如戴尔、亚马逊、阿里

---

[1] Anderson, J. C., Jain, D. C., & Chintagunta, P. K. (1992). Customer value assessment in business markets: a state-of-practice study. Journal of business-to-business marketing, 1(1): 3-29.

[2] Walter, A., Ritter, T., & Gemünden, H. G. (2001). Value creation in buyer-seller relationships: theoretical considerations and empirical results from a supplier's perspective. Industrial marketing management, 30(4): 365-377.

[3] Grönroos, C. (2011). Value co-creation in service logic: a critical analysis. Marketing theory, 11(3): 279-301.

巴巴、京东等都创造了巨大的海量市场直接对接终端消费者，绕开了传统的销售渠道。这种新模式的优势在于：第一，直接向最终消费者销售可以节省大量成本，从而使卖方能够降低其商品价格，形成竞争力。特别是基于互联网服务提供商（internet service provider，ISP）所实现的双边市场，能够通过将市场交易费用节省所实现的收益补贴给互联网平台的内容提供者和用户，进而为供需双方同时降低订阅以及运用价格。[①]第二，卖家可以创造完美满足消费者需求的购买体验，通过卖方与消费者的直接互动，尤其是借助互联网平台便捷、丰富的服务功能，能够让消费者的体验增强。例如比尔吉汉（Bilgihan）等在研究住宿行业电商平台时指出，消费者在平台上的互动、参与、共同创造、沉浸、参与和情感交流产生了巨大价值。[②]第三，能够实现巨大的外部效应。双边平台通过将海量的卖方和消费者聚集在一起实现了巨大的网络外部性，这种外部性既表现为单一交互外部性，又表现为多交互外部性。[③]单一交互外部性发生在交易双方之间实现单一业务匹配时，作用于买卖双方市场之际。事实上，当有更多可选择的替代方案用以匹配买卖双方，提高交易质量时，网络外部性就会形成。譬如，当消费者在电子商务平台上购买某产品时，可以通过对比多供应商提供的同一产品的价格、服务等信息，优化自身的购买行为。同样，供应商可以通过具有针对性的产品和服务，有效地触达目标市场。多交互外部性指的是通过多主体、多要素之间的交互形成的网络外部性，显然这类外部性既有不同多样化主体之

---

① Samanta, S. K., Pan, H., Woods, J., & Ghanbari, M. (2011). Internet pricing: a two sided market perspective. International journal of economics and business research, 3(2): 225-240.

② Bilgihan, A., Okumus, F., Nusair, K., & Bujisic, M. (2014). Online experiences: flow theory, measuring online customer experience in e-commerce and managerial implications for the lodging industry. Information technology & tourism, 14(1): 49-71.

③ Roson, R. (2005). Two-sided markets: a tentative survey. Review of network economics, 4(2).

间的互动产生的群集效应，即跨群体之间形成的网络规模效应，如从事买卖、支付结算、配送服务等不同主体之间交互形成的网络效应，也有因为异质资源的聚合形成的资产群质量效率的提升和互联性。[1] 正是因为 B2C 领域运营模式的上述特点与潜在优势，在 B2C 领域，追求流量成为运营模式成功与否的关键，这种流量的建立不仅在于提升客户的访问量，而且也需要迅速培育海量的用户群体。

与消费领域不同，产业或者 B2B 领域供应链的组织方式更加复杂，有较强的路径依赖。产业供应链涉及产业组织之间的协同运营，首先，主体更加多元，相互依存性较强。诸如，产业中既有交易的上下游，还有提供相应服务的第三方物流、金融机构等。其次，产业供应链涉及的资源形态各异，既有从事供应链运营的工具、设备、固定资产、原材料、半成品、产成品等，也有供应链运营涉及的技术、知识、人力资源等。最后，产业供应链涉及的业务性质千差万别，有的涉及贸易往来、生产经营，有的涉及资金往来、单证传递等。因为上述特点，产业供应链运营追求的不是流量，而是协同与整合，包括企业内部不同功能之间的整合、供应商整合以及下游客户整合。[2] 因此，产业供应链更加强调通过组织之间的协同实现价值掌控。

6.1.3 运营管理的流程

消费领域运营与产业供应链领域运营差异还表现在运营管理流程方面。在 B2C 领域，所有的运营活动都是围绕个体消费者展开的，这

---

[1]　Sun, M., & Tse, E. (2009). The resource-based view of competitive advantage in two-sided markets. Journal of management studies, 46(1): 45-64.

[2]　Flynn, B. B., Huo, B., & Zhao, X. (2010). The impact of supply chain integration on performance: a contingency and configuration approach. Journal of operations management, 28(1): 58-71.

就使得产品或服务的采购、价格决定、履行过程都有别于产业供应链运营。首先，在采购或供应环节，消费者的采购决策往往是独立的，或者是一次性采购，各次购买之间没有较强的关联性，也不存在供需之间长期往复交易，这是因为客户每次有了购买想法，产品和资源都会发生变化，购买决定完全取决于个人的喜好和随时变动的差异化诉求，因此，作为产品或服务的供应商，需要通过不断开发差异化、甚至全新的产品或服务，即有效的品类管理，增强消费者的满意度和体验感。从某种意义上讲，B2C 领域个性化的要求更高，每一个订单中的产品或服务都是千差万别的。[①] 其次，在价格决定方面，B2C 场景中每个买家的价格、优惠和折扣（不包括数量折扣和基于细分的促销）都是不变的。此外，支付流程相对简单、自动化，通常在结账前出现。客户在做出购买决策前往往能够获得全部详细信息和最终定价。最后，在订单履行环节，产品在网上购买后被运送给最终客户，B2C 订单履行的成功取决于客户订单的状态和类型。诸如蒂鲁马莱（Thirumalai）等学者的研究表明，消费者对便利品和购物品履行流程的满意度，比特殊品履行流程的满意度要高。[②] 此外，为了迅速地应对消费者多变的需求，建立完善和有效的物流配送网络，提供整合性的物流配送解决方案（包括网站系统、配货系统、运输系统、订单管理系统、物流中心等）至关重要。[③] 从上述状况可以看出，B2C 领域运营管理流程都是围绕如何提升消费者满意度而展开，其核心在于通过有效组织产品服务的采购、定价和履行服务，同时

① Leung, K. H., Choy, K. L., Siu, P. K., Ho, G. T., Lam, H. Y., & Lee, C. K. (2018). A B2C e-commerce intelligent system for re-engineering the e-order fulfilment process. Expert systems with applications, 91: 386-401.

② Thirumalai, S., & Sinha, K. K. (2005). Customer satisfaction with order fulfillment in retail supply chains: implications of product type in electronic B2C transactions. Journal of operations management, 23(3-4): 291-303.

③ 高海霞，龙虹. B2C 电子商务模式下的物流配送研究. 物流科技，2006(10):17-19.

实现供方、电子商务平台方和消费者的利益。

有别于消费领域，产业领域的运营管理流程更为复杂。首先，采购供应环节的核心不仅仅在于适应需方的要求有效组织产品或服务，而且要能够通过制订有效的供需计划，协调市场营销与采购供应。[①] 此外，在 B2B 产业采购运营过程中，还涉及协同设计、协同创新[②]，即供需之间通过频繁的沟通与协调，共同进行产品设计、技术开发，以提升采购供应的效率。其次，在价格决定方面，B2B 领域供需之间的价格决定往往是相互协商或讨价还价的结果，其价格与采购量、采购产品的状态（常规产品、杠杆产品、瓶颈产品、战略产品）相关[③]，因此，即便是同样的产品或服务，面对不同的供需方，其价格也不尽相同。最后，在订单履行方面，B2B 领域决策流程复杂，具有高度的差异化和定制化特征。正如巴罗（Ballow）提出的三角模型那样，所有订单的履行与供应链物流服务都涉及差异化客户目标的确立，并且需要就选址战略、库存战略和运输配送战略进行决策。[④] 除此之外，在订单履行方面，B2B 还涉及复杂差异化的支付与资金往来，供需双方的力量均衡状况不一样，资金支付的条款就会不同，有些需要支付预付金，有些可能现付，有些可能会有一定的账期。此外，为了有效地管理资金流，B2B 领域会采用各种金融工具，以保证产业供应链流动资金的稳定，诸如保理、反向保理、仓单质押、订单融资、信用融资、动态折扣等，这些工具不会应用于 B2C 领域。

① Wagner, S. M., & Eggert, A. (2016). Co-management of purchasing and marketing: why, when and how?. Industrial marketing management, 52: 27-36.

② Lee, S.M., Olson, D.L., & Trimi, S. (2012), Co-innovation: convergenomics, collaboration, and co-creation for organizational values. Management decision, 50(5): 817-831.

③ 宋华. 供应链管理环境下的战略采购. 中国工业经济，2003(6):84-90.

④ 巴罗. 企业物流管理：供应链的规划、组织和控制：第 2 版. 北京：机械工业出版社，2006 .

6.1.4　运营的模式和能力要素

在消费领域或者 B2C 领域，其运营都是基于如何增强消费者体验、现实或潜在利益而实施的商业模式。商业或运营模式反映的是企业与其利益相关者的交易结构。[①] 对其构成要素的理解有不同的观点，譬如，原磊提出了"3-4-8"框架，即在联系界面方面，包含顾客价值、伙伴价值、企业价值等三个界面；在构成单元方面，包括价值主张、价值网络、价值维护、价值实现等四个单元；在组成因素方面，包含目标客户、价值内容、网络形态、业务定位、伙伴关系、隔绝机制、收入模式、成本管理等八个因素。[②] 魏炜等认为，商业模式的要素包括定位、业务系统、盈利模式、关键资源能力、企业价值等。纪建悦等基于交易目的、交易定位、交易主体、交易内容、交易方式、交易计价、交易支撑等要素，对比分析天猫和京东，提出了 B2C 的两种模式，即平台服务模式和产品为主、平台为辅模式。[③] 电商平台模式是通过将各类利益相关者聚合在平台中，直接针对消费者，提供各类服务。平台服务商收取平台服务收入，同时承担平台的维护与升级，这种模式所需要的关键资源与能力主要表现为积累大量黏性较高的用户，并且自身需要形成系统化的服务能力。产品为主、平台为辅的模式是自营业务系统与平台业务系统并行的商业模式，服务商的收益主要是产品销售收入与平台服务收入，同时需要承担货物成本、物流成本以及平台维护成本。这类模式所需的资源和能力是完善的技术支持、自建的物流配送体系。除了上述两种模式外，还有一种消费领域的模式是 C2B，这种模式不是

---

① 魏炜，朱武祥，林桂平. 基于利益相关者交易结构的商业模式理论. 管理世界，2012 (12):125-131.

② 原磊. 商业模式体系重构. 中国工业经济，2007(6):70-79.

③ 纪建悦，李宛莹，王伟龙. 天猫商城与京东商城商业模式的对比分析. 广义虚拟经济研究，2017,8(4):38-46.

由企业来推动与消费者之间的互动，而是完全由消费者来驱动企业的经营活动，这种模式更加强调消费者的能动作用，协同企业进行产品设计、需求计划的制订以及供货。[①] 这种模式所需建立的资源和能力包括充分汇集和梳理消费者的个性化需求、柔性化的生产供货能力和敏捷的运营执行系统、构建契约保障机制；升级创新平台，以及整合上下游资源。[②][③]

产业供应链或者 B2B 领域的运营模式更加情景化、特定化，需要综合考虑市场功能（即发挥聚集效应、撮合效应，甚或是促进效应）、管理需求（即获取诀窍和知识、商业关系、商业流程）、技术适应者（即系统集成商、标准提供商，甚至外包供应商）。[④] 赖辛哈尼（Raisinghani）等援用卡普兰（Kaplan）和索内（Sawhney）提出的模型，指出 B2B 领域根据需方从供方采购什么要素以及如何采购可以分为四种模式：现场管理者（yield managers）、垂直交换市场（vertical exchange markets）、维护/维修/保养中心（MRO hub）以及垂直综合服务中心（vertical catelogue hubs）。[⑤] 现场管理者往往涉及运营投入（即提供基础服务性活动），通常是单一或零散性采购，这一模式是一种传统的 B2B 业务。垂直交换市场模式则需要生产性投入（即提供高增值服务性活动），但仍然是单一或零散性采购，这种模式有高增值的服务与供应，但是买卖之间尚未形

① 仪云倩. 基于 C2B 定制模式的 OEM 厂商创新转型. 商业经济研究，2017(6): 135-137.

② 张晟义，孙钦明. 用户参与创新的 C2B 电子商务供应链模式探讨——基于交易成本理论. 商业经济研究，2019(13):72-74.

③ 韩煜东，郭锦锦，张子健. C2B 商业模式的研究综述与发展展望. 管理现代化，2016, 36(4):121-123.

④ Qizhi Dai, & R. J. K. (2002). Business models for internet-based B2B electronic markets. International journal of electronic commerce, 6(4): 41-72.

⑤ Raisinghani, M. S., Melemez, T., Zou, L., Paslowski, C., Kimvidze, I., Taha, S., & Simons, K. (2005). E-business models in B2B: process based categorization and analysis of B2B models. International journal of e-business research (IJEBR), 1(1): 16-36.

成稳定的合作关系。维护/维修/保养中心模式虽然提供的是运营投入，但是实现了系统性服务或整合性服务，这类模式通过为客户提供系统整合服务，帮助客户降低了交易成本，实现了供需之间长期合作关系。垂直综合服务中心模式不仅提供了高增值生产性投入，还为客户实现了整合性服务，即这类模式帮助客户降低了交易成本，并促进了客户企业运营效率的提升。

显然，要实现 B2B 领域模式的发展，需要服务企业有较强的能力，特别是数字化能力。这种综合性能力主要反映为 5C 模型，即互联（connected）、协作（collaborative）、网络意识（cyberaware）、认知赋能（cognitively enabled）以及全面分析（comprehensive analytics）。[1] 互联意味着能够访问来自社交媒体、物联网的数据（包括结构化、半结构化和非结构化数据），以及通过传统 ERP 和 B2B 集成工具提供的结构化数据。协作则意味着改善与供应商的协作至关重要，在数字化产业供应链中，这就需要基于云的商务网络来实现多企业协作和参与。其中区块链发挥着重要作用，它承诺提供可信数据层，集成多个数据源，为供应链交易提供更高的透明度和效率。网络意识是指产业供应链需要加强其系统和数据库免受网络入侵和黑客攻击。认知赋能指的是人工智能平台通过自动化和及时的方式确定、协调和执行整个供应链中的决策和下一步最佳行动，成为现代供应链控制塔。它可以了解数据和事件对业务的影响，并根据潜在影响力确定需要关注的优先级，除了某些例外情况需要人工干预外，大部分供应链活动可以自动执行，通过自学习增强运营管理能力。全面分析需要扩展实时、海量数据的分析能力，从而全面、快速地掌握供应链运营状况，信息、决策不能有延迟。

---

① Simon Ellis. (2018). The path to a thinking supply chain，IDC Report.

6.2 数字供应链分析解构框架

数字供应链作为一种商业模式，其建立和落地需要系统化地分析、规划产业运营活动，从而重构产业供应链结构、流程和要素。有关商业模式的研究表明，任何商业模式的建构都可以从三个维度来表征：价值创造（value creation）、价值主张（value proposition）和价值捕获（value capture）。[①] 价值创造定义了企业如何以及通过什么方式利用组织内部及组织间的资源和能力，沿着价值链创造价值，该维度的核心是确定核心竞争力以及在这个过程中可以实现的价值。价值主张包含为客户提供的解决方案组合及其提供的具体方式。价值捕获定义了价值主张如何转化为收入，它定义了公司如何获得覆盖成本的收入，并实现可持续的绩效。商业模式建构的三个维度同样适用于数字供应链的建构分析，只是其分析的对象不仅仅局限于单个企业，而是整个产业供应链。

6.2.1 数字供应链价值创造分析

如同商业模式分析中价值创造的目的那样，数字供应链价值创造分析在于明确产业供应链需要优化的环节，以及协同合作的主体或者需要服务的主体，并且确定数字供应链建构的目标。可以通过如下三个环节实现上述目标。

1. 产业供应链价值优化分析

该环节的主要目的是通过解构、分析产业供应链，探索优化产业活动的关键环节以及应当建立的产业供应链。可以通过对现有（静态视角）以及或有（动态视角）供应链的分析来实现这一目标。

---

① Clauss, T. (2017). Measuring business model innovation: conceptualization, scale development, and proof of performance. R&D management, 47(3): 385-403.

现有产业供应链分析是对现存产业供应链结构以及相应环节的分析，探索目前产业活动中低效率或者高成本的产业环节或活动（见图6-1）。这包括产业活动中什么是产生成本或价值的因素，在供应链运营中哪些活动是形成产业竞争力的环节，哪些是低效率或者高费用的环节，沿着产业供应链价值利润是如何累积或分布的。此外，还包括在产业供应链各环节中主要有哪些企业，各个企业在特定领域的市场占有率或者利润/费用占比如何。

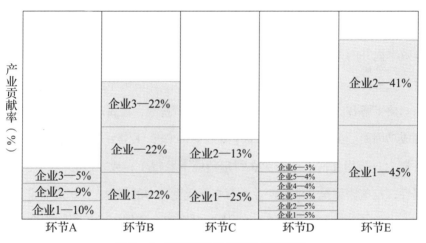

图6-1 现有产业供应链分析示意图

或有产业供应链分析是动态分析产业供应链可能的变化，如果说现有产业供应链分析是一种静态分析，是对目前的产业供应链环节和参与主体的状态描述，那么或有产业供应链分析则要预判产业链可能的变化（见图6-2），这包括哪些环节价值会收敛、哪些环节会解体、哪些环节或活动会产生新的价值。通过上述分析，形成对未来预期产业供应链状态的认识以及产业价值活动产生流程的判断。

2.产业供应链各参与者挑战分析

在产业供应链价值优化分析之后，还需要细致地分析产业供应链各

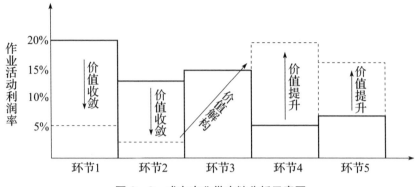

图6-2　或有产业供应链分析示意图

参与主体面临的价值痛点或者挑战，从而清晰地了解和掌握阻碍各参与主体效率提升的主要活动或环节，这一分析步骤的目的在于详细掌握各参与者的优劣势以及存在的效率洼地，为之后数字供应链服务功能建构指明方向。要了解各参与主体面临的价值痛点或者挑战，需要理解特定主体的关键成功因素。关键成功因素（key success factors，KSF）是战略管理中的重要概念，是指任何一个企业在特定情境下获得生存或发展必需的任务和属性，这些因素是企业在产业运营中形成竞争力的前提。[①] 一般而言，任何企业主体的关键成功因素主要体现在经营和管理中的重要资源和能力上，因此，可以详尽地解构特定主体在经营或管理方面的具体属性和能力要求，进而分析什么样的关键成功因素是这类特定企业能够自我建构和实现的，还有哪些因素尽管企业自身难以在短期内获得，但是企业始终试图自己掌控，而不可能外包给其他企业代为执行，又有什么关键成功因素是企业自身难以获取，并且有可能通过第三方来获取或实现的。借助上述分析，可以清晰地掌握产业供应链中各个参与主体的状况，以及可能通过数字供应链平台实现的服务功能（见图6-3）。

---

① De Vasconcellos E Sá, J. A. S., & Hambrick, D. C. (1989). Key success factors: test of a general theory in the mature industrial-product sector. Strategic management journal, 10(4): 367-382.

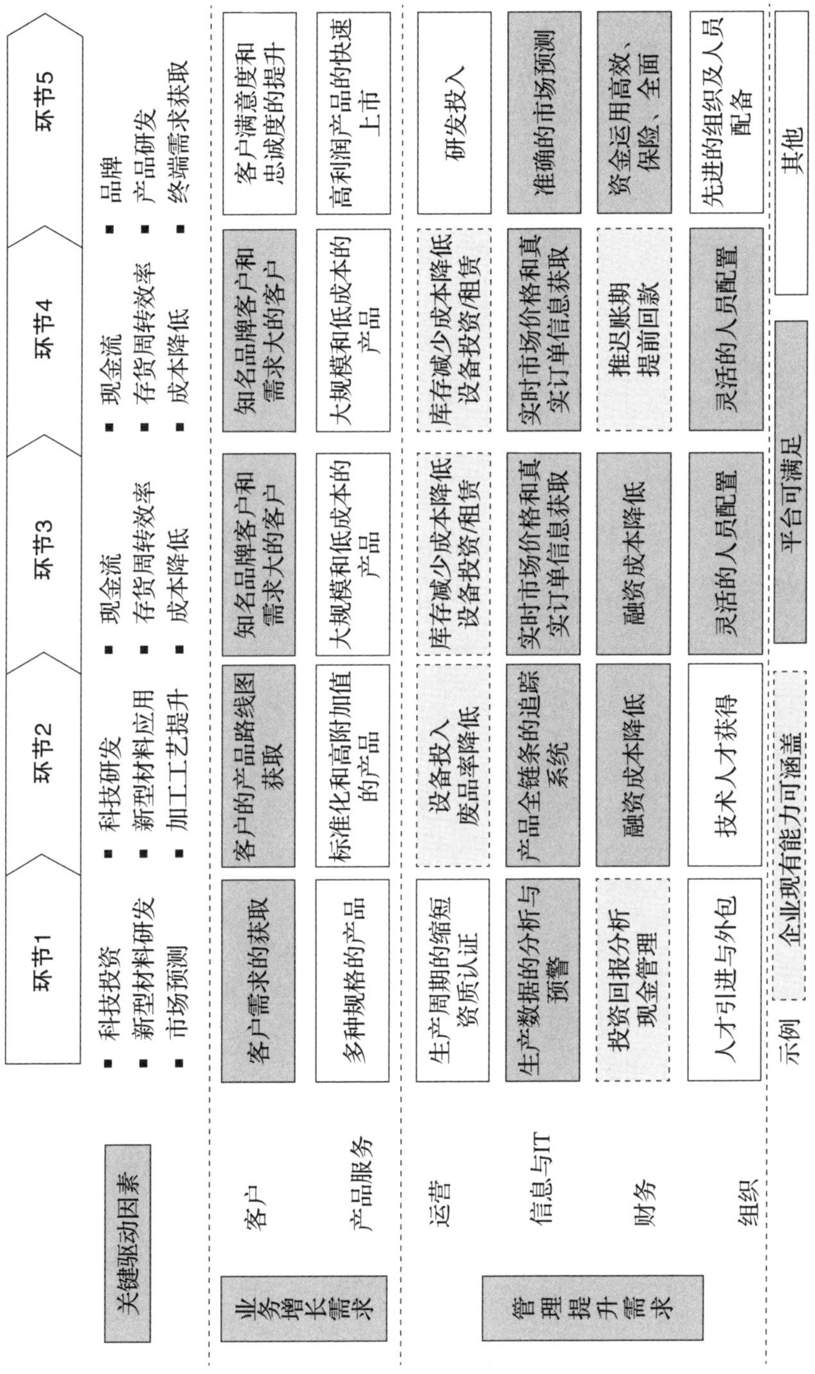

关键驱动因素	环节1	环节2	环节3	环节4	环节5
	■ 科技投资 ■ 新型材料研发 ■ 市场预测	■ 科技研发 ■ 新型材料应用 ■ 加工工艺提升	■ 现金流 ■ 存货周转效率 ■ 成本降低	■ 现金流 ■ 存货周转效率 ■ 成本降低	■ 品牌 ■ 产品研发 ■ 终端需求获取
业务增长需求					
客户	客户需求的获取	客户的产品路线图获取	知名品牌客户和需求大的客户	知名品牌客户和需求大的客户	客户满意度和忠诚度的提升
产品服务	多种规格的产品	标准化和高附加值的产品	大规模和低成本的产品	大规模和低成本的产品	高利润产品的快速上市
管理提升需求					
运营	生产周期的缩短 资质认证	设备投入 废品率降低	库存减少成本降低 设备投资租赁	库存减少成本降低 设备投资租赁	研发投入
信息与IT	生产数据的分析与预警	产品全链条的追踪系统	实时市场价格和真实订单信息获取	实时市场价格和真实订单信息获取	准确的市场预测
财务	投资回报分析现金管理	融资成本降低	融资成本降低	推送账期提前回款	资金运用高效、保险、全面
组织	人才引进与外包	技术人才获得	灵活的人员配置	灵活的人员配置	先进的组织及人员配备

示例：企业现有能力可涵盖　平台可满足　其他

图 6-3　产业供应链参与主体挑战分析示意图

3.清晰地定义各个阶段的发展目标

在细致分析产业供应链状况以及各参与者面临的挑战后,可以清晰地定义数字供应链各个阶段的发展目标。这可以从两个维度考虑(见图6-4)。

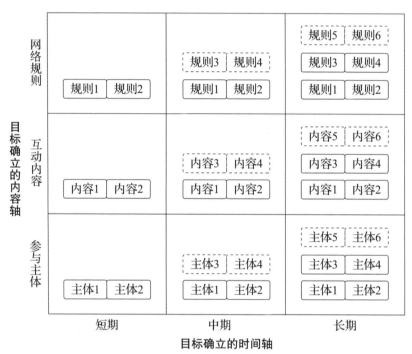

图6-4 产业供应链目标确立示意图

一是时间维度,即产业供应链目标确立时需要考虑短期、中期和长期发展目标。因为供应链需要很多基础设施建设,也需要各参与方对新价值的认同并积极参与供应链运营,因此,在发展目标确立过程中,需要知晓供应链各项活动建构的优先级以及时间点,从而保持创新与稳定之间的平衡关系。

二是内容维度,即目标确立的具体问题。如同兰伯特(Lambert)和库珀(Cooper)指出的那样,供应链可以从结构-流程-要素三个方面来定义。[①] 数字供应链目标的确立可以从这几个方面来考虑，即与谁联、互动的内容是什么、形成什么样的网络组织。因此，目标的确立，是沿着"联"—"互"—"网"的逻辑展开。首先是对合作主体的确认，即数字供应链组织结构中的参与方有哪些，这些主体在供应链中的角色是什么，应当发挥什么样的作用。其次是对相互之间协同合作的内容和方式的界定，即针对不同的参与者，交互的服务内容是什么，具体运营服务的功能是什么，相互之间交换的价值是什么。最后是对合作形态和规范的认同，即一旦形成合作关系，什么因素是需要规范的，大家需要遵循什么样的规则，各自承担的责任义务是什么，激励和惩罚机制是什么。

6.2.2 数字供应链价值主张分析

价值主张是为供应链各方产生价值和利益的具体方案和地图，它是明确通过数字供应链可以为各方带来的利益，以及实现利益所需的资源和能力。因此，价值主张需要根据服务的客户以及互动的主体明确关键的业务流程，以及服务商需要具备的线上线下能力，进而确立绩效计分卡以衡量承诺的价值是否实现。具体讲，包括如下三个重要的分析活动。

1.定义关键业务流程

关键业务流程是一组端对端的各类活动组成的体系，这组活动通过相互之间的衔接产生输入输出，进而创造价值，并且这一过程是持续改善的。[②] 数字供应链要实现此前确立的目标，就需要建立关键

---

① Lambert, D. M., & Cooper, M. C. (2000). Issues in supply chain management. Industrial marketing management, 29(1): 65-83.
② Hammer, M. (2015). What is business process management?. In Handbook on business process management. Springer, Berlin, Heidelberg, 1:3-16.

业务活动以及产生输入输出的过程，这是价值主张的具体方案和实现过程。在定义供应链关键业务流程的过程中，需要关注两个方面的问题：

一是流程的多维性问题。从产业供应链运营的视角看，产生客户价值的输入输出活动往往有多个方面，这些流程活动共同形成了客户价值，因此，定义关键业务流程就需要从这些关键领域或维度进行统一解构分析，找出关键的输入输出节点以及相应的活动（见图6-5）。这些关键领域或维度包括综合需求管理、客户关系管理、采购与供应商关系管理、服务传递管理、复合能力管理、资金与融资管理等。[①]

二是流程的个性化、定制化问题。在产业供应链运营中涉及众多的不同类型的参与者或客户，每个参与者或客户在其中发挥不同的作用，正是因为如此，相互之间的作用流程必然具有差异性。针对不同类型的参与者或客户，需要定义相应的输入输出以及关联性活动，这是流程分析需要关注的方面。

2. 明确线上线下应当发展的能力

对关键业务流程进行定义后，就可以根据确立的流程活动明确数字供应链组织者应当具备的能力。数字供应链往往需要良好的线上和线下能力（见图6-6），线上能力是指能够通过现代通信技术的应用能力以及大数据分析能力实现产业供应链认知分析和优化决策，这是一种信息化、数字化的应用能力。例如，为客户提供整合性信息技术方案、提供大数据分析、利用互联网迅速连接各参与者、有效的信息沟通和分享等。线下能力则是能够推动具体的供应链生产运营，提升作业活动的效率和效益。例如组织集采的能力、协调生产运营的能力、物流网络的规划组织能力、产品快速分销的能力等。

---

① 宋华. 服务供应链. 北京：中国人民大学出版社，2012.

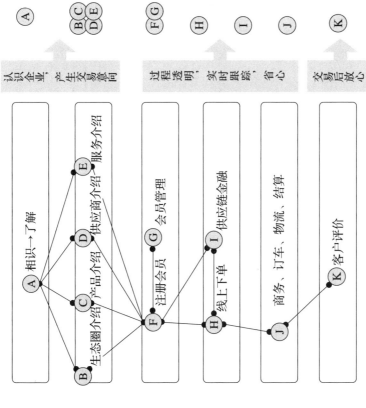

A 通过PC、移动设备等技术认识并了解企业

B C D E 利用生态圈介绍、产品介绍、供应商介绍、服务介绍，通过展示企业优势来吸引更多客户加入企业产业生态圈

F G 通过开展会员商业模式，为不同等级客户提供相应的优惠政策，为客户提供更好的服务，留住客户

H 通过线上下单，整合上下游产业供应链，使业务更好地融合

I 通过线上提出融资申请，实现在线信用检查，提高融资效率、透明化管理，提高用户体验

J 在订单执行过程中，各个业务关键步骤数据及时从SAP更新，整合线下数据，透明化管理，提高用户体验

K 对每个交易过程中的各个步骤进行评价，通过反馈改善服务水平，提高用户满意度

认识企业，产生交易意向

过程透明、实时跟踪、省心

交易后放心

相识→了解

A 相识→了解
B 生态圈介绍
C 产品介绍
D 供应商介绍
E 服务介绍

F 注册会员
G 会员管理

H 线上下单
I 供应链金融

J 商务、订车、物流、结算
K 客户评价

图 6 - 5 关键业务流程定义示意图

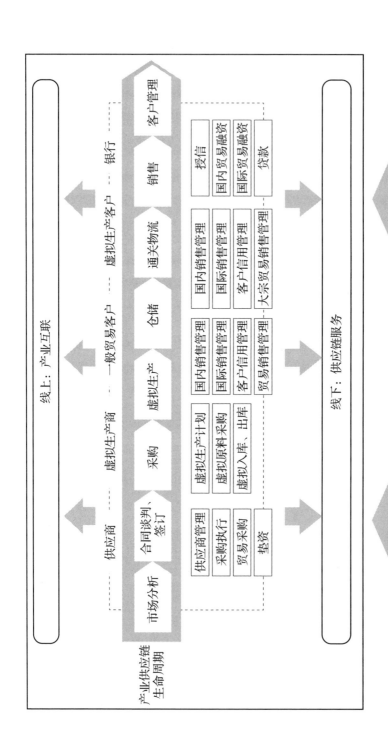

图 6-6 线上线下能力发展示意图

需要指出的是，在明确线上线下应当发展的能力后，更需要分析明确期望能力与实际能力之间的差距，前者是数字供应链建成运营后需要形成的资源能力体系，后者则是当前状态下实际拥有的资源能力。如果期望与实际之间存在差异，就需要考虑是否有相应的战略手段或策略方法弥补差异，诸如通过内部发展培育新能力，或者通过战略联盟从外部获得所需能力，甚或通过并购获取能力。一旦无法从内外部解决能力差异，就需要回到第一阶段，重新修正定义发展目标。

3. 建立绩效计分卡

推动数字供应链发展涉及众多的参与者，同时也涉及千差万别的运营活动，因此，为了保障参与者能够发挥其应有的作用，同时确保运营活动高效率，建立绩效计分卡，并根据业务活动执行情况或绩效表现，设计合理的激励维系机制十分重要，这是保证供应链有效运行的关键。

数字供应链的绩效计分卡可以参照卡普兰（Kaplan）和诺顿（Norton）提出的平衡计分卡[①]来设计，拉苏尔（Rasool）等学者通过对大量数字供应链绩效衡量文献的综述，以及平衡计分卡提出的四个维度，提供了数字供应链绩效管理体系（见图6-7）。[②]具体而言，从财务的维度看，主要衡量指标包括运营成本、投资回报、库存成本、劳动成本、生产成本、物流成本、失误成本、环境成本、利润以及现金流量周期；从客户维度看，主要绩效指标有及时配送、客户响应、客户沟通、客户满意度、客户便捷性以及配送可靠性；从成长与学习维度看，主要指标有核心技能、组织创新以及市场份额；从内部运营维度看，主要指

---

① Kaplan, R.S., & Norton, D.P. (1992), The balanced scorecard - measures that drive performance. Harvard business review, 70(1):71-99.

② Rasool, F., Greco, M., & Grimaldi, M. (2021). Digital supply chain performance metrics: a literature review. Measuring business excellence, 26(1): 23-38.

成功衡量	绩效指标	参与者1	参与者2	参与者3
财务KPI	运营成本、投资回报、库存成本、劳动成本、生产成本、物流成本、失误成本、环境成本、利润、现金流量周期	▶	▶	▶
客户KPI	及时配送、客户响应、客户沟通、客户满意度、客户便捷性以及配送可靠性			
成长与学习KPI	核心技能、组织创新以及市场份额			
内部运营KPI	运营效率、系统可靠性、运营速度、系统柔性、差错率、信息可得性、供应商关系、库存水准、与供应商沟通、生产周期、资源利用、员工满意、供应商反应力、系统应用便捷性、工作安全、数据收集以及数据安全			

图 6 - 7　数字供应链绩效计分卡示意图

标有运营效率、系统可靠性、运营速度、系统柔性、差错率、信息可得性、供应商关系、库存水准、与供应商沟通、生产周期、资源利用、员工满意、供应商反应力、系统应用便捷性、工作安全、数据收集以及数据安全。

在绩效计分卡框架建立基础上，还需要根据各参与方在流程中的参与程度，合理评估业务的优先级以及参与者在其中的边际贡献度，确立激励体系，使得各参与者获取合理回报。需要指出的是，在绩效计分卡和激励维系机制建立过程中，有两个要点需要关注：一是对供应链运营全过程各个节点的核验和管理。供应链是一种合作性行为，因此，需要在过程中核验其行为，即需要有中间核验点，以确定各参与者是否能与其他合作伙伴协同合作，完成相应的作业活动或管理行为。二是由于很多合作性行为无法直接用结果来衡量，因此，边际贡献的度量需要考虑参与者行为的外部性，也就是供应链参与者在供应链生态中的行为能否产生正的外部性，降低负的外部性。

6.2.3　数字供应链价值捕获分析

价值捕获是实现价值主张的具体方式和路径，数字供应链运营的落地需要有具体的运营方式、技术体系和组织机制来保障，因此，价值捕获为数字供应链顺利运营打下坚实的基础。具体而言，数字供应链的价值捕获需要从数字供应链的业务架构、技术架构和组织架构三个方面展开分析。

1.设计业务架构

在价值主张分析阶段，通过对数字供应链关键业务流程和线上线下能力的理解，可以基本确立数字供应链平台的服务模式和能力要求。据此可以具体设计业务架构，即执行上述模式和流程的具体活动和功能要素。

在设计数字供应链业务架构的过程中，系统应用的微服务架构或者服务的组件化是业务架构设计的关键，其核心目的在于将复杂的应用体系或流程拆分为多个微服务，微服务可以独立部署，服务间松耦合，每个应用微服务代表一个供应链平台特定的微业务能力，整个业务应用或者流程可以通过联结众多服务组件来实现（见图6-8）。之所以如此，是因为在现实的商业环境中，一方面不同客户之间所形成的价值诉求千差万别，即使相同的客户在不同的时间、不同的地点价值诉求也会发生改变；另一方面任何供应链运营或服务都有稳定的流程活动和要素，诸如所有的生产运营都要经过设计、计划、采购、分销、生产等环节，因此，客户价值诉求多变与供应链运营流程化形成了冲突，在这种状况下，如果为了特定的客户价值诉求设计和建立整套业务流程和体系，不仅不能有效满足客户价值诉求，还会造成供应链建构和维系成本高昂。而组件化的业务架构不仅应用交付快速、开发敏捷、运维成本低，而且后期迭代容易，可以适时根据环境、业务和客户价值诉求的变化演进式更新设计。值得指出的是，在进行业务组件化设计时，一定是以用户为中心进行设计建构，并且根据用户反馈快速调整优化，不能以内部流程为中心进行应用开发。

2. 设计技术架构

在业务架构确立以后，就可根据业务的组件化设计以及可能的业务场景和流程进行相应的技术架构设计，即如何在技术上通过一组抽象构件及构件间交互的方法来具体实现业务（见图6-9）。在技术架构的设计过程中，应当关注几个方面的问题：一是业务驱动技术，而非技术驱动业务。数字供应链运营的目标在于提升产业运行的效率和效益，因此，所有的技术应用一定是立足于优化业务流程，提升服务价值。在设

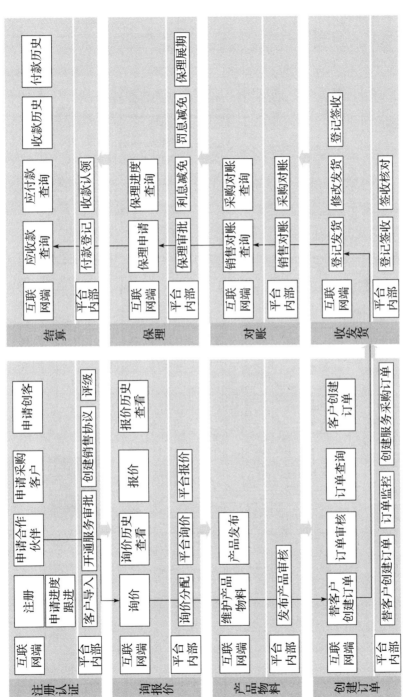

图 6 - 8 数字供应链业务架构设计示意图

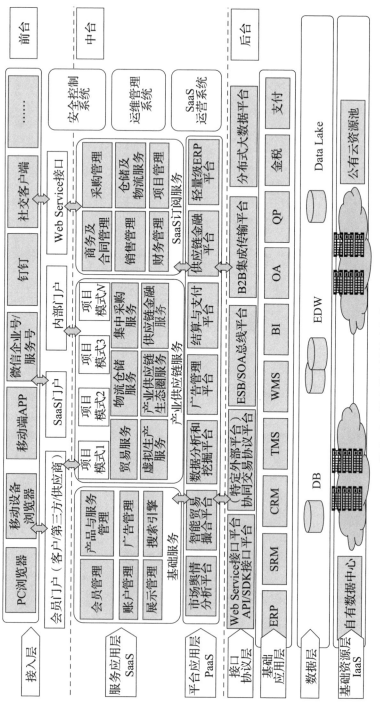

图 6 - 9　数字供应技术架构设计示意图

计技术架构的过程中，需要充分考虑业务开展的诉求，吻合业务发展的状况，而非试图用技术来带动业务的开展。二是合理设计并应用技术，技术的采用需要根据企业组织结构的状况、经营管理变革的要求以及资源能力的约束等因素考虑，合理有效的技术能够促进业务流程的高效，而盲目的技术应用不仅无益于流程效率的提高，还会增加供应链数字化实施的代价。三是与业务架构相同，技术架构也需要不断地优化迭代和演进，只有不断顺应环境变化、技术变化以及业务流程变化，技术才能发挥其作用。

3. 设计组织架构

实现数字供应链，还需要根据此前的目标定位以及业务架构的要求，综合设计考虑组织架构。任何数字化转型以及管理变革，都需要相应的组织来保障，没有良好的组织结构和组织力量，此前规划的业务架构和技术架构都无法实现。数字化对企业或产业产生的影响，不仅仅在于改变了经营和管理的方式和流程，也对组织产生了巨大作用。库西斯托（Kuusisto）在研究数字化所产生的组织效应中指出，数字化往往使得组织结构更加小单元化、虚拟化、由于信息透明而实现自主决策化以及借助平台达到知识分享化。[1] 所以，良好的组织架构设计对于最终捕获价值具有重要的作用。

组织架构的设计主要关注两个方面的内容（见图 6-10）：一是组织架构的内容，即支撑数字供应链的组织因素应当考虑数字供应链形成发展所需的人力资本（包括领导和领导力形成、人才的培养与发展）、组织体系（包括组织治理机制建立、岗位与工作设计）以及绩效管理与激励。二是组织架构的范围，即设计组织架构应当同时

---

[1]　Kuusisto, M. (2017). Organizational effects of digitalization: a literature review. International journal of organization theory and behavior.

考虑企业层面和网络层面的组织因素。企业层面的组织因素主要是
如何设计企业自身的人力资本、组织体系和绩效管理以适应供应链
数字化的要求。除了企业自身的组织因素，网络层面的组织因素也
是需要考虑的内容。产业供应链涉及众多组织，甚至跨行业、跨地
域、跨领域，因此，供应链组织因素也需要加以关注，特别是从事组
织间协调的人力资本、跨组织协调机构与岗位以及组织间激励机制的
建立。

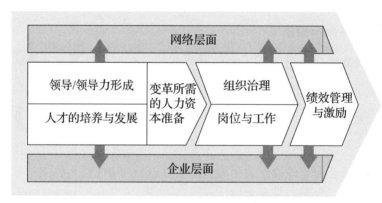

图 6-10　数字供应链组织架构设计示意图

6.3　数字供应链创新实践：联合包装网

联合包装网是中国纸包装行业龙头企业合兴包装集团旗下全资子公
司厦门合兴供应链管理有限公司倾力打造的"包装产业＋互联网"平
台。平台通过线上线下互动模式，为包装产业供应链上下游企业和客户
提供订单匹配、集中采购、供应链支持、信息交流等服务，通过整合包
装产业链，优化各个环节，加强产业协同，打造产业生态圈。包装市场

起伏跌宕，原纸价格变幻不定，环保形势持续高压，整个行业生态圈瞬息万变，各个参与者都面临订单需求波动较大、账期较长、经营协同度不高的挑战。

为应对上述问题和挑战，合兴包装集团于 2017 年试图利用互联网以及现代数字化技术重塑产业供应链运营模式，创造新的产业价值。驱动合兴创建数字供应链平台的主要原因在于，作为业内标杆，企业依靠已实现的规模（2017 年营业收入为 87.47 亿元，2018 年营业收入为 121.66 亿元）及深厚的产业技术积淀，已获取了集采议价的优势，实现了对客户需求的快速响应，可迅速量产，交付便捷性提升，能为客户提供更大的价值。构建以此为依托的产业服务平台，可让委托客户通过平台选择更优惠的价格，更好的供应商、产品和服务，并且及时了解订单的处理状态。同时，也可以通过平台让更多生态圈的客户了解供应商，并为客户提供更好、更及时、更透明的服务。公开股票市场的定向增发及产业基金带来的融资优势、互联网技术提升的风控能力，无疑能够提供更优质的融资服务。这个平台既可以直接服务于包装用户及包装产品制造商、设计商，也可以服务于供应商及其利益相关者。除此之外，随着社会的进步和科技的发展，各行业的专业化分工越来越细化。对包装行业下游的大中型客户而言，包装环节对提升产品核心价值的作用有限，但需要耗费大量的人工和精力，因此迫切需要将包装等非核心产业环节外包出去。同时，近年我国制造业的人力成本高企，而包装行业的自动化生产和服务已经实现，大中型包装客户的生产线自动化改造需求非常强烈。面对大中型客户对包装提出的新需求，包含策划设计、色彩管理、整合采购、智能生产、供应链管理、辅助包装作业和数据分享等为一体的智能包装集成服务（IPS）已经成为行业的发展趋势，未来成长空间巨大。

6.3.1 联合包装网的业务定位与目标市场

1.数字供应链业务定位

业务聚焦由产品转到服务。存量业务做好现有包装纸箱产品,增量业务定位为为包装产业链提供方案式服务。业务部门的职能也由销售产品转向提供方案与服务,形式由推销转向顾问。价值传递由产品销售强调的性价比转到顾问式销售强调的服务价值。

联合包装网基于对包装产业的理解,洞见产业链存在的集约化采购、制造分散技术落后、大量应收账款拖欠等问题,站在产业链协调员的高度,对价值链解构并重构,在链式专业化的场景中为各利益相关者提供供应链服务。这种服务是嵌入式的,具体表现在:一是基于信息通信技术的流程整合,实现对产业链企业的感知和互联,业务流程化、数据化;二是基于供应链的服务构建了一定的关系强度和黏度,降低了交易成本;三是服务的生态化,主体异质、利益共享、相互关联、相互依存。

基于感知、互联、生态、协同,可以构建结构和大数据为基础的风险控制模型,较好解决产业链上融资难、融资乱、融资累的问题,实现供应链金融平台的价值。

2.目标市场定位

中国是一个包装大国,2019年,包装行业规模以上企业(年主营业务收入2 000万元及以上全部工业法人企业)共计7 916家,累计完成营业收入10 032.53亿元,累计完成利润总额526.76亿元。2019年,包装行业完成累计进出口总额490.64亿美元,其中累计出口额350.24亿美元,累计进口额140.40亿美元。全国瓦楞纸箱行业累计完成产量3 421.05万吨。产业布局主要集中在珠三角、长三角、环渤海、中原经济区和长江中游经济带,五大经济区包装工业总产值占全国纸包装工业总产值的

60%左右。据此，合兴的市场定位主要在产业集中度高的五大经济区。

3.盈利与业务架构

联合包装网的盈利模式不再是价差，即"利润＝收入－成本－费用－税收"的产品盈利模式，而是"供应链服务收入＋供应链金融收入"的供应链金融平台盈利模式。

与供应链金融平台盈利模式相适应的业务架构是"一链，二端，五平台，一目的"（见图6-11）。

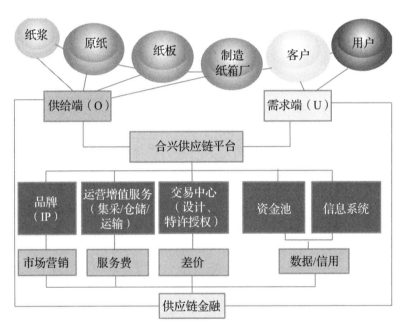

图6-11 联合包装网业务架构图

"一链"是指包装产业的价值链，从纸浆、原纸、纸板、纸箱、客户到用户。

"二端"是指价值链中的供给端（O）和需求端（U），供给端指从纸浆到仓储物流，需求端指客户和用户。其任务是打通价值链的每一个节点，应用互联网技术，按产业供应链设计模式，构建数字供应链管理平台。

"五平台"是指联合包装网供应链平台中的五个子平台,分别是营销子平台、运营子平台、交易中心、资金池和信息系统子平台。营销子平台主要负责平台及品牌推广、产品设计;运营子平台主要利用集采、仓储和运输等增值服务赚取服务费;交易中心通过设计、特许授权等赚取价差;资金池和信息系统则是数据、风控信用的基础,为供应链金融业务提供支撑。

"一目的"也就是供应链金融,即以供应链金融为重要盈利手段。

合兴平台除了收取必要的平台服务费,更多的收入来自供应链金融。

6.3.2 联合包装网数字供应链服务产品

基于上述目标市场定位和业务架构,联合包装网结合行业痛点分析,针对供给端、需求端及客户经营能力或生产成本三个痛点,推出三款供应链服务产品。计划在细分区域中选择部分合作对象进行试点,不断完善该产品的合理性及可复制性,按公司先线下再线上的经营思路进入实施阶段。

1. 产业供应链制造商服务模式

该模式主要面向行业内存在大量有能力拿到包装订单的公司,它们有一定的采购和制造能力,但苦于自身资金实力无法承担上下游的支付条件、账期,对上游供应商缺乏议价能力,对下游客户缺乏黏性。联合包装网基于供应链服务手段,以信息整合为技术基础,开展供应链金融融资,提供深度服务。具体来说,该模式下,联合包装网平台提供了供应链金融服务、集采服务、优质客户导入服务以及生产技术服务(见图6-12)。

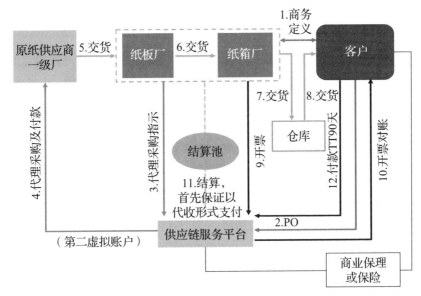

图6-12 联合包装网供应链服务模式之一

2. 产业供应链创客服务模式

该模式主要面向行业存在的大量有能力拿到包装订单的创客公司，但它们没有快速响应的稳定供应链保障这种包装需求得到满足。具体来讲，这些创客公司缺乏快速响应的制造企业满足订单需求，缺乏信息化手段了解供应链保障的过程，而且资金实力有限。面对上述痛点和问题，在分享协同众包时代，供应链服务平台可以分享这个平台给客户，协助客户实现快速响应的供应链运营，并且提供信息化平台入口，方便对订单状态的跟踪，还可协助提供资金支持，助力快速集采（见图6-13）。

3. 产业供应链原纸集采模式

该模式面向行业内存在的大量区域中小型二级厂，由于资金有限，受上游供应商集中度较高处于垄断地位的影响，这些二级厂议价能力弱，另受需求量、交货期及数量的限制，大量积压库存。联合包装网集采平台可集中各需求厂家的使用量，集中与上游供应商洽谈，采取集中仓、自运等多种模式，提供集采服务（见图 6 - 14）。

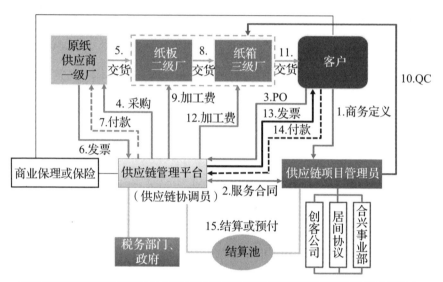

业务流程化，流程模块化、模块数据化；分布协同，互联互通，各取其利

图 6 - 13　联合包装网供应链服务模式之二

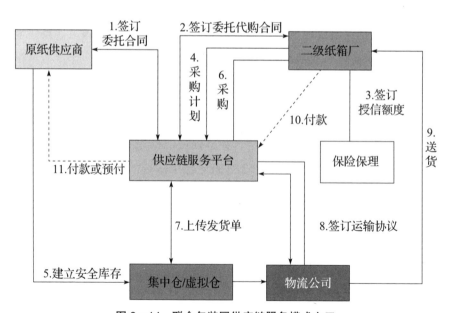

图 6 - 14　联合包装网供应链服务模式之三

第七章

数字化的供应链弹性管理

2020 年 2 月，新冠肺炎疫情冲击着各行各业，很多企业的生产经营面临中断风险，同时也面临整个供应链体系的崩溃。海尔迅速启动了短期、中期和长期策略，恢复并重塑企业竞争力和产业供应链。

海尔制定的短期策略就是响应防疫要求，迅速复工复产。在疫情暴发初期，企业面临的最大挑战主要是员工不足、供应商无法供货、交通管制导致物流中断以及现金流不足。针对这些问题，海尔迅速采取了一系列措施，确保复工复产。第一，在确保员工就位方面，海尔通过全面信息化，筛查全体员工的信息，确保统一排查，零差错、零感染。每个员工在系统里都有一个精准画像，以此达到控制传染源的目的。此外，受益于一直在用工方面做提前预案和人力资源补给，海尔确保了员工在第一时间到岗到位，顺利解决了企业复工用工难的问题。第二，面对供应商供货问题，海尔之前就部署了本地配套，当地配套率高达 70%，基本上解决了供应商复工问题。疫情暴发后第一周复工率只有 30%～40%，海尔便集中生产线，保证能满负荷在一条生产线上运转。第三，针对交通管制的挑战，海尔在遵循国家防疫规定的基础上，发挥各个小微公司的能动作用，运用"包车接力"的方式，既不跨越区域，又保障把货物送达。虽然增加了部分运输成本，但是保障了供应链的基本正常运转。第四，海尔在保障现金流方面，主要是加强库存以及营业收入的管理，特别是针对下游经销商资金不足，通过向银行承诺回购采用供应链金融模式扶持下游企业，增加了自身营业收入。

　　海尔确立的中期策略主要包括：第一，建立与合作伙伴、用户的信用体系，通过合作协同应对疫情带来的负面影响；第二，利用用户个性化的小数据，加快新产品的迭代，激发新的需求；第三，运用大数据尽可能地找出企业全流程中的成本短板，降低企业内部损耗，提升产品的毛利；第四，尝试运用新技术提高生产效率。

　　海尔的长期策略是在变化的环境中实现六个方面的改变：第一，组织结构变革。建立更灵活、更有弹性的网状结构，更好地适应时代变化。把小微作为平台上基本的创新单元，让大企业变小，小企业做大。例如，依托海尔卡奥斯平台 COSMOPlat、海尔工业智能研究院整合资源，第一时间为山西某市提供了医疗口罩端到端全流程的解决方案，在48小时内完成了核心生产线、设备、原材料等生产资源的调配。第二，制造模式变革。从单体工厂向超级工厂、互联网工厂发展，减少对人员的依赖，全流程强化用户参与。第三，管理模式变革，即从数字化转型到数字化重生。数字化重生是用数字化重塑企业生产系统，让企业充满活力，其标志就是企业成为开放的生态系统，持续发展。海尔过去几年的实践，就是搭建了小前台、大中台、稳后台的三台架构，把过去的条块分割、系统林立、信息割裂、数据孤岛、洞察滞后、交付迟缓等问题通过数字化颠覆，变成目前的三台架构。第四，激励体系变革，即从企业支持到用户支持，把付薪的权利交给用户。海尔的全员创客制，让每个人都拥有共同的价值，实现高分享下的高增值。第五，用户定义变革。建立终身用户体系，提升用户的忠诚度。这就意味着消费者参与了生产销售全过程，最终变成终身用户。第六，品牌定义变革。从产品品牌到生态品牌，即通过建构供应链生态平台，来推动品牌的建立与发展。

　　海尔应对疫情的创新实践不仅恢复了供应链运营弹性，而且借助数字化技术进一步形成了新的供应链竞争力。在产业供应链发展过程中，企业如何认识供应链风险和弹性，如何应对潜在风险，应用数字技术形成强大的、具有弹性的、精益化的供应链是值得关注的重大问题。

7.1　供应链弹性与数字技术

7.1.1　供应链风险与管理

供应链弹性源于对供应链风险的认识，供应链风险指的是包括所有影响和破坏供应链安全运行，使之达不到供应链管理预期目标，造成供应链效率下降、成本增加，导致供应链网络失败或解体的各项不确定因素和意外事件。供应链风险通常分为两类：运营性风险和破坏性风险。运营性风险是指供应链中发生的固有"每日"事件，包括客户需求的不确定性、运输成本以及由于停电和技术设备故障等运营问题导致的供应不确定性。破坏性风险是指由事件引发的重大中断，包括自然灾害、人为事故或恶意攻击。与运营性风险相比，破坏性风险的可能性往往较低，但后果较严重。[①] 除此之外，还有的研究根据可控的程度将供应链风险划分为内部风险和外部风险，内部风险是可控的，并且在正常运营区间出现，例如延迟交货、库存过剩、系统故障和人为错误等；外部风险往往是不可控的，来自供应链之外，如各种自然灾害、战争、恐怖袭击、贸易伙伴问题等。应当关注的是，尽管将供应链风险分为内部风险和外部风险，起初是基于企业边界划分，但是随着对供应链风险

---

① Hosseini S, & Barker K. A. (2016). Bayesian network model for resilience-based supplier selection. International journal of production economics, 80(10): 68-87.

认识的不断深化，供应链内部或外部风险并不是指这类风险来源是来自企业内部还是外部，而是从企业能否控制和管理风险的角度来界定。例如，如果客户参与到企业的经营管理中，产生可变需求或订购问题，这时与供应商和客户相关的风险即属于供应链内部风险。而由于外部环境、经济、社会的突变导致的供应链运营风险则属于供应链外部风险。乔普拉（Chopra）和索迪（Sodhi）将潜在的供应链风险分成了九种类型，即中断、延误、系统、预测、知识产权、采购、应收账款、库存和能力。

　　除了对供应链风险类型的认识，对供应链风险产生的影响也是供应链风险研究探索关注的问题。与供应链风险密切相关的一个概念是供应链脆弱性。在关于供应链风险的研究中，供应链脆弱性（supply chain vulnerability）和供应链风险经常互换使用。较早的关于供应链脆弱性的定义来源于尤特纳（Jüttner）、佩克（Peck）和克里斯托弗（Christopher），他们认为供应链脆弱性是使供应链产生不良后果倾向的性质，是风险来源和风险驱动因素作用大于风险缓解战略的结果。[1] 巴克（Bak）也将供应链脆弱性定义为供应链容易受到干扰发生中断从而导致损失的一种特点。[2] 显然，供应链脆弱性指供应链网络受到不同干扰导致各种"流"受到阻碍和供应链运营出现崩溃的情况，供应链脆弱性可以通过供应链风险评估模型评价和应对。

　　无论什么类型的供应链风险，都可通过整合供应链成员加以管理，从而降低供应链整体的脆弱性，实现供应链风险管理。至于采用何种手

---

① Jüttner, U., Peck, H., & Christopher, M. (2003). Supply chain risk management: outlining an agenda for future research. International journal of logistics: research and applications, 6: 197-210.

② Bak, O. (2018). Supply chain risk management research agenda: from a literature review to a call for future research directions. Business process management journal, 24: 567-588.

段缓释供应链风险，需要首先识别风险类型。例如，唐（Tang）认为供应链风险分为运营过程中的风险和发生中断的风险，在传统的供应链风险管理基础上，有以下两种应对不同风险的能力策略：运营过程的风险需要足够的供应链柔性来应对；中断风险则需要供应链弹性发挥作用。[①]事实上，如何整合供应链资源和能力有效管理风险，需要综合考虑供应链风险产生的概率以及风险发生后对产业供应链产生的影响程度，供应链风险发生的概率指的是各类供应链风险发生的可能性以及频繁程度，显然这种可能性越大、频次越高，潜在风险越大。供应链风险产生的影响程度是衡量供应链风险对于产业供应链正常运营造成的危害程度，程度越高，供应链脆弱性越明显。基于上述两个维度，存在四类供应链风险（见图 7 - 1）。

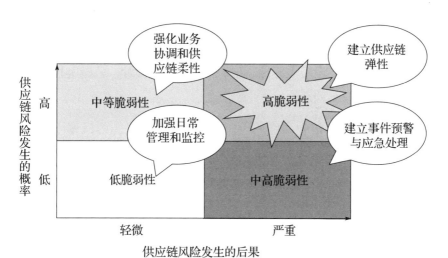

图 7 - 1　供应链风险类型

第一类是供应链低脆弱性，即供应链风险发生的概率较低，一旦发生对企业或产业造成的影响也较弱。这种类型的供应链具有很好的稳定

① Tang, C. S. (2006). Perspectives in supply chain risk management. International journal of production economics, 103(2): 451-488.

性，也容易组织供应链参与各方协同进行运营。需要防范的是在具体执行供应链活动中产生不必要的差错，或者因为管理不当造成供应链运营低效率，因此，应对潜在风险的重要策略是加强日常供应链活动的管理和监控，保持供应链稳定、持续运行。

第二类是供应链中等脆弱性，即供应链风险发生的概率较高，容易产生风险，但是这些风险对于产业供应链正常运营产生的直接危害并不大。显然，这种状况下发生的风险大多属于运营性风险。针对这类风险，关键是要强化供应链各业务环节和活动计划之间的协调，保持强大的供应链柔性，及时调整供应链业务和流程。运营性风险产生的原因既有可能来自各个经营环节之间协调不充分，也有可能是因为资源和能力不足，以至于无法及时应对来自市场和客户的变化。这类风险尽管对于整个供应链的稳定运行危害不是很大，但是如果不能有效解决，最终也会导致供应链中断。因此，充分协调供应链各环节活动和计划，同时保持充分的开发柔性、采购柔性、生产柔性、物流柔性、营销柔性、网络组织柔性以及财务/信息柔性非常重要。

第三类是供应链中高脆弱性，即供应链风险发生的概率不高，或者说频次较低，但是一旦发生，对于整个供应链运行会造成巨大的危害，甚至出现供应链中断。对于这类风险需要建立基于事件的供应链预警系统，同时根据风险对供应链运行可能造成的危害，及时、有效地采取应急措施降低风险。在这一模式下，供应链预警体系的建立以及应急机制的建立异常重要。2000年3月17日，因雷雨引发火灾，飞利浦在美国新墨西哥州的芯片厂厂房设备出现损毁，导致停产。当时诺基亚和爱立信这两家手机巨头均为飞利浦半导体的大客户，两家的订单量占了这家芯片厂业务的40%。基于对大客户的重视，火灾发生后，飞利浦立刻向两个大客户做了情况简报，声明火灾10分钟即被扑灭，损失不大，承诺将会在 1 周之内恢复生产，并将优先保证两大手机巨头的芯片供应。诺基亚听到这个消息后非常重视，立即派人前往飞利浦芯片厂了解情况，和飞利浦的人员一起制订业务恢复计划，敦促飞利浦尽快恢复供货。此外，诺基亚还组织了 30 多名来自不同国家和地区的管理人员与工程师一起讨论替代解决方案，很快重新设计了芯片，以便其他芯片供应商也能制造。最终位于日本和美国的其他芯片工厂承担了生产几百万个芯片的任务，极大地保证了诺基亚的芯片供应，并且新的设计使得工期大大缩短。而爱立信听到飞利浦停产的简报后，认为火灾并不严重，且飞利浦承诺一周复产，所以没有采取任何应急措施。结果到了 3 月底，飞利浦芯片厂仍无法正常运作。4 月初，爱立信已消耗完所有的芯片库存，手机生产难以为继，最终于第二年 1 月宣布退出了当时利润丰厚的手机市场。

第四类是供应链高脆弱性，这也是供应链脆弱性最高的一种状态，供应链风险发生的概率不仅很大，而且一旦发生就会对整个供应链构成巨大危害，甚至中断供应链运营。这类供应链风险是管理的重点，需要建立体系化的弹性供应链来应对。

7.1.2 供应链弹性与管理

供应链弹性（supply chain resilience）在产业界也称供应链韧性。弹性是一个多维度和多学科的概念，源于心理学和生态系统，后逐渐应用到供应链管理领域。在学术研究中，一般认为供应链弹性具备如下几个特点：第一，弹性是企业的一种应对中断风险的动态能力，强调企业的响应能力。第二，弹性除了对中断风险发生时的响应，还具有抵御风险的能力。[①]另外，一些研究者认为具有弹性的企业不仅有以上两个特征，而且能够更

---

① Winston, A. (2014). Resilience in a hotter world. Harvard business review, 92 (4): 56-64.

积极地预测事件，恢复并发展，企业适应性更强。[①] 由此可以看出，供应链弹性是供应链稳健性和可恢复性的综合体现，即面对中断时的抵御能力和快速恢复能力。其中包含了两个因素：（1）抵御能力，在发生重大灾害和中断时，供应链系统能够完全规避风险或者以最小的损失平稳渡过，最小化中断造成的破坏；（2）恢复能力，当供应链发生中断时，能够快速反应并找到有效恢复路径回到稳定状态的能力。

从上述供应链弹性的定义可以看出，供应链弹性是要在控制力和脆弱性之间寻求匹配（见图7-2），也就是说需要根据供应链的状况通过相应手段实现风险可控。过于强调可控而不顾供应链实际运行的状况，会增加保障实施的成本，侵蚀企业利润；同样，过于强调供应链灵活而不关注风险管理，也将会增加供应链脆弱性，供应链中断的可能性会加大。因此，控制力和脆弱性匹配的区域（即图7-2中对角线区域）是供应链弹性区域，在这一区域内，既能够形成抵御能力，又能够具有恢复能力。

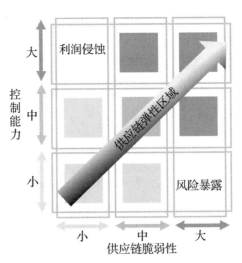

图7-2 实现供应链弹性的有效区域

① Pettit T J, Croxton K L, & Fiksel J. (2013). Ensuring supply chain resilience: development and implementation of an assessment tool. Journal of business logistics, 34(1):46-76.

如何形成供应链弹性？一般认为柔性和冗余是实现供应链弹性的关键因素。[①] 柔性被定义为能够采取不同的立场以更好地应对异常情况，并迅速适应供应链的重大变化，如灵活的运输系统、灵活的生产设施、灵活的供应基础、灵活的能力和灵活的劳动安排是柔性增强抵御能力的方式。实现弹性的另一种方法是在整个供应链中创建冗余。拥有多个供应商、安全库存、过剩产能和备用供应商都是供应链冗余的例子。究竟是采用柔性还是冗余来实现供应链弹性，取决于供应链风险的来源。[②] 如果风险主要来自运营性活动，实现供应链柔性有助于降低运营性风险所产生的危害，如果风险主要是破坏性的，即来自环境或是外生性风险，或者说是供应链参与者控制力范围之外的因素产生的风险，冗余则更有利于抵御供应链脆弱性，实现供应链弹性。从战略姿态上看，通过柔性来实现供应链弹性，属于一种反应型的供应链风险管理，通过冗余来实现供应链弹性，更加趋向于一种前摄型的供应链风险管理（见图7-3）。[③]

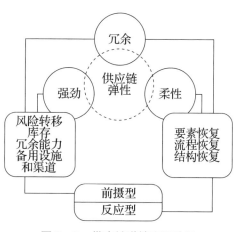

图7-3 供应链弹性实现路径

① Kamalahmadi, Masoud, & Parast,et al. (2016). A review of the literature on the principles of enterprise and supply chain resilience: major findings and directions for future research. International journal of production economics, 171:116-133.

② Zsidisin, G.A., & Wagner, S.M. (2010). Do perceptions become reality? the moderating role of supply chain resiliency on disruption occurrence. Journal of business logistics, 31 (2): 1-20.

③ Dolgui, A., Ivanov, D., & Sokolov, B. (2018). Ripple effect in the supply chain: an analysis and recent literature. International journal of production research, 56(1-2): 414-430.

7.1.3 数字技术与供应链弹性

在实现供应链弹性的过程中，数字技术发挥着至关重要的作用，这不仅是因为数字技术增强了供应链可视化[①]，也因为描述型和预见型的数字分析能够更好地预测供应链运营状况，及时有效地采取各种措施，以应对可能产生的风险。[②] 例如，佩蒂特（Pettit）等学者认为云计算和区块链等数字技术提高了供应链的可见性、预期性和适应性，从而促进供应链弹性。[③] 具体而言，数字技术与供应链弹性的关系主要表现在两个方面：一是数字技术对供应链运营的影响以及对风险控制的作用；二是在供应链弹性建设过程中数字技术能发挥的作用。

从前一方面看，一些数字技术显著地改进了供应链运营效率，降低了各类因素可能产生的潜在风险，增强供应链弹性。这些技术对供应链弹性建设的影响是多方面的，主要包括由大数据驱动的先进分析能够提升促销质量、更好地实施需求预测、增强供应链透明度，从而降低需求变动，针对性地采用一些权变计划，应对各种可能的风险，确保供应链高质量稳定运行。[④] 由 IoT、智能设备、机器人、增强与虚拟现实等构成的工业 4.0 能够实现低成本的定制化生产、个性化的产品和更高的市场灵活性、更短的交货时间、更高效率的产能利用，从而

---

① Zhang, X., & Zhao, J. (2019). The impact of big data on supply chain resilience: the moderating effect of supply chain complexity, WHICEB 2019 Proceedings, available at: https://aisel. aisnet.org/whiceb2019/22 (accessed 20 May 2020).

② Ivanov, D., & Dolgui, A. (2019). New disruption risk management perspectives in supply chains: digital twins, the ripple effect, and resileanness. IFAC-PapersOnLine, 52(13): 337-342.

③ Pettit, T.J., Croxton, K.L., & Fiksel, J. (2019). The evolution of resilience in supply chain management: a retrospective on ensuring supply chain resilience. Journal of business logistics, 40(1): 56-65.

④ Ivanov, D., Dolgui, A., & Sokolov, B. (2019). The impact of digital technology and Industry 4.0 on the ripple effect and supply chain risk analytics. International journal of production research, 57(3): 829-846.

能够有效组织供应链生产和流程，削减供应链层级，有效缩短供应链运营时间，降低需求风险。由增材制造驱动的 3D 打印能够增强供应柔性，有效控制零部件和原材料库存，降低传统采购中潜在的需求或供应风险。由 RFID、传感器、区块链等技术驱动的现代追踪与追溯技术能够实现实时识别、实时追踪流程状况，增强供应链运营中数据的及时性和真实性，从而降低信息中断导致的风险，更好地协调供应链各参与主体和环节，提升供应链运营效率和及时应对变异的能力。显然，各类数字技术对供应链运营的影响，都将是供应链弹性建设中重要的特征和要素。

从后一方面看，供应链弹性建设中面临的挑战和障碍也可以通过数字技术来应对。这些挑战和障碍包括：第一，单源供应使得供应风险增加，而建设多源供应或增加备选供应商会提升管理的复杂性和成本。在此状况下，增材技术能够减少供应链层级和供应链数量，此外，先进的追踪与追溯系统能够实现实时的供应链协调，大数据分析则能增强采购流程的质量管理。第二，库存不足导致供应链中断风险，为了应对这种情况就需要增加库存转移风险，而这一举措又会增加企业管理的代价和成本。面对这种挑战，增材技术能够减少供应链中的库存，同时，先进的追踪与追溯系统又能够适时控制和管理库存。第三，资源与能力刚性往往导致供应链及时响应外部风险进行调整的能力不足，而延迟生产并非在任何条件下都能实现。在这种挑战下，工业 4.0 以及增材制造能够提升企业供需计划和生产的柔性。第四，供应链的复杂性导致供应链协调管理成本上升，采用权变计划虽然能在一定程度上降低复杂性带来的挑战，但是这类计划本身就面临着难以设计和制定的问题。而先进的追踪与追溯系统能够实现实时的协调，有利于权变计划的制定、实施，工业 4.0 技术更能够解决供应链复杂沟通协调问题。

当然，应当看到的是虽然数字技术有利于供应链弹性建设，或者说供应链弹性建设中数字技术是重要的手段和途径，但是，任何一种特定的数字技术在带来上述益处的同时，也会产生相应的新风险。例如，伊万诺夫（Ivanov）等在说明数字技术对供应链弹性的正面效应的同时，也指出了可能产生的风险（见图7-4），这包括大数据分析有可能因为增加了协调的复杂度，加之数据安全问题，增加了供应链风险中的"涟漪效应"；工业4.0也可能因为协调复杂度的增加和信息的中断，导致"涟漪效应"；增材制造可能因为对数字技术的依赖而产生供应链风险。

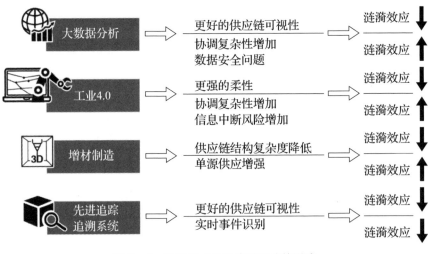

图7-4 数字技术对供应链风险的影响

由此可以看出，供应链弹性建设不是应用某个单一数字技术来实现供应链柔性、强劲和冗余，而是需要结合产业情景和行业特点，综合性考虑数字技术的采用、实施和拓展，从而使得供应链运营全生命周期能够有效地抵御和应对各种可能的风险。

7.2　建立数字化的供应链弹性管理体系

建立数字化的供应链弹性管理体系，需要有系统框架来进行整合管理。这种系统性的框架是对供应链弹性管理以及围绕数字化展开的所有活动和流程进行有效配置的过程。克里斯托弗（Christopher）和佩克（Peck）为弹性供应链开发了一个初始框架，该框架包括了四个部分：（1）可以在中断之前将弹性建立在系统中（即供应链设计）；（2）通过高水平的协作来识别和管理风险；（3）建立弹性能力对于不可预见事件能够快速反应；（4）确立良好的风险管理文化。[①]显然，这一框架为数字化供应链弹性建设提供了主要原则和指引方向，特别是在数字技术的渗透下，这几个方面共同构成更为柔性、敏捷、实时地应对风险的供应链弹性管理体系。

7.2.1　数字化供应链弹性规划管理

供应链规划（supply chain planning，SCP）指的是企业根据内外部环境要素重新调整和安排供应链运营模式，根据 2019 年高德纳对全球供应链经理的调查，供应链规划是企业供应链管理最为重要的能力之一。在数字供应链弹性建设的过程中，如何将弹性管理纳入供应链运营模式至关重要，这不仅涉及确立供应链弹性管理的领域和要素，同时也涉及采用什么样的战略姿态来建立、管理弹性。在管理供应链弹性的过程中，有三个层面需要加以关注：一是物理层面的供应链模拟与调整；二是网络层面的供应链信息管理；三是分析决策层面连接物理与网络两个层级的供应链分析与优化体系（见图 7 - 5）。物理层面上的

---

① Christopher, M., & Peck, H. (2004). Building the resilient supply chain. International journal of logistics management, 15 (2): 1-14.

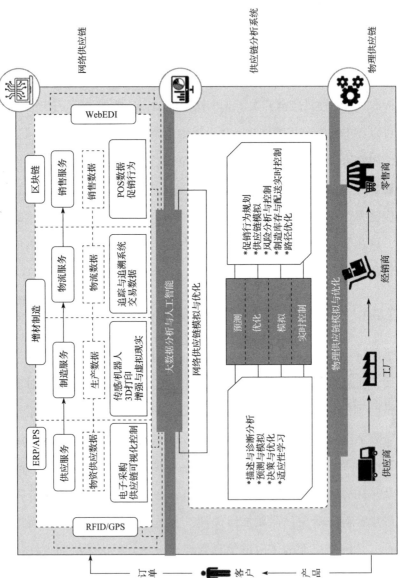

图 7 - 5 网络物理供应链中弹性管理活动

供应链模拟与调整是立足于实际供应链运作，对运营活动和流程能够及时、有效配置、调整和管理，以保证供应链高效率运行，形成良好的柔性。显然，对供应链各个环节的资源、能力以及经济主体进行合理的协调、整合和配置，是实现这一目标的重要途径，因此，对实际供应链运营的情景进行规划，确定各种情景下应对的方式和资源能力调度非常重要。网络层面上的供应链信息管理则更加关注伴随实体运作而形成的信息数据管理，如采购供应环节中的相关数据、生产制造中的运营数据、物流服务中的商品数据以及销售活动中的销售数据和促销数据等。这就涉及如何通过行之有效的信息化系统和数字技术获取、清洗、整合、分享这些数据。分析决策层面的供应链分析优化则是供应链弹性建设的关键，它将网络层面整合的数据以及物理运营的状况相结合，预测、优化、模拟、实时控制运营流程和活动，以实现供应链持续、稳定、有效运行的目标。显然，这需要合理规划这三个层面的管理活动和要素，例如：物理供应链涵盖了哪些环节、主体和活动？各自承担的责任是什么？相互之间的活动如何链接？供应链运营的具体流程是什么？同样网络供应链中具体需要关注的信息是什么？需要建设什么样的信息化系统和数字技术？通过什么样的方式来获取相应的信息和数据？数据如何清洗、整合？供应链分析中需要分析、模拟、决策的具体问题是什么？采用哪些技术和模型支撑供应链模拟和优化分析？如何有效地配置资源能力以应对潜在的各类风险？只有上述三个层面的要素都得到合理规划，才能为数字供应链弹性建设指明方向。

除了以上三个层面的活动规划，供应链风险决策支持系统的培育也是关键，决策支持系统旨在为设计主动、弹性化的供应链提供支撑。要进行有效的供应链弹性管理，需要在决策支持系统方面建立起三个维度的管理活动：一是优化分析；二是模拟决策；三是数字分析（见图7-6）。这三者之间的关系是相互影响、相互作用，一方面数字分析能够帮助企业实时识别供应链中断风险，为优化分析和模拟决策提供各种供应链中断情景规划和学习；另一方面优化分析能够形成更为主动的供应链权变和恢复计划，并通过模拟决策分析设计弹性供应链。显然，要确立上述决策支持系统，需要规划企业形成数字化能力，这些能力包括描述与诊断分析能力（包括中断影响分析、绩效分析、弹性分析、恢复分析）、模型化能力（包括供应链中断情景模拟、供应链设计优化、供应链恢复优化）、实时控制能力（包括供应流程实时控制、供应链中断识别、绩效与恢复控制）以及适应性学习能力（包括风险转移学习、中断恢复学习、供应链中断类型识别）。

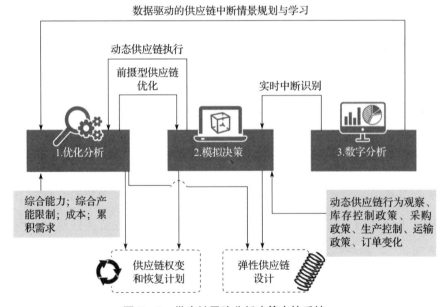

图7-6　供应链风险分析决策支持系统

7.2.2　协同的数字供应链风险识别与管理

在合理规划供应链弹性管理后，如何建立协同化的数字供应链风险识别和管理体系是建设弹性供应链的必由之路。为此，需要明确供应链的风险识别和管理究竟有哪些来源，供应链弹性建设应关注哪些层级和领域，以及数字化在弹性建设的过程中具体发挥什么作用。很多研究和实践都提出了一些框架体系，以实现协同的数字供应链风险管理。

有代表性的风险识别和管理框架是由诺曼（Norrman）和林德罗斯（Lindroth）提出的整合型供应链风险管理体系。[①] 该体系涵盖了供应链风险管理的三个维度：一是风险分析管理的单元；二是风险或不确定性的类型；三是风险管理的流程阶段。第一个维度关注的是分析单元的复杂性。一般而言，供应链风险分析的单元可以是一个公司内部特定的运营活动、整个公司的运营活动、供需双方形成的运营活动、所有上下游形成的运营活动，甚至是跨行业、跨产业形成的网络运营活动。显然，供应链风险关注的单元范围越广，问题的复杂性就越大，组织内部和组织之间的协同整合要求越高。第二个维度涉及风险和不确定性的类型，有些风险和不确定性来源于战略层面（诸如环境风险、战略决策风险等），有的来源于运营层面（诸如财务风险、运营失败、商务协调失灵等），有的来源于策略层面（诸如资产损毁、设施故障等），这些不同类型的风险本质上差异较大，无论是对企业的影响还是对整个供应链的影响往往不同，因此，在风险识别和管理过程中，不能同等对待和处理，需要针对性地采取措施。第三个维度涉及风险管理活动的流程，这包括风险判断与分析、风险评价、风险管理（包

---

① Norrman, A., & R. Lindroth. (2004). Categorization of supply chain risk and risk management. In Supply chain risk. Ed. by C. Brindley. Hanpshire, Burlington: Ashgate Publishing Ltd: 14-27.

括通过分享、传递、削减、规避等各种手段来降低风险）以及商业持续管理。

尽管上述框架提供了整合性的供应链风险管理，但是对于数字化对风险管理的作用仍然缺少关注。为此，德国国家科学院与工程院发表了一项研究，提出了供应链工业 4.0 成熟化阶段。[①] 要实现有效的供应链风险管理，建设弹性化的供应链需要实现几个阶段的数字化，包括计算机化（computerisation，通过 IT 系统的支持免除重复性工作的负担）、连接性（connectivity，系统是结构化的、互联的）、可视性（visibility，能够获取数据并且管理决策是基于数字的）、透明性（transparency，公司理解为什么事情会发生）、预见能力（predictive capacity，公司知道可能会发生什么，决策是基于未来的情景规划）以及适应力（adaptability，系统能够自主反应和适应）。在此基础上，施吕特（Schlüter）和亨克（Henke）提出在考虑数字化在供应链风险管理各个阶段作用的过程中，需要综合考虑技术和社会两个子系统的交互作用，即在进行风险识别、风险分析、风险评估、风险处理与风险监控的各个阶段，同时关注技术系统和社会系统发挥的作用（见表 7 - 1 至表 7 - 5）。这一框架无疑丰富和扩展了数字供应链风险识别和管理体系（见图 7 - 7）。

表 7 - 1　数字供应链风险管理——风险识别

数字化阶段	技术系统（角色）	社会系统（角色）
计算机化	供应链流程中独立 IT 系统的应用允许收集结构化和非结构化流程数据；有关风险的信息存储在本地。	除了研讨会和专家访谈，管理者可以使用 IT 系统数据来识别潜在风险。

① Schuh, G., R. Anderl, J. Gausemeier, M. ten Hompel, & W. Wahlster. (2017). Industrie 4.0 maturity index: managing the digital transformation of companies. acatech STUDY. München: Herbert Utz Verlag.

续表

数字化阶段	技术系统（角色）	社会系统（角色）
连接性	IT 系统的连接允许流程数据的单向或双向交换；风险相关信息存储在流程范围内的数据库中。	除了研讨会和专家访谈，管理者还可以使用更广泛的供应链流程数据来识别潜在风险。
可视性	所有供应链流程都通过实时数据记录和呈现。	用户必须识别数据点之间的关键关系，并定义风险点。
透明性	分析系统识别各数据环节之间的关系（无向关系），并搜索类似关系。	找到需要核查的关键关系。
预见能力	数字场景模拟展现数据点之间的关系，关注识别的关系将如何变化。	用户必须检查关系和未来关系的变化是否重要。
适应力	系统识别数据点之间潜在的关键关系，作为风险源，告知用户关注。	用户对报告进行监控，并将报告的潜在风险关系和汇总风险作为进一步评估和处理的依据。

表 7-2　数字供应链风险管理——风险分析

数字化阶段	技术系统（角色）	社会系统（角色）
计算机化	供应链流程中独立 IT 系统的应用允许收集结构化和非结构化流程数据；有关风险的信息存储在本地。	除了研讨会和专家访谈，管理者可以使用不同的 IT 系统来识别风险的原因和模式。
连接性	IT 系统的连接允许流程数据的单向或双向交换；风险相关信息存储在流程范围内的数据库中。	除了研讨会和专家访谈，管理者还可以使用更广泛的供应链流程数据来确定风险的原因和模式。
可视性	每个风险数据点都提供了一系列定性、结构化和半结构化数据。	用户必须解释每个数据点的数据，以识别原因和效应关系（定向关系）。
透明性	系统根据识别出的风险集内外每个数据点的实时信息识别因果关系；数据点根据它们对其他点的影响进行排序。	用户必须检查数据点重要性排序，并选择未来风险处理应关注的点。
预见能力	对因果关系变化方向的预测。	用户必须检查数据点重要性排序，并选择未来风险处理应关注的点。

续表

数字化阶段	技术系统（角色）	社会系统（角色）
适应力	基于此前的能力，系统给予建议哪些点需要加以关注以便未来能够处理风险。	用户检查结果的合理性，并应用结果作为进一步评估和风险应对的出发点。

表7-3　数字供应链风险管理——风险评估

数字化阶段	技术系统（角色）	社会系统（角色）
计算机化	供应链流程中独立IT系统的应用允许收集结构化和非结构化流程数据；有关风险的信息存储在本地。	除了专家评估，可以基于可得的流程数据计算风险产生的概率和影响力。
连接性	IT系统的连接允许流程数据的单向或双向交换；风险相关信息存储在流程范围内的数据库中。	除了专家评估，可以通过对更为广泛的流程数据进行计算，掌握风险产生的概率和影响力。
可视性	每个风险数据点都提供了广泛的定量数据和关键绩效指标。	基于KPI进行风险评估，并与参考值进行比较。
透明性	连接KPI，从而改进风险影响计算；基于大量历史和实时数据计算风险概率；必要时开发新的风险应对措施。	实际风险值与参考值的手动比较。
预见能力	通过预测的风险计算，了解现实和潜在的风险发生状况。	将实际的和基于预测的风险值与参考值进行手动比较。
适应力	实际和潜在风险与参考值进行比较，出现显著偏差时自动报告。	用户检查计算值，并在系统提供报告/警告时做出反应。

表7-4　数字供应链风险管理——风险处理

数字化阶段	技术系统（角色）	社会系统（角色）
计算机化	供应链流程中独立IT系统的应用允许收集结构化和非结构化流程数据；有关风险的信息存储在本地。	在基层单元开发风险处理方法，并基于流程数据改进成本效益比。

续表

数字化阶段	技术系统（角色）	社会系统（角色）
连接性	IT 系统的连接允许流程数据的单向或双向交换；风险相关信息存储在流程范围内的数据库中。	在基层单元开发风险处理方法，并基于更为广泛的流程数据改进成本效益比。
可视性	通过数据表现活动。	根据特征风险，用户通过数据点确定适当的风险缓解措施，并选择和启动这些措施。
透明性	系统识别风险数据点和应对活动数据点之间的关系，并将这些结果加以聚合报告给用户。	找到风险应对措施，并评价其结果。
预见能力	对潜在的行动进行模拟，将结果作为决策支持。此外，还可以提前识别出对其他风险数据点的潜在负面影响。	用户选择具有最佳可能结果或负面作用最小的举措。
适应力	评估结束后，系统自主决定是否启动缓解行动。	用户会检查所选的举措，并在必要时进行干预/纠正。

表 7-5　数字供应链风险管理——风险监控

数字化阶段	技术系统（角色）	社会系统（角色）
计算机化	供应链流程中独立 IT 系统的应用允许收集结构化和非结构化流程数据；有关风险的信息存储在本地。	不同时间点，在可用流程数据支持下，管理者一起讨论监控风险采取的行动。
连接性	IT 系统的连接允许流程数据的单向或双向交换；风险相关信息存储在流程范围内的数据库中。	不同时间点，在更广泛的流程数据支持下，管理者一起讨论监控风险采取的行动。
可视性	根据已识别的风险，判定风险应对的重要数据。	用户需要识别计划偏差，并找到原因。
透明性	如果有计划偏差，系统会识别原因并报告给用户。	根据报告，用户必须调整启动的举措或选择其他选项。
预见能力	由于将数字流投射到未来可能的计划中（数字孪生），计划偏差和原因可以提前识别；可以提前模拟纠正措施及其有效性。	根据报告，用户必须主动调整已启动的举措或主动选择其他选项。

续表

数字化阶段	技术系统（角色）	社会系统（角色）
适应力	在有潜在计划偏差的情况下，自动纠正行动。	为预防系统不能及时反映偏差，用户需要监控系统和风险应对举措。

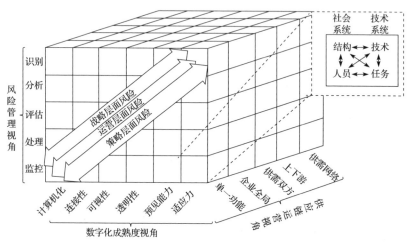

图 7-7　数字供应链风险管理框架

7.2.3　建立综合性的数字供应链弹性能力

要有效应对供应链风险，建立综合性的数字供应链弹性能力至关重要，这种能力既能够迅速有效地应对各种可能的风险，做出调整，又能预见性地采取措施，抵御风险产生的负面影响，使得整个产业供应链的运行既柔性又强劲。

供应链弹性能力，特别是数字化状况下的能力，是动态发展的。除了传统理解的弹性能力——柔性、冗余和恢复力，还有研究认为在供应链弹性建设中数字化也是一种重要的能力[1]，诸如人工智能[2]、

---

[1]　Zouari, D., Ruel, S., & Viale, L. (2021). Does digitalizing the supply chain contribute to its resilience? International journal of physical distribution & logistics management, 51(2): 149-180.

[2]　Modgil, S., Singh, R. K., & Hannibal, C. (2021). Artificial intelligence for supply chain resilience: learning from Covid-19. International journal of logistics management. ahead-of-print.

大数据分析[①]、数字孪生[②]、工业 4.0[③]等都在供应链弹性建设中发挥了巨大作用。基于上述各种理解，乔杜里（Chowdhury）和库德斯（Quaddus）提出供应链弹性能力有两种类型：一种是前摄型弹性能力，即能够在实际风险发生前抵御任何可能的潜在危害，保障供应链运行稳健，这种能力包含了资源冗余储备能力、柔性多样化能力、供应链运营和关系的稳健能力等；另一种是反应型弹性能力，即面对实际发生的风险迅速、及时调整的能力，这些能力包括反应能力和恢复能力。需要关注的是，无论前摄型弹性能力还是反应型弹性能力，数字化都是能力建设的关键因素。[④]

从具体建设的弹性能力内容看：

冗余能力主要关注：（1）关键物资储备冗余。主要包括供应链关键生产物料的数量和种类，库存仓储系统，运输线路、运输工具的冗余度等。（2）关键生产能力冗余。主要包括供应链各核心产品生产线加工能力，制造商、供应商的数量以及柔性调配生产能力的可能性，关键生产环节的劳动力冗余度等。（3）新型信息基础设施冗余。主要包括备用通信设施的预置、应急加密通信的铺设、信息传输的带宽、终端设备和传输设备的数量、云服务设施的冗余等。

① Dubey, R., Gunasekaran, A., Childe, S. J., Fosso Wamba, S., Roubaud, D., & Foropon, C. (2021). Empirical investigation of data analytics capability and organizational flexibility as complements to supply chain resilience. International journal of production research, 59(1): 110-128.

② Ivanov, D., & Dolgui, A. (2020). A digital supply chain twin for managing the disruption risks and resilience in the era of Industry 4.0. Production planning & control, 32(9): 1-14.

③ Ralston, P., & Blackhurst, J. (2020). Industry 4.0 and resilience in the supply chain: a driver of capability enhancement or capability loss?. International journal of production research, 58(16): 5006-5019.

④ Chowdhury, M. M. H., & Quaddus, M. (2017). Supply chain resilience: conceptualization and scale development using dynamic capability theory. International journal of production economics, 188: 185-204.

多样化能力包括：（1）资源种类多样性。主要包括供应商渠道的多样性，原材料、生产材料、能源材料、零部件材料等的多样性，人力资源、技术资源的多元化等。（2）市场结构多样性。主要包括产品服务市场、市场中介、市场交易途径和规则、不同层级产品的多样性等。（3）资金来源多样性。主要包括长短期融资的获取，国内和/或国外资金提供机构的可能性，社会、政府、个人的借贷资金来源等。（4）信息来源多样性。主要包括政企信息沟通，产业内企业信息互通程度，行业间信息沟通途径的状况，获取相关调研报告、政府公开信息等信息资源的多样性等。

稳健能力建设涵盖：（1）运作流程稳定性。主要包括供应链流程紧密衔接程度，物流、信息流和资金流在成员内部各部门以及成员之间及时流通程度，各流程的职能部门处理不确定性的能力等。（2）组织关系稳定性。主要包括供应链成员间目标趋同、利益共享、相互依赖、市场竞争、风险分配、监督强度等能够被成员执行的激励性协调机制和约束性协调机制的健全性与有效性等。（3）数字系统稳定性。主要是指所采用的数字技术、云服务、信息系统等技术要素安全、稳定、可获得、可管理。

反应能力的内容主要有：（1）物流应急体系敏捷性。主要包括运输设备的利用效率、运输信息分享的及时性、突发配送准时率、多种运输模式可行性、特殊物品运输调配率等。（2）资金保障政策敏捷性。主要包括两个场景：一是在财政金融支持的链内成员之间快速支付、清算的敏捷性等；二是政府级财政金融政策发布实施的有效性和精准程度等。（3）数字化信息流敏捷性。主要包括供应商、特殊供应商、生产企业、分销商等供应链系统及供应网络中的节点成员对信息资源计划、分析与控制的敏捷性，包括将特定信息定向传递的时间上下限、信息传输的可视性等。

恢复能力关注的要素有：（1）劳动力恢复力。主要包括弹性工作时间、劳动力数量弹性、弹性岗位职能弹性、薪资体系弹性化管理、激励政策弹性、工作环境和工作地点弹性、劳动力技能弹性等。（2）资金流恢复力。主要包括供应链整体的现金流量周期、库存周转天数、应收账款天数以及应付账款天数等指标恢复到事件发生前水平需要的时间、资金规模和资金成本等。（3）信息基础设施恢复力。主要包括在供应链中断的状况下，迅速建设信息基础设施的能力，包括建设的时间、恢复后信息系统功能完整度，以及在技术工人不足情况下攻关前沿制造技术、积极运用智能装备制造实配的能力等。

7.2.4 建立基于事件的供应链早期预警体系

克里斯托弗等在供应链弹性框架体系建设中提出要确立供应链风险管理文化，良好的风险管理文化能够推动供应链弹性建设。[①] 这种文化不仅指在企业以及供应链整体建设中应具备风险防范和管理的意识，而且需要有正式的机制、流程和体系，以随时随地观测、监控、防范任何潜在的风险，将风险管理意识渗透在日常的供应链运营活动中。这种常态化的风险管理意识和体系主要表现为基于事件的供应链早期预警体系（event-based supply chain early warning system）。基于事件的供应链早期预警体系可以定义为通过各种来源数字信息识别影响供应链有效运行的关键事件流程，并将可能的潜在风险或建议及时告知主要决策者，将供应链风险可能产生的危害降到最低水平。

---

① Chunsheng, L., Wong, C.W.Y., Yang, C. C., Shang, K. C., & Lirn, T. C. (2020). Value of supply chain resilience: roles of culture, flexibility, and integration. International journal of physical distribution & logistics management, 50(1): 80-100.

基于事件的供应链早期预警体系的基本流程包括四个阶段：一是数据收集。在预警系统中，作为主要信息来源的市场数字需要同时考虑内部和外部数据源，数据摄取需要根据行业、地理位置和公司的目标市场等状况设定。此外，还需要对不同类型的事件及其影响进行评级，以确保向数据分析输入重要数据，并过滤掉冗余数据。二是数据评估。数据评估主要是在机器学习算法和人工智能的帮助下评估所有来源的数据并提供事件影响的预测，例如预警系统的机器学习算法不断监控市场波动，了解特定事件如何导致商品价格波动，以及何时是购买特定商品的合适时机等。三是预警报告。主要是向主要利益相关者发送警报，以评估预测和与之相关的风险。该预警能够让相关方有充足的时间采取措施，最大限度减少事件造成的损失。例如，如遇物流故障和质量问题，可提前通知零售网点和配送中心，安排替代产品发货，确保填补供需缺口，不耽误客户服务。四是制订权变计划。风险预警体系不仅要能提前预知风险的发生和其影响，还需要推荐替代计划，对严重的情况立即启动风险缓解活动，对不太紧急的状况提供研究和建议，以确保事件的负面影响最小。

基于事件的供应链早期预警体系在建设的过程中需要注意如下几个方面：第一，必须考虑一些经济标准来定义相关的监视领域或活动，这种标准不仅仅是企业层面的，也表现在国家或者是宏观层面。例如在美国政府制定的《供应链弹性指南：国家参与》中，重点指出了可能影响产业供应链的七类重大公共事件，包括安全保障、健康卫生、食品/水与庇护、能源、交通运输、通信以及危险废弃物。显然，这些领域发生公共事件将会直接影响产业供应链的稳定与持续，因此，国家、行业和企业都需要确定预警的主要领域或活动。第二，建立及时有效的提供和获得数据信息的技术手段。预警体系的建立需要有行之有效的数据信息收集、传递和获取手段，任何数据信息反馈的滞后都会增大供应链风险，因此，建设零延迟的信息数据平台和系统非常关键。这可以借助社会力量（如一些科技公司、大数据公司的技术能力）以及各管理部门的协同打造企业和行业的信息数据实时监测体系。第三，建立当前信息数据的分析模式，分析判断中需要考虑特定的指标、趋势、模式和经验，以识别关键事件。第四，预警信息的反馈与分享机制建立。预警模式在于帮助产业避免因为供应链中断而导致风险，因此，需要将监测的数据和信息及时反馈给供应链参与者以及其他利益相关方，便于及时采取相应的措施，抵御可能的风险。

7.3 数字供应链弹性管理中枢：供应链控制塔

供应链弹性要保持柔性与强劲就需要建立一个综合性的基于数字技术的端对端供应链管理平台，这个平台不仅能够对供应链运营实时反映和监控，而且能够根据获得的各类数据优化决策，前摄性地调整供应链体系。这种综合性的数字管理体系便是供应链控制塔，这是产业供应链智能化、智能化运营的关键，也是整个数字管理的中枢体系。

7.3.1 供应链控制塔内涵

控制塔的概念在供应链中随着数字技术的发展越来越得到产业和企业广泛关注。关于什么是供应链控制塔一直有不同的理解。传统的控制塔是向直接贸易伙伴提供作业活动的可视性枢纽，现代供应链智能控制塔是可视性、决策和行动的枢纽，基于可监测的实时分析，管理和控制跨职能部门及跨公司的决策和执行，以优化整个网络。显然，供应链控制塔的概念不仅能实现运营和作业活动的可视性，而且能借助各类数字技术帮助产业和企业实现实时决策，最优化整个供应链运营体系，实现企业和产业的高绩效。[①] 因此，供应链控制塔是一个中央枢纽，拥有获取和使用数据所需的技术、组织和流程，为实现战略目标以及短期和长期决策提供更优、更广泛的可视性和决策支撑。

具体讲，供应链控制塔具有如下特点：第一，提供了供应链端对端的可视性。供应链控制塔实现的可视性不仅涵盖了供应链运营的各个环节和活动，而且覆盖了所有参与主体和整个供应链网络。第二，能够迅速响应供应链中断威胁，做出适当的反应和调整，即为特定事件或中断创建一系列解决方案，以接近实时的方式完成。第三，能够实现供应链多级流程协调与供应链整合，这是因为信息可以在各种设备中访问，并与供应链各个参与者共享信息。第四，最大化预测决策和动态供应链执行，控制塔通过供应链的统一模型诊断症状的根本原因，预测未来事件发生的概率，进而采取相应的措施。第五，促进供应链运营的自动化。控制塔使用各种技术（例如可见性、机器学习和情景分析等）实现不同程度的自动化，促进供应链运营的智能与自动。

为了实现上述功能和特点，供应链控制塔需要有特定的功能结构。关于供应链控制塔功能框架有五层架构模型[②] 和三层架构模型[③]。五层架构模型认为供应链控制塔的功能包括：（1）供应链感知层，即通过物联网技术实现实时感知和数据传输。（2）供应链业务层，即由

---

① Saint McIntire, J. (2016). Supply chain visibility: from theory to practice. Routledge.

② Shou-Wen, J., Ying, T., & Yang-Hua, G. (2013). Study on supply chain information control tower system. Information technology journal, 12(24): 8488.

③ Accenture. Supply chain management in the cloud: how cloud-based computing make supply chains more competitive? 2014, accenture.com.

供应链成员、流程、工作流组成的体系。（3）信息运行控制层，负责供应链信息存储和控制，包括控制原理和反馈回路，系统的存储和控制部分之间具有持续的交互作用。（4）信息服务平台，实现供应链运营实时化、透明化、可视化的追踪追溯，包括信息反馈。（5）信息人力层，即供应链人力控制中心和决策中心，负责预警以及监控和应对风险。

三层架构模型由埃森哲公司提出，认为供应链控制塔包含了整合交易层、分析层和执行层（见图7-8）。

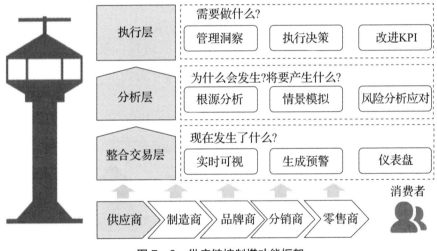

图7-8 供应链控制塔功能框架

整合交易层的主要作用在于保持供应链可视性，它将供应链内外部系统所产生的信息和数据，以及从物联网所获得的实时数据进行连接与整合，经加工后显示于仪表盘。并根据风险数据生成供应链预警，告知管理者正在发生什么，以实现供应链运营全程可视。显然，要实现上述功能，需要采用统一的规则、统一的定义，以及覆盖数据收集、运算以及使用过程的全链条的数据治理体系，以实现整个数据链接的完整性和相对的准确性。分析层是供应链控制塔的核心部分，它基于整合交易层获得的综合性、多源数据进行系统分析，确定造成某种风险的主要根源是什么，并通过数据模拟供应链特定场景运营，找出应对风险的手段。这一层需要关注怎样定义异常，通过分析旅程探究发生异常的原因，进行一些相应的数字化分析，让数字揭示背后的原因，提供改善建议。执行层是根据分析层提供的分析结果和决策建议，启动和优化相应流程的执行，包括具体的战略举措和方法，建立供应链有效运行的关键绩效指标等。

7.3.2　供应链控制塔的演进

供应链控制塔是一个不断演进发展的过程，根据控制塔实现的功能以及部署或发挥作用的范围可将其分为四个代际控制塔（见图7-9）。[①]

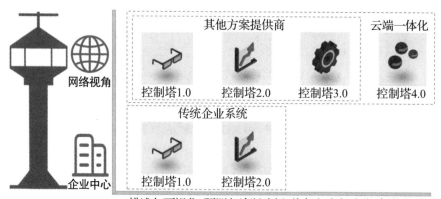

图7-9　供应链控制塔代际发展

供应链控制塔 1.0 主要是通过数字化技术实时反映供应链运营的各

---

① One Network. (2021). Supply chain control towers: from real-time visibility to automation and machine learning. onenetwork.com.

个环节和活动，实现了企业内部或外部生产运营的完全可视化。这类控制塔的部署既可能由企业自身建立，也可能由独立第三方技术公司搭建。前者以特定企业为中心；后者实现了网络化的可视性。例如，如果某公司自建控制塔，就能够清晰地把握自身业务的状况，包括物流运输状况、在途状况等，实现承运货物的实时追踪。独立第三方平台建设，则可能整合了众多第三方物流公司，能够实时追踪和监控所有平台公司物流运输的状况。

控制塔 2.0 比控制塔 1.0 在功能上有了进化，不仅能描述和可视化运营过程，而且进一步延伸出预测与诊断分析功能。要使供应链运营能够有效抵御风险，就需要借助数字技术对获取的多来源数据进行分析，为供应链稳定、有效运营提供数据支撑和决策支持。控制塔 2.0 如同 1.0 一样，既可以是企业独立部署，为企业自身经营服务，也可以是第三方搭建，为网络中的企业服务。

控制塔 3.0 相较于 1.0 和 2.0 有了很大的改变，即供应链控制塔的作用不仅是让过程可视，或者提供数据分析和决策支持，而且能够将多元化的主体协同起来开展供应链活动，并且有较为体系化的绩效指标用来反映、监测供应链活动的完成情况，实时调整业务和作业活动。显然，控制塔 3.0 能够实现供应链执行功能，以及活动责任的追溯与管理，正是因为如此，供应链控制塔 3.0 不可能由某个特定的企业来建立和管理，需要网络的建立和多利益主体之间的协同。

供应链控制塔 4.0 通常称为智能控制台，与之前几代控制塔不同，控制塔 4.0 具有如下特点：第一，能够实现端对端的可视性和风险管理，即能够实现全局供应链数字化监控和追踪，同时能够管理各个环节的风险；第二，能够实现认知与自动化决策和控制，即通过交互式学习，提升分析能力，提高对供应链运营活动的认知，自动优化供应链决策和业务活动。第三，能够通过供应链孪生分析支撑供应链优化决策。第四，能够实现全渠道管理，线上线下渠道和业务能够高度整合。第五，能够通过协同信息分享，实现业务的实时追踪。第六，能够更好地建立供应链预警体系。显然，供应链控制塔 4.0 是数字化供应链发展的结果，其建立无疑对于供应链的高质量发展以及弹性供应链的建立有至关重要的作用。

7.3.3　联想数字供应链运营与供应链控制塔

联想全球供应链每年服务 3 万多个客户，订单超 380 万行（相当于每天有超过 1 万多行的订单在全球的购物店被处理和交付），年设备出货达 1 亿台。联想在全球的 34 家工厂中有 11 家是自有工厂，1 家是合资公司，22 家是合作生产厂商。其中自有工厂主要在中国深圳、成都、贵阳、武汉等地，另外在美国、墨西哥、巴西、印度、日本和德国也有自有工厂。联想一直是以全球布局自有工厂加外包的双模式来发挥全球供应链架构的优势，保证运营绩效水平。

目前联想合作供应商有 2 000 多家，采用的是三级逐级采购分包的形式。具体讲，如果联想年全球采购总量为 500 亿美元，该采购需求会直接下给一级供应商。按照传统采购管理的要求，一级供应商需要多储备 20% 的订单量，即一级供应商在向二级供应商采购原材料时要考虑 600 亿美元的订单需求；同理，当二级供应商向三级供应商采购时，需要考虑 720 亿美元的需求量。这种采购管理的办法虽然保证了联想供应稳定，但无疑会产生巨大的浪费。面对这一状况，联想试图与供应商一起构筑数字供应链，以平衡供应链稳定与精益之间的关系，实现供应链弹性。

1. 联想供应链数字化的主要流程

联想的供应链涵盖了几大主要的流程，这些流程往往是产生低效率和风险的原因，因此，通过认识这些流程，采用一些新技术、新算法，能够在运作过程中提升效率和交付的质量，实现供应链各参与方共赢。

第一，从需求到供应的流程。

由于市场的预测形态非常多变，宏观经济条件和微观的发展变化，以及客户的喜好与竞争对手等多种因素，都会影响客户的需求，很难做到客户下单以后，物料供应商就能满足交期要求。通常，有了需求预测以后，联想自有工厂、合作工厂会制订物料的需求计划，将它下发到合作生产商，如 ODM 工厂。合作生产商又将这些需求传达到原材料供应商。虽然是在不同的工厂或者不同法人实体的公司当中生产，但有一些物料是通用的。如何将通用物料合并，既保证满足不同工厂的需求，又能发挥批量式采购的优势，这是有效应对市场变化的重要方法。物料需求计划给到采购部门以及供应商以后，还涉及采购寻源的自动化，思考如何能够快速将物料交到相应的需求方。

第二，从订单到现金流的流程。

在客户下达订单前，就需要提前进行匹配。首先，客户的订单实际需求与之前预测的相比较，偏差度到底有多大？这是在间接校正需求预测的准确度。客户订单过来以后，怎么能够满足客户不同的交期？

首先，要评估客户订单本身的信用状况是否良好。如果需要有一定账期，检查是否在可接受范围之内。之后进一步评估生产能否满足客户希望的交付时间，检查生产物料的匹配性和齐套性。如果物料短缺，考虑怎样合理调配以按时到达。其次，订单到工厂之后，要关注各个生产线，尤其是全球的自有工厂以及 ODM 工厂，关注之前计划的产能利用率，以及在整个生产过程中发生的异常状况。最后，当生产结束，产品会进入成品库房。通常一张订单中客户所订的产品型号不止一个，可能在不同工厂生产，需要将不同工厂的产品调配到一起，整合之后通过空运、海运、陆运，或是点到点的物流方式，从生产基地交付到客户的手上。以上是订单主要的流程，这一流程与此前从需求到供应的流程有交叉和匹配的关系。

第三，新产品导入和产品的生命周期管理的流程。

新产品从开始有设计理念，到形成雏形、研究和设计产品的框架，最后到试产。通过试产进一步去看研发的问题，能否满足量产的需求，中间有没有需要调整的环节。在这样的新产品导入过程中，涉及管理阶段的各个节点。在整个过程中，需要信息全部透明。同时，新产品和老产品之间在质量管理、成本管理、生产的效率管理等方面也存在一些可相互借鉴的经验。在经验借鉴过程中，要关注自动化匹配新品在设计、上市、上量过程中的一些参数或者是管理节点中一些关键的控制因素。

新产品上市之后，经过一定量产，需要监控新老产品之间交替的时效性、数量的匹配性、市场供应的满足性，直至产品退市。最后还要关注产品全生命周期以及在供应链运作各个环节的质量保证，包括成品、物料、生产环节、运输环节等可能影响质量的各个部分，都应纳入智能供应链数字化转型的范畴。

2. 联想供应链数字化转型

2017—2018 年，联想开始搭建数字化的基础系统，提供数据整合。但是局部范围的数据整合还不能有效解决供应链流程的效率问题。

2019—2021 年，联想提出了 6 个维度的提升和加强，促进数字化转型：实时的供需协同，能在全球范围内看到所有的匹配和连接关系；在采购以及生态体系协同方面进一步发力；在智能制造和物流的网络建设方面，发挥全球自有工厂和合作伙伴生产的双模式，达到效率最高和能力整体的提升；通过客户和数据驱动的质量体验，全面提升产品质量管理；通过端到端可视、分析和智能决策的支持；从供应链控制塔的角度，进一步发挥数字化转型的效用。具体讲，供应链数字化对流程的影响表现为：

第一，需求预测系统。

之前联想各个销售团队在每一个区域都会做预测。一方面针对与客户之间的协议预测是否有商机；同时还要在各个区域内做相关市场分析。在引入了大数据分析工具以后，有了需求预测系统，即可从产品、全球需求的特点，结合历史数据进行测算，基于当地特点对从社会宏观到微观经济的各种参数进行微调。通过大数据的算法可预测每一个区域某一类产品，甚至某一个规格配置的产品在未来一个季度内需求的变动。联想先在 13 周的时间范畴来预测需求总量，如今可以做到在两个季度范围内预测整个市场需求。

在没有该系统之前，人工需求预测准确率在 40% 左右。引入数字化工具后，需求预测的准确度能够达到 65% 左右。这 25% 的提升，让联想的物料需求计划以及生态体系内的所有供应商都受益，并且极大地减少浪费，增加效益。

第二，供应商协同系统与整合计划系统。

供应商协同系统，是将联想的需求预测通过自动的方式或统一的平台与供应商实时共享。供应商也能够看到需求变化，同时将自己能满足的部分实时更新。该系统不仅包含中短期的订单交付，也有长期的需求计划。

基于这个系统，结合整合计划系统，当客户下达订单后，能实时看到联想供应状况。根据对生产一个成品需要的所有物料的供应信息进行高度运算之后，就能得出在什么时间点能够满足客户的需求。因为联想全球生产的型号多且复杂，所以系统的高速运转和它的准时与及时响应，一方面满足了客户的要求，另外一方面也加速和提升了整个供应链的运转。

整合计划系统最先是在联想的自有工厂运行。在自有工厂受益之后，开始在合资公司和 ODM 合作伙伴中进行推广。目前，已经有 80%与联想合作的 ODM 运用了整合计划系统。

第三，供应可视系统。

在整个数字化转型过程中，联想投入了很大精力改进从需求预测到供应商供应计划与客户订单之间的匹配关系，从而实现前端销售能够知道哪些成品、在哪一个区域、大概在什么时间可能会有供应。这样，在争取客户订单的时候，就可以知道能否迅速满足客户的需求，进而选择最能与客户达成一致的方案。由此，联想搭建了一个供应可视的平台，其背后是一系列算法给出的预测。

第四，自动订单管理系统。

客户在系统中下单之后，可以直接看到订单交付情况，什么时间能够供应、大概什么时间发货、订单处于工厂或供应链的哪个环节。同时，企业内部订单管理人员不仅能看到中间实施节点的信息，还能看到更高维度、更细的信息。例如，有订单因为一些特殊原因不能流畅进入下一个环节，订单管理人员就可以看到是卡在了哪个环节、为什么会滞留在那里、谁能够解决、用什么样的方式去解决。这些处理问题的方法，在自动订单管理系统中都是可视的。

在数字化转型过程中，联想从预测到供应响应的周期大概缩短了50%，全球的订单管控时间从原来的 7 天压缩到目前只需 4 个小时。

以前，联想如果想看到全球订单总量、出货总量以及中间还没有执行的订单所处的状态，由于全球时差，想要拿到相关信息，仅统计订单数大概需要一两天时间；再将需求指令发下去，分别统计，再汇总到全球界面，最快也要一天；如果要分析订单所处的状态，要层层下发到各个工厂，再看缺料情况、供应商情况，订单管控时间周期需要 7 天。如今借助数字供应链平台，能实现每 4 个小时全球统一刷新一次。这一变革为联想节约了大概 13 亿元。

3. 联想供应链控制塔及其功能

联想建设的供应链控制塔主要有三层架构（见图 7 - 10 ）：

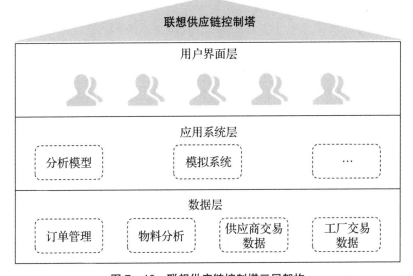

图 7 - 10　联想供应链控制塔三层架构

最下面是数据层，包含来自订单管理系统、物料分析系统，以及供应商、工厂交易系统的交易数据。在数据源的基础上，经过数据治理的要求，做出相应的数据模型。数据模型是为了让各方对同样的数据有一个统一的定义。一旦形成统一的定义和规范以后，不管是哪个系统去调用，都从统一的通道遵循一个最标准的数据出口，这样，数据模型能够保证数据的一致性和统一性。

模型之上是各个应用系统。应用系统层包括进一步分析让需求变得更准确，是否有更合理的分配原则进行物料分配。分配之后，相应能看到销量、客户交期的满足程度。这种模拟分析在应用系统中进行。在供应链运作的控制节点上，比较关键的控制系统都在应用系统层。

用户在用户界面层实现交付。用户在该界面直接看到业务的状态，获得异常情况的提醒。出现异常时，通过分析模型和模拟运算，能够看到一些模拟假设的结果，用户可以做选择。选择之后，再在事件管理中执行。最后把执行的指令传到下面的交易系统，进行交易数据的更新。

联想控制塔具体界面与功能如下：

（1）管理者看板界面能够实时显示联想供应链运作状况，在上面能够看到整个供应链控制塔平台的菜单栏，其中一部分是使用者比较有倾向性、想看的内容，同时包含一些看板。智能和分析菜单下包含了供应链运营的各个环节中每一个节点相应的分析报告。该界面的主要功能包括：

第一，数据定制。当管理体系建设中有些问题需要人为决策时，在这个平台上能获得进行决策所需要的信息和数据。召开管理会议时，只要点击刷新，相应数据就自动按照要求的角度、颗粒度呈现。

第二，功能培训。平台上有一个部分用来介绍控制塔产品的各种信息，包括里面的所有功能、各功能模块对应的业务定义。

第三，DIY 报告。控制塔虽然不能满足用户所有的需求，但是各方使用的数据在平台后台基本都已涵盖。控制塔通过通用数据模型将其集中在统一的数据存储地，提供 DIY 的功能，让用户可以在这些数据中选择需要的生成报表。

管理者看板是供应链管理者日常使用的界面，上面有各种目标值，如整体出货量、订单总量、物料使用情况、整体供应情况，以及异常状况，甚至异常状况的细节信息。

（2）区域维度界面是从区域角度呈现的主页。依据权限不同，每个人的主页也会有所不同。相较管理者看板总数的视角，这个界面会更详细。它详细列出订单现处于哪个节点、大概有多少、订单没有履行的原因分类（如有一些原因属于正常状况，比如正在生产线上生产，这部分大概有多少；还有一些可能是有问题的，比如缺料、等料，这是需重点解决的）。订单在生产的、在物流中心里面的、在运输路途当中的，各个节点详细的内容，在这个界面可以直接看得到。

工厂里大部分问题是缺料，这里会列出缺少什么原材料，并能按现在的供应状况自动计算出后面出库计划是怎样的水平。

还有事件管理的看板。这里包括三类事件：一类是简单提醒有异常；一类是自己需要采取行动去解决问题；还有一类是发现有异常，但自己不能解决这个问题，要让计划部门去处理，这时会触发一个相应的动作，提交给计划部门的负责人，在界面上，只有计划部门将问题处理完成，这部分才会结束。

该界面中还有每个用户每天都看到的一些报告。每个人的职责范围不一样，都有自己相应的页面，去处理每天关心的各种业务信息。在主页上也能直接看到需要做的任务。

区域维度界面的主要功能还有：

第一，物流方式变更的机会分析。如为了满足客户交期的需要，考虑将原本的海运改成空运，有多大概率能够做这种运输方式的变更？

第二，成品库存的水平分析。如能看出哪些库存已经存放超期了，哪些有可能会变成处理不掉的库存。

第三，DIY看板。有时使用者并不需要看一个固定的报告，只是要某一个颗粒度的信息。区域维度在这部分提供了各个业务的控制点需要的很多关键信息，以卡片的形式呈现出来。这些卡片背后关联的数据在智能控制塔运行刷新的时候会全部同步更新。这里大概有100多张卡片，用户可以根据自己的需要选择关注的卡片，放置在工作页面上。

第四，分析旅程，探究异常状况的原因。当发现异常的时候，对于一个供应链管理人员而言，通常会怎样分析这件事情；在分析中，有哪些步骤需要做；每一个步骤，会用到哪些信息；从什么维度，是什么样的颗粒度；以什么样的角度去呈现这些内容，分析背后需用到的业务管理的规则逻辑都整合在系统里。

（3）物料供需分析界面。这是从物料维度看到的供需分析的界面。最上方有物料供需分析的全路径，每一个点都可以点开。界面能够呈现物料供需状况的基本概况。下方还有当前供应短缺的各个物料的比例分析，并且提供一些建议改善方式，如同样技术参数的能够替换的物料，或是从需求的角度能做的调整，都是系统运算之后自动给出的建议。再下方还有物料短缺的原因分析。界面中部是将订单与前面的需求及供应状况做匹配。左侧是用户可以自定义的筛选框，可以根据用户想要的颗粒度选择需要的状态。

（4）呆滞库存界面。这是从库存的维度呈现呆滞库存。在计划供应、需求供应与订单执行过程中，或多或少会有一些偏差，有可能导致库存积压，成为浪费的源头。从结果上，需要进一步看零件部分是否有可调整和进行管控的内容。

　　这个页面能通盘地看到最后有可能形成呆滞库存的信息。这个库存不仅是联想自身的库存，还有由于联想给到供应商的需求信息最后没有完成而导致供应商手上的库存积压。

第八章

数字供应链治理

链平方公司是一家区块链公司，于 2017 年成立。2019 年，链平方成为国家信息中心牵头，中国移动、中国银联等企业共同推动成立的国家区块链服务网络第一批成员。

2019 年 4 月，链平方作为区块链技术服务商为国内知名啤酒企业 A 提供了基于区块链技术和治理的供应链金融服务解决方案。A 隶属大型国有企业 X 集团。A 是 X 集团的一级利润中心，多年前在香港上市，是蓝筹股的成分股之一，在中国啤酒市场的份额一度超过 30%。A 的经销商分布非常广泛，在 A 的经销商库中，经销商和自然人两种主体同时存在。自然人只要有一定的采购量，并较好地完成销售工作，就能成为 A 指定的经销商。然而，这些经销商往往面临资金短缺的问题，传统的信贷融资难以覆盖到它们。这是因为对于金融机构来讲，很难确认这些中小经销商的实际背景和信用，即使有一些销售数据，往往质量参差不齐、数据标准不一。如果金融机构和这些经销商一一对接数据，成本高昂，难以承受，因此无法实现。

针对上述困境，链平方与 A 以及金融机构共同建构了供应链金融业务——订单贷。经销商只需线上申请即可将订单需求和资金需求发送给核心企业与金融机构，经销商对审批流程全程可视。基于经销商的订单数据与信用数据，金融机构对经销商进行授信，并根据经销商的采购申请信息向核心企业支付货款。核心企业在提前收到采购订单货款后，向经销商发货。经销商收到货物并在货物销售后，向银行还款。

"订单贷"的交易架构是按照投影方式来做呈现的。链平方按照A这一核心企业的数据库去做打通，并加入了区块链技术。具体来讲，链平方采用区块链的网关方式——这可以理解为一个小插件，利用小插件把A的关键数据以及和经销商相关的数据从A的ERP系统提取出来，放在基于区块链的供应链金融的订单系统平台上，通过应用的方式把这些数据传输给相应的金融机构，由此形成多方参与的联盟链。

其中最大的挑战在于核心企业对数据安全的关注，按照传统的对系统的理解，如果要接平台、接系统，就要把所有的数据都放到平台上，让所有的系统用户都能看到，然而核心企业最关心的问题是数据安全。针对核心企业这一顾虑，链平方将所有的核心数据都放在单独的数据库里面，放在平台上的只是通过区块链哈希算法加密过的区块，这部分是金融机构可以看到的实时传输的贸易数据。金融机构虽能看到经销商的订单数据，但这些并非原始数据，而是加密之后的字符串，代表的真实企业信息必须要向核心企业做点对点的授权，在核心企业同意后，底层的明文数据才会点对点地传给金融机构。这便解决了核心企业对于安全性的顾虑，保证了数据的安全。与此同时，金融机构也可以对数据进行校验，核实交易数据是未经过篡改的，从而保证订单的真实性。截止到2021年6月链平方向合作银行共推送下游经销商2 789户，其中审批通过1 984户，整体通过率71%。累计授信9.2亿元，户均授信46.7万元，累计放款7.8亿元，笔均借款13.85万元。

链平方的实践无疑提出了一个新的话题，即数字供应链的治理，在通过数字化技术助力产业供应链，推动供应链参与主体协同整合的过程中，保障各方的利益不受危害，特别是供应链交易数据信息安全，实现协同与利益、隐私保护之间的平衡，这是保障供应链持续稳定运行的关键。数字供应链治理既涉及参与主体的行为规范，也涉及数字供应链中核心要素信息治理与数字安全。

8.1 供应链治理与网络治理

8.1.1 供应链治理与结构类型

供应链治理是指一个产业供应链中各个环节、各个主体之间的组织关系或制度安排，用以管理和协调整个价值链活动，更为重要的是能对整个供应链运营进行有效的控制、指导和问责。[①]供应链治理的首要环节就是确定组织之间的关系以便进行生产安排，也即组织决定将哪些环节纳入内部运营、哪些外包给外部的合作企业。

从交易成本的视角来看，企业自主运营还是外包的决策是由企业间关系的复杂度以及对于特定交易的专用性资产投资决定的。对于一些标准的产品，在市场上进行交易就是明智的选择，因为产品性能规范很容易进行描述并且其价值也比较容易衡量。产品性能规范的确定使各方的交易条款能够明确下来，因此这些标准的产品并不需要买卖双方之间进行过多的生产协调，供应商能够进行库存生产，买方也能随时从市场上购买该产品。另外，这些标准产品由于具备通用性，并不针对某类或是

---

① Ruhmkorf, A. (2018). Global supply chain governance: the search for "what works". Deakin law review, 23: 63-82.

某个客户进行定制，因此市场上存在多个供应商和顾客，由此也不容易产生资产专用性的问题。

那些需要进行定制化的产品或服务，就面临资产专用性的问题。资产专用性投资增加了企业的机会主义风险，由此企业会采取相应的防范措施来避免其他企业的机会主义行为带来的危害。如果防范措施的成本太高，导致了不经济，即将该项交易纳入内部管理的成本小于防范成本，企业就会选择进行内部生产交易。另外，就算交易不存在机会主义的问题，当企业之间的关系需要进行更多的协调时，协调也会产生一定的成本，包括时间成本、人工成本等，必然会导致交易成本的上升。例如，对于那些必须进行整体产品架构的生产来说，如果将生产碎片化，则各部分的协调密度就必须增加，整体产品的某一部分进行了设计改变，其他部分必须相应进行调整，即所谓的牵一发而动全身。再如，对于那些时间敏感的生产，各个碎片生产部分必须很好地进行协调，以保证各部分的生产节奏一致或是生产过程同步。

然而，需要进行复杂和紧密协调的生产系统并不意味着必须将生产进行垂直一体化。企业间如果能够建立有效的制度安排，资产专用性、机会主义以及协调问题就能得到充分的解决。例如，网络结构中的各个成员能通过重复的交易、声誉以及一定地区的社会规范等机制来控制机会主义问题。很多社会网络学家也认为，信任、声誉以及组织之间的互相依赖关系能够帮助减少机会主义行为的产生，由此，企业之间进行复杂的劳动分工也成为可能，而这种安排是交易成本理论所没有预见到的。

另外，从企业的能力和学习视角来看，就算是那些完全一体化的企业，也不可能拥有发展所需的全部技术和管理能力，这些企业也必须和外部进行交易。考虑交易成本时必须认识到这个问题，将需求频率纳入考虑范围。其论点是，如果一项投入需求不是经常性的，即使该项投入对于企业的生产运营十分重要，企业也最好不要将该项投入的生产活动纳入内部管理，而应该从外部购买获取。这个论点是基于规模经济原则提出来的，即企业在选择内部交易还是市场交易时，需要考虑规模经济效益。但是从企业的能力和学习视角来看，企业选择从外部购买某项服务或产品与需求频率或规模经济无关，主要应考虑提供该种产品或服务所需能力的获取难易程度。如果企业不容易获取提供该项产品或服务所必备的能力，或是需要花费大量的时间或资源学习，将该项运营活动纳入内部是整体不经济的，因此，企业最好进行外部交易获取该项所需产品或服务，由此也产生了对外部的依赖。"企业的核心竞争力"观点则进一步对企业的外购行为进行了积极解释，认为那些能聚焦于发展和利用自己核心能力并且善于从其他企业获取互补性能力的企业，相比进行垂直一体化或是盲目进行大范围多元化的企业，能获得更高的绩效。

上面的各种理论对于资产专用性问题提出了不同的解决方案，或是进行市场交易，或是构建网络关系，或是选择将交易纳入企业的内部进行管理。在面临资产专用性问题时，各企业可以根据自己的目标和动机选择构建不同的组织间关系，主要有三种不同的产业组织关系模式：市场型的交易关系、企业内部的科层关系以及网络组织关系。

但是网络组织关系也不是完全相同的，根据交易的特点，网络组织关系还能够进一步细分。格雷菲（Gereffi）等指出，企业在进行交易关系建构时，需要考虑交易的复杂度、交易产品是否容易被编码描述以及供应商是否具备企业需要的互补能力等①，由此，我们利用交易的复杂度、信息的可编码性以及供应商的能力这三个要素来进一步对网络组织关系进行细分。其中，交易的复杂度强调维系某一项特定交易所需进行的信息和知识转移的程度，特别是那些有关产品和生产过程的规格参数的复杂度；信息的可编码性则强调组织间交易所需信息和知识的可编码程度，那些易于编码的信息和知识能够有效地在组织间传递并且不需要为此进行交易专用性投资；供应商的能力要素则强调那些实际或潜在的供应商是否具备某项交易所需要的能力。根据这三个要素的组合，我们将网络组织关系划分为模块型、关系型、领导型三种具体形式。由此，便产生了五种供应链治理关系模式，即市场型、模块型、关系型、领导型以及科层制（如图 8 - 1 所示）。

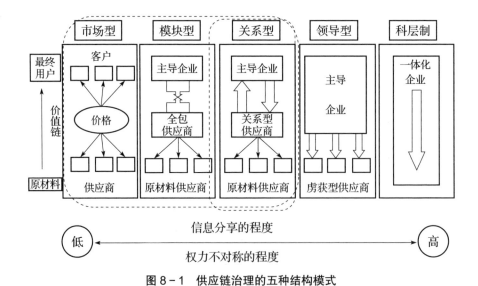

图 8 - 1 供应链治理的五种结构模式

① Gereffi, G., Humphrey, J., & Sturgeon, T. (2005). The governance of global value chains. Review of international political economy, 12(1): 78-104.

1. 市场型

当交易很容易用明确的合约条款进行规范，产品的性能规范也非常明确，并且供应商有能力进行单独的产品制造而不需要买方进行太多的投入时，买卖双方都不需要为该项交易投入专用性资产或是只需要进行很少的专用性资产投资，这种交易就可以依靠市场进行规制。在市场交易中，买方只需根据自己的性能规范要求进行采购，而价格则由卖方设定，因而买卖双方不存在复杂的信息交换，交易双方也不需要进行太多的协调活动。

2. 模块型

当产品的性能规范非常明确，但是产品的构成却非常复杂时，供应链的模块化便可能产生。这个时候产品的架构是模块化的，各个模块化部分都具有明确的技术标准，明确的组件规格及规范的生产流程则简化了企业之间的交互过程。在另一种情形下，某个供应商有能力为企业提供全套服务或是所有模块化产品，那么该供应商就能将那些难以进行编译的隐性知识进行内部化，由此就不需要双方为了协调而进行资产专用性投资，另外买方也不需要对整个生产过程进行直接监控。上述的模块化交易关系具备市场交易所拥有的交易快速、灵活和交易成本低的优势，但是模块化交易不像典型的市场交易那样基于价格对于交易行为进行规制。例如，当一个设计文件从特定企业转移到供应商时，两个企业之间除了需要进行价格协调，还需要进行更多的信息交换。但是由于所交换的信息是明确的并且能够被编译，因此交易双方无须为交易花费过多的精力进行协调。当然，这也意味着改变合作伙伴成本也较低。

3. 关系型

当产品的性能规范很难明确进行规定说明、交易过程也比较复杂，并且供应商具备较强的能力时，关系型治理模式就是一种比较好的选择。因为这个时候买卖双方必须进行隐性知识的交换，并且供应商所具备的能力也使买方有动机将某项活动进行外包以获取互补能力。由此，买卖双方存在的关系并不是单向的，而是双向的相互依赖关系。这种关系下的交易行为可以通过声誉、社会规范、地理接近以及亲属关系等进行规制，也可以通过将成本强加于破坏合同的一方来实现规制。由于交易双方需要进行隐性知识的交换，双方会经常进行面对面的交互，由此对协调提出了更高的要求，使改变合作伙伴的转换成本变得非常高昂。

4. 领导型

当产品的性能规范有明确的规定、产品的架构相对较复杂，并且供应商能力不足时，供应链便倾向于领导型治理模式，这种模式需要买方企业对于产品的生产过程进行大量的干预和监控。另外，这一模式下的买方领导企业会对供应商进行大量的资源投入，并且花费大量的精力促进供应商生产能力的提高，因此买方企业有动机建立交易型的依赖关系以便对供应商进行锁定，以保证自己对供应商的投入不会被其他的企业搭便车。因此，供应商面临十分高昂的转换成本，也由此被买方领导企业所"虏获"。被"虏获"的供应商的作业范围通常十分狭窄，例如仅仅进行简单的组装工作等，依赖于领导企业为其提供设计、物流、部件采购和技术流程升级等互补活动。这种虏获型的企业间关系通过领导企业的支配地位来控制机会主义行为。与此同时，领导企业也需要给其"虏获"的企业提供足够的资源和市场，以保证该企业有意愿与其合作。

5. 科层制

当产品的性能规范很难明确说明，产品的构架非常复杂、市场上很难找到具有胜任力的供应商时，企业就不得不考虑自己开发和生产所需要的产品。这种治理模式通常需要交易双方进行大量的隐性知识的交换，并且需要对复杂网络的输入和输出进行有效的管理，资源的控制也是该种治理模式需要解决的问题，尤其是对于那些具有知识产权的资源进行保护的问题。

上述的五种供应链治理模式都考虑了在外包的收益和风险之间进行有效的平衡，也显示了组织间关系维系所需的不同水平的协调努力和组织间权力的不对称。例如，市场型治理模式需要最小的协调努力，并且交易组织间的权力也是相对平等的；科层制治理模式则需要组织花费很大的精力进行活动的协调，并且权力是极度不对称的。

上述的五种治理模式在实践中都存在，但是随着竞争的加剧、经济的全球化以及技术更迭的速度加快，企业更多地借助外部的资源和能力来帮助自己获取竞争优势，由此推动建立了企业的网络组织结构，进而网络治理模式成了更普遍的选择。尽管模块型、关系型以及领导型治理模式都属于网络组织治理模式，但是模块型和领导型都是比较极端的情况，实践中更多运用关系治理来对交易行为进行规制。

8.1.2 供应链网络治理机制

网络治理机制主要有两种方式：一种是基于权威、法律以及合约等安排的传统正式机制（formal mechanism）；另一种是基于企业间的信任、合作以及社会制裁等约束的网络机制。正式机制在科层组织中是不可替代的，其主要目的在于指导、控制、规范适当的、可接受的行为，并且其依赖于下级对上级权威的顺从、服从等进行控制，有明确的契约安排，彼此间的交互沟通也有明确的程序安排，需要通过正式的、职能化的渠道进行。

虽然在科层制组织中能够有效发挥作用，但是这种正式的控制方式在供应链网络组织中却不能大展身手，一方面是因为供应链网络组织中不存在明显的权威关系，并且契约安排也不是明确且全面的，企业之间的交易通过反复交互摩擦而逐渐成形，不完全依赖契约，也通过互动进行自我调整。另一方面，企业之间的关系并不存在明显的上下级等级划分，企业之间的交易是嵌入到由紧密的、多重纽带联结的网络之中的。这种嵌入性导致了企业之间的互相依赖以及联结关系的复杂性，从而使科层组织的边界变得模糊，并且各个企业也能在频繁的交互中产生心理上的认同，从而增强了网络交易中的道德成分，由此能更好地对网络中的组织的行为进行控制。马克斯－普朗克研究所的教授雷娜特·迈因茨（Renate Mayntz）曾提出了四个网络规则，包括公平交易与成本利润合理分配、互惠、自我限制行为自由度以及尊重其他成员的合法利益。[①]这些规则体现了网络机制的独特之处（正式机制与网络机制的比较见表 8-1），我们也可以看出，组织成员之间存在信息不对称和契约不完全问题，可以通过网络机制的作用更好地进行合作组织的行为控制，并且网络机制还能够促进组织内部与组织之间关系纽带的建立。当然，应当看到的是网络机制并没有否定正式机制的作用，相反，在网络治理中，两种治理机制缺一不可，必须要将两者结合才能保证合作企业间不同活动能够得到很好的整合。

---

① Mayntz, R. (2017). From government to governance: political steering in modern societies. In Governance of integrated product policy. Routledge: 18-25.

表 8-1　正式机制与网络机制之间的比较

比较要素	正式机制	网络机制
关键因素	契约、公司法、程序与规划、详细说明与标准、预算	目标导向、相互信任、非正式沟通、创造能力、新的资源与活动整合能力、适应能力
控制机制	权威、权力以及相关处罚	信任、合作、社会制裁
管理理念	顺从、服从和全面计划	信任、柔性以及程序化
契约形式	明确契约	暗含契约为主
冲突解决	结构化、另做选择	程序化、协作协商
沟通方式	正式的、智能化的、遵循规定的程序	非正式的、跨职能的、开放的、复杂的以及社会的
运作系统	命令—控制、我知—你做	沟通—期望、我们知—我们做
决策选择	自制—外购	自制—合作

1. 供应链网络治理的宏观机制：行为规范

供应链网络组织中的交易问题主要依靠宏观层面的行为规范来解决，其对于网络成员组织的约束主要通过规范等软约束来实现，具体机制包括信任、声誉、联合制裁和合作文化。

（1）信任。信任是网络组织形成和运作的基础，是网络组织的黏合剂，很多研究也表明，组织之间的信任关系能够降低交易成本，提高企业的绩效。另外，组织之间的信任关系也有助于彼此之间的信息交换，减轻了企业对于其知识产权和核心资源维护等方面的顾虑，由此促进了组织之间的合作创新。但是，仅仅依靠人际关系建立的信任关系是一种特殊主义行为取向，这种信任不仅由于心理因素对新的互动对象产生排斥情绪，并且也由于心理偏好而无法与所有的利益相关者建立相同的合作关系。由于这种信任往往是主管的偏好行为，因此不存在一套普遍的规则来指导组织和新成员建立合作关系。此外，由于这种强纽带的社会关系的维系是通过成员之间的频繁交互得以建立的，因此成员之间关系紧密，由此导致了网络组织的封闭性，网络整体很难通过新成员的加入来增加组织的信息交流和资源存量，也不容易扩大整个网络的生产合作范围。基于非正式机制的人际关系建立起来的信任要求组织之间频繁进行交互，由此也限定了成员之间的地理区位，合作成员必须具备地理相邻或是相近的条件以保证面对面的互动能够产生，这又进一步限定了网络组织的整体规模。因此，网络组织之间的信任关系不能简单地依赖于非正式基础的人际关系，而是要努力建立起非人际关系的信任，也就是朱克（Zuker）提出的制度性信任模式。[①] 这种制度性信任机制建立在客观、行为可期待的基础上。帕维罗（Pavlou）认为在线 B2B 电子市场中基于制度的信任应该包括五个要素：可期待的监控机制、可期待的法律约束、可期待的认证机制、可期待的反馈机制以及可期待的合作规范。[②] 这五个要素都能促进网络组织成员之间的信任关系的建立和维护。

（2）声誉。声誉是基于合作各方以往的交易信息形成的一种外部共识，是对企业的特征、技能以及可靠性的一种肯定性评价。但是声誉只有在特定的关系框架中才有意义，因此声誉是企业对于特定交易的资产投入，是企业在特定交易中形成的一项无形资产。在供应链网络组织中，组织之间频繁的交互以及信息技术的普遍采用导致信息传播的扩散速度加快，企业更加注重自己和合作伙伴的声誉。此外，声誉的形成不仅是企业良好的历史交易记录的表现，还反映了企业在整个供

---

① Zuker, L. G. (1986). Production of trust: institutional sources of economic structure. Research in organizational behavior, 8(53): 111.

② Pavlou, P. A. (2002). Institution-based trust in interorganizational exchange relationships: the role of online B2B marketplaces on trust formation. The journal of strategic information systems, 11(3-4): 215-243.

应链运营模式中所发挥的作用，由此也反映了企业在整个网络结构中的位置。

（3）联合制裁。联合制裁是对于那些违背共同规范的成员予以集体处罚，保证交易的顺利进行。供应链组织有能力并且有意愿对成员企业的违规行为进行制裁，因为供应链网络组织中的成员通过重复的交易和频繁的交互形成了一个共同体，网络规范的维系不仅与网络的整体健康和发展息息相关，而且与各成员企业的命运存在重大关联，因此，成员企业有充分的激励来保证网络规范得以履行，而违反规范的企业就可能面临失去交易机会、丧失良好的声誉、失去和其他企业联系等制裁。联合制裁不仅能够将网络中的"捣乱分子"排除在供应链之外，还能对其他组织的机会主义行为产生威慑作用。

联合制裁对于违规行为具有防范和制裁的作用，但是联合制裁真正能够发挥作用要依赖两方面的因素：一是网络各相关方能否形成有机的生态，因为有机的生态能够保证组织之间的协同演进，并形成命运共同体，由此激励各方尽自己最大的努力维护网络的运行机制，确保网络健康持续发展。二是网络组织是否形成了协调的规则体系。说到底联合制裁是对网络规范的维护行动，如果网络成员彼此之间并没有形成默契的规则与行为规范，那么制裁也无从说起。

（4）合作文化。合作文化是各方文化交集的放大，反映了网络成员共同的价值观念、行为规范与期望，并且是企业处理意外情况的指导性原则，对网络成员的行为起规范作用，还能促进网络成员之间的合作创新。但是，网络中的合作文化并不是一蹴而就的，而是通过网络成员的重复性交易和频繁的交互逐渐摸索出的一套合作规范，其不仅取决于网络成员的合作能力，还依赖于各成员过往的合作经验和历史等。

2. 供应链网络治理的微观机制：运行规则

要实现供应链的治理目标，从宏观层面进行行为规范约束后，还要依赖于微观层面的运行规则来对供应链网络的运作发挥调节作用。微观机制从操作层面对网络成员的行为进行约束和规范，具体的机制包括学习创新、决策协调、激励约束以及利益分配。

（1）学习创新。供应链成员之间的学习创新是网络组织治理的灵魂，也是网络成员彼此之间进行优势互补和协同发展的前提。网络组织之间的学习创新重点在于组织成员知识的获取、转换、运用以及保护。首先，网络成员中直接接触的合作者的数量、与其他成员联结的强弱程度以及接触的方式等，都会影响其对于知识的获取。成员之间的直接接触是彼此获取知识的重要来源，特别是隐性知识的获取，更是需要合作成员之间进行频繁的沟通交流。另外，企业之间文化以及运行方式的契合，也更有利于企业将合作伙伴的知识内化，增加自身的知识储备，而企业之间的契合也需要长期磨合。企业对于知识的利用，不仅取决于自身的目标和能力，还会受到网络中其他组织的影响。企业对于知识的保护在很大程度上取决于网络中的信任机制以及合作文化。

（2）决策协调。供应链成员是具有自主决策权的主体，并且各主体对于自己经营的领域拥有丰富的知识和经验，能够比其他企业更好地做出相关经营决策。然而网络组织作为一个整体，需要整体的规划安排，不能仅仅依靠各个组织的自我规划，需要对彼此的行为决策进行协调。另外，各组织成员之间进行决策协调，还能促进成员的交流，使各个企业能够获得更多有利于决策的信息，提高了信息的及时性和准确性，使企业的决策更具有科学性。这不仅帮助各方实现了价值，并且使企业保留了决策自主权，其他组织不能过分侵蚀本组织的竞争力和利益。各方企业的良好发展和行为之间的协调，又保证和维护了网络组织整体的正常运行。

（3）激励约束。激励和约束是经济活动的助推器和制动器。网络组织之间不存在等级森严的上下级关系，各个企业之间是平级的合作关系，因此，各个组织的目标在于提高企业的经济绩效，而不是对网络中权力的争夺和较量。组织成员经济利益的提高不仅取决于企业本身的努力，还取决于整个网络的发展状况，因为网络组织形成了利益共同体和有机的生态环境。组织成员不仅关心自己的经济利益，也会重视整个网络整体的经济效益，因此，网络组织对于成员的积极行为通过形成命运共同体而产生了天然的激励效应。另外，网络成员之间的利益分享也促使各成员自觉建立和维护良好的合作氛围，各个企业自觉接受网络的行为规范，并在决策制定中将网络的整体利益纳入考虑范畴。

与激励相对的是对网络成员产生的约束。网络中的成员不仅要受到社会规则的约束，还要接受网络具体规范的制约，具体规范则因成员之间具体的合作方式、任务分工、角色定位的不同而有一定的差异。网络组织中的成员有着明确的任务分工和角色定位，各个成员企业只保留了本企业核心资源和关键能力，因此对于最终任务的完成需要依赖其他组织成员的力量。正是这种互相依赖的关系，促进了企业各自的专用性投资，以增强自己的专业能力，提高在供应链网络中的地位。这种互相依赖的关系形成了企业之间的关系制约，促使企业自觉履行责任，增强了自我约束能力。

（4）利益分配。网络中公平有效的分配机制是供应链网络组织存续和发展的基本保证。网络组织中的各成员资源能力不同，信息优势各异，因此对于网络整体发展的协同效应做出的贡献也有所不同。如何对网络剩余价值进行分配是网络各成员后续努力以及网络健康运行的关键。管理模式创新成功运行的关键也在于所有利益相关者各就其位，并各得其利，因此，公平有效的分配行为也会对网络成员的积极行为产生激励作用。

总的来看，供应链网络组织成功运作的关键保障在于网络的治理机制，良好的治理机制能够抑制合作各方的机会主义行为，确保合作各方能够相互依赖解决适应、协调的问题，进而保证各方交易的顺利完成。因此，治理机制促进和维护了合作各方的互依关系的形成，从而推动了网络成员之间的互动交互，促进了网络的协同发展（见图 8-2）。

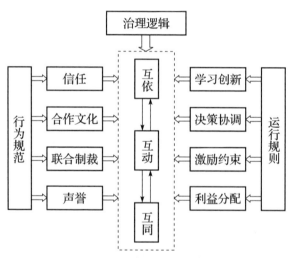

图 8-2　供应链网络治理机制

8.2　供应链信息治理

数字供应链强调组织的网络关系，网络关系的管理核心关键在于网络中信息的流通。网络组织中的企业由于存在互依、互动以及互同的关系，因此不能只考虑建构自身的信息化系统，更需通过内部信息化系统以及集成供应链系统，实现价值链全过程的信息与数字的收集、过滤、分析、管理、生成和传递，从而保证所有参与主体在交往过程中产生高质量的业务、流程、数据和行为，最终创造新价值，这一核心实际上就是供应链治理中的信息治理。

8.2.1　信息治理的内涵与要素

信息治理（information governance）是一个全新的概念，它与 IT 治理有一定关联，但又有很大的区别。IT 治理是公司治理的一部分，是"一种领导、组织 IT 的结构和流程，以保证组织的 IT 系统能维持和扩展企业的战略和目标"。由此可见，IT 治理只是企业战略和 IT 整合的工具，而不能解决为实现供应链价值，信息的产生、运用、处理和交换。此外，IT 治理过于强调通过对系统的控制来实现 IT 与战略的结合，忽略了信息化运用产生的创新性行为，或者价值重新创造的过程。2004 年唐纳森（Donaldson）和沃克（Walker）创造性地提出了信息治理的概念。信息治理涉及建立环境和机会、规则和决策权，以评价、创建、收集、分析、传递、存储、运用和控制信息，解答"我们需要什么信息、如何运用这些信息、谁负责"等问题。显然，信息治理行为包括交易管理、规则确立、信息安全、数据流管理以及信息的全生命周期管理等。

蒂瓦纳（Tiwana）等指出在组织与信息化管理过程中存在三个维度的盲点（见图 8-3），这正是信息治理要解决的问题。[1]

---

① Tiwana, A., Konsynski, B., & Venkatraman, N. (2013). Information technology and organizational governance: the IT governance cube. Journal of management information systems, 30(3): 7-12.

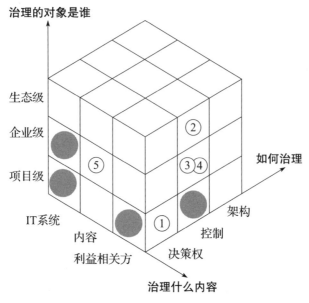

图 8 - 3　信息治理的基本框架

　　一是治理的对象是谁。这涉及项目级的 IT 系统、单个企业的 IT 系统以及生态级的分布式信息化系统。项目级的 IT 系统指的是信息治理的单元是特定的运营项目，通过信息化技术实施项目的全生命周期管理。单个企业的 IT 系统是在组织内部实现全面信息化和数字化，从而使企业内部不同功能和业务能有机衔接起来，协同开展经营活动。而生态级的分布式信息化系统则是一种面向生态服务的信息化架构，应用程序被构建为多个不同的小型服务的集合，可同时独立运行，亦可组合运行，且易于部署在多个服务器上，通过服务注册方式添加或者删除服务，并同 IP 解耦，具备软负载均衡及容错等机制，提供大规模远程方法调用的框架。显然，信息化治理对象涉及企业内部和外部如何就信息化管理方面实现均衡，如何协调内部不同职能以及组织之间形成良好的信息和数字化。

　　二是治理什么内容。指信息化治理的具体活动和要素是什么。这里涉及的内容或要素既有可能是 IT 系统要素，包括建构 IT 系统的各类硬件和软件，以及 IT 系统所产生的内容，如数据、信息等，也包含更为广泛的要素和利益相关方管理，如明确信息的法律责任，管理实时海量的数据、特定信息的应用等。此外，还需要明确商业、IT、安全、法律和信息记录之间的关系（见图 8-4）。

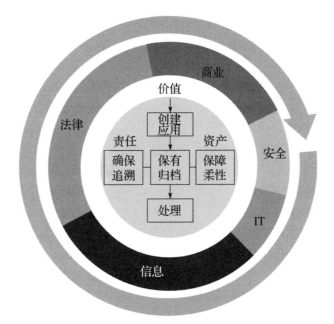

图 8-4 信息治理内容示意图

三是如何治理。这一问题涉及治理的机制问题，包括决策权的分配、正式和非正式控制方法以及采用什么样的架构来实施非公开控制机制。决策权的分配涉及供应链参与各方拥有什么样的信息决策权，或者说各方如何分配和均衡信息数据的拥有、应用和支配权，这无疑涉及数据信息的隐私与公开之间的关系如何确立。此外，正式与非正式控制涉及采用什么样的正式手段或非正式途径来规范各方的行为。蒂瓦纳等认为在以往 IT 治理中较多地关注的是正式与非正式的控制方法，而较少关注决策权分配。此外，控制机制仍然是静态地关注信息数据，而较少从演进发展的视角探索网络化生态化下的信息数据治理。信息治理机制中信息化架构也是需要加以关注的要素。信息化架构本身就是一种治理机制，这是因为信息化架构中统一的权限管理、日志管理、监控系统、服务中心、任务调度、报表系统等都是规范和管理各方行为的具体方式。

8.2.2 供应链信息治理的内涵与要素

供应链信息治理是一种规范性的执行框架体系，该框架定义了供应链参与者及利益相关方如何控制、访问和使用供应链信息流。供应链运营涉及多主体、多环节，因此，不仅信息数据的来源非常广泛，而且为了使供应链运营更加顺畅、高效，需要在不同主体之间分享、交流信息数据。但是，采用什么样的体系促进组织之间的信息数据交流，同时又能保证信息数据的安全，防止不当管理造成信息数据泄露，或者对供应链参与者产生危害，就成了供应链持续发展的关键，而这也正是供应链信息治理的目标。

关于供应链信息治理的维度和要素，殷（In）等提出了供应链环境下信息治理的三个维度，即供应链信息治理战略、供应链信息治理结构以及供应链信息治理流程。[①]

供应链信息治理战略指的是规范供应链数字信息的战略姿态，这种战略姿态反映了对待供应链信息管理的目标取向，这种取向既可能是进攻性的，也可能是防卫性的。进攻性的战略姿态强调的是通过供应链信息创造商业价值，防卫性的战略姿态关注信息和数据的流动及质量，以

① In, J., Bradley, R., Bichescu, B. C., & Autry, C. W. (2018). Supply chain information governance: toward a conceptual framework. The international journal of logistics management, 30(2): 506-526.

确保信息数据可靠合规。

供应链信息治理结构反映的是供应链一系列组织特征，以鼓励有关供应链信息处理中的预期行为。供应链信息治理结构是规范供应链各参与方有关数字信息处理行为的框架体系，结构规定了各方可以行为的领域，以及各自有关信息交往的行为规范。供应链信息治理结构主要包括信息数字问责、影响范式或者结构权力，以及行为控制。信息数字问责是指信息治理规范和实施决策的主要责任如何分配，这决定了谁承担决策责任，以及谁在管理信息中执行哪些角色。影响范式指的是在供应链信息治理中的影响力和权力界定，即供应链特定方在供应链信息和数字化中发挥影响力的大小。行为控制主要包括有关信息数字处理的程序和规范，以及标准化。前者通过规定的程序和规则，保证信息处理的安全和高效；后者则通过将信息处理标准化，实现不同环节、不同主体之间有效地进行信息交流和交互。

供应链信息治理流程涉及数字信息的抓取、存储、获取和分发。数字信息的抓取涉及通过什么方式或渠道获得供应链运营的原始数据，以在供应链运营发生的第一时间获取数字信息。存储涉及获得的原始数据放置在何处、用什么方式记录。数字信息的获取指的是供应链参与方通过什么途径获得所需信息、在获取数字信息过程中需要遵循什么规则、所获得的数字信息如何处理。数字信息的分发指的是数字信息在供应链不同主体中如何分享、分享哪些数字信息、分享多少等等。

8.2.3　供应链信息治理模式

供应链信息治理机制如何建立？首先需要明确供应链信息治理需要解决的关键问题。结合学术界对供应链信息治理的理解以及供应链数字化的实践，有四个方面的问题需要关注。

第一，如何建立起有效的信息源和信息结构。也就是说在价值链建设的过程中，要考虑为了实现整个价值链的效率，并且为利益各方产生协同价值，需要什么样的信息，这些信息与大家共同追寻的目标是什么关系，这类信息从何而来，运用什么手段可以获得。解答这些问题，需要处理好信息源、接收地以及信息管理三者之间的均衡关系，这样一组三角关系构成了信息治理最基本的单元。例如，当金融机构向中小微企业提供融资服务时，需要掌握客户企业真实的物流信息。这一目标的实现就涉及信息源、接收地和信息管理的三角关系。信息源可能是多种多样的，如借助物联网形成的货物流动信息、海关形成的通关信息、商检发出的产品数量和质检信息等。而作为接收方需要的是关于货物价值的完整性、保全性的信息。这就需要从事信息管理或规制的组织将零散的、不同渠道产生的信息进行整合、挖掘并生成、传递给接收方。这种三角关系一旦失衡，就容易产生各种各样的信息盲区和障碍，使得供应链运行发生中断。

第二，如何保障数字信息的可靠、安全和运用。数字信息可靠指的是信息可信，可以据此采取相应行动。如果供应链服务集成商根据客户企业的财务报表决定某项服务提供与否时，一定要确认这份报表是真实可靠的，否则一旦信息失真必然导致灾难性后果。信息安全则是信息在生成、传递和使用过程中被应该接收的主体获取，不发生信息的泄露或外溢，或违反法律和隐私规定。显然信息安全涉及用户安全管理、交易安全管理和数据安全管理。信息运用则指所获取的信息是能用来解答挑战、了解状况、解决问题、做出决策。信息的上述三个特征的实现需要在 IT 建设、信息形态、业务等级和流程规范管理上下功夫。

第三，如何实现数字信息的持续与全生命周期管理，即数字信息能否持续地产生、推进和应用，并且能有更多的利益相关方参与到信息生成、分享的过程中。要实现这一目标，需要信息规制方处理好两个关系。一是所有网络合作成员通过分享、学习和沟通所建构的信息域，即合作各方共同努力加强信息的质量、信息的处理和信息的应用。二是网络合作成员参与方与外部管理方之间的信息互惠和管理改进。任何业务信息都难免受到经济、政策和制度的影响，因此，要真正实现信息的可持续，就需要与制度管理方形成信息互动。

第四，如何实现信息获取、处理的代价或成本可控。信息的获取是有成本的，诺贝尔经济学奖获得者斯蒂格勒指出信息的获取程度由边际收益和边际成本的均衡决定。在数字供应链情景下，如何通过更为有效的价值链参与主体的网络建构降低信息获取成本已成为今天信息治理的核心问题，或者说今天的网络建构是由信息化驱动的。因此，价值链参与主体不仅通过网络管理信息，而且根据信息的要求推动网络的再创新。可见，信息治理是一个广义的概念，它是网络组织的所有参与方运用共同信息实现互动的过程，通过确立起规范性的行为基础，实现整个网络生态的价值创造。

在清楚供应链信息治理的关键问题后，解答这些问题就需要充分考虑数字供应链的特点和情景，这是因为不同状态的数字供应链信息治理的机制具有很大差异。在考察数字供应链情景时，有两个维度需要关注，即数字供应链信息治理的组织边界以及数字信息的类型和范围。信息治理的组织边界指的是信息治理的领域是以特定企业以及关联企业为主，还是以网络生态为主。数字信息的类型和范围则考虑关注的数字信息是交易性数据还是大数据，是关注保障交易的正常进行还是通过数字信息开创新的商业价值。类似地，亚伯拉罕（Abraham）等在提出数字治理时，提出在决定治理机制时需要考虑三个方面的因素：一是组织范围，即信息治理关注的组织边界是企业内部（在项目层面或者企业范围内实施治理）还是企业之间（在企业间或者生态层面实施治理）；二是数据范围，即信息治理的数据是传统的数据（如 ERP 数据、交易数据、其他参考性数据等）还是大数据（如网络社交媒体数据、机器生成的数据、流数据等）；三是领域范围，即信息治理关注的要点究竟是什么，如数据质量、数据安全、数据结构、数据生命周期、元数据、数据存储和基础设施等。[①]

基于上述两大维度，数字供应链呈现出四类治理模式（见图 8-5）。

图 8-5　供应链信息治理模式

第一种情景面向项目或企业层面的运营，并且数据的范围主要是企业 ERP 或者传统的交易过程。在这一状况下，供应链信息治理的结构采用的是集中式，即企业是信息化治理的主体，并且承担数据收集、分析和管理的责任。所有数据都围绕企业自身供应链运营展开，数据的来

[①]　Abraham, R., Schneider, J., & Vom Brocke, J. (2019). Data governance: a conceptual framework, structured review, and research agenda. International journal of information management, 49: 424-438.

源是企业运营产生的实时数据和相关信息，数据分析应用的目的在于提高企业项目和整个经营的效率，降低由于数据和信息不足造成的高昂管理成本或交易成本。同样，数据的存储也是本地化的，企业自身对数据的安全负责。此外，信息治理的关键是确保数据收集的实时性和高质量。

第二种情景面向跨组织或生态化的运营，但是数据的范围仍然是企业 ERP 或者传统的交易数据。在这一状况下，供应链运营涉及跨组织或者众多生态企业，因此，信息治理的结构需要采用分布式，即各方均需对数据治理承担相应责任，并且需要共同推动数据信息的分享和交流。由于数据来自供应链运营的各个环节和各个主体，因此，如何从多环节、多主体处获得真实、实时的交易数据成为这一模式下的挑战，这是因为不仅需要从多个来源获取数据、整合数据，还要保证原始数据的真实可靠，平衡企业数据的隐私与供应链信息透明之间的关系。

第三种情景面向项目和企业层面的运营，但是数据的范围已经不局限于传统的交易数据，而是大数据。在这一状况下，信息治理的责任虽然是特定企业，但是由于数据极大多样和丰富，如何整合结构化和非结构化的数据、实施有效的先进分析以支撑供应链决策成为信息治理的关键。此外，由于数据信息来源于供应链运营的各项活动和环节，因此，如何应用和管理综合性数字技术来及时获得数据信息也是企业需要治理的内容。人、机、物的协调与流程整合是治理企业必备的能力。

第四种情景面向较为复杂的状况，不仅范围涉及多企业或者生态，数据也是海量的结构化和非结构化数据。在这一状况下，信息治理的结构必然是分布式的，即参与各方共同维护和管理数字信息。需要看到的是，由于这一状况下的数据范围非常广泛，因此，规范、标准化数字信息的格式，数据获取方式、应用规则、数据使用合规等是信息治理的关键。另外，不同状况、不同来源的海量数据要能发挥对供应链优化的支撑作用，还需要元数据管理，即能形成数据标签用以反映数据的结构和状况，并且能够较为全面地刻画供应链运营的各个维度，挖掘和发现商业机会，创造价值。

8.3 趣链科技：金融业数据共享平台解决方案

杭州趣链科技有限公司是国际领先的区块链产品及应用解决方案供应商，致力于构建数字化时代的商业基础设施。其核心产品包括联盟区块链底层平台、自主研发的链原生数据协作平台 BitXMesh、区块链跨链技术平台 BitXHub，以及一站式区块链开放服务 BaaS 平台飞洛。其研发的国产自主可控联盟区块链底层平台，满足企业级应用在性能、权限、安全、隐私、可靠性、可扩展性与运维等多方面的商用需求。

2020 年 9 月，趣链科技中标人民银行南昌中心支行"基于联盟链的江西省金融业数据共享平台项目"。平台依托区块链技术作为底层基础设施连接人民银行南昌中心支行、省内金融机构、省内政府部门，建立金融机构与政府部门间金融数据共享通道，依托区块链难以篡改、可信存证、可追溯的特性实现对业务数据、操作行为等关键信息存证溯源，结合多方安全计算等前沿技术建立完备的数据隐私保护机制确保数据交换的安全性与隐私性，在保护各方数据隐私的前提下，实现数据的"可用不可见共享"。平台支持在数据安全共享的基础上搭建丰富的业务应用，充分释放数据价值。

目前平台已连接人民银行南昌中心支行、江西银行和赣州银行等 7 家省内金融机构，以及江西省信息中心 1 家政府部门。平台已开发完成企业收支流水报告共享、农户信用信息联网核查场景，农户信用信息联网核查场景已在江西省萍乡市上线并计划做全省推广。目前正在联合江西省公安厅筹划建立打击新型网络犯罪场景应用服务。

8.3.1　金融业数据治理中的挑战

1. 共享能力需要从时效性、隐私安全等方面进一步提高

金融数据报送质效存在优化空间。目前各商业银行按照人民银行制定的金融统计制度定期向上级人民银行报送相关企业数据，存在频率低、数据更新滞后的问题。时效性不高一方面导致人民银行不能进行高效监管，另一方面导致小微企业融资监控端提示的融资风险也会存在滞后情况，不能及时地通过平台提供的数据分析发现潜在风险。

数据共享与隐私保护需求难平衡。商业银行进行尽调和风控时，往往希望拿到丰富的数据对客户进行更精准的画像，但出于数据隐私、安全、权属等方面的考虑，银行在传统模式下不愿、不敢与同业共享数据，商业银行的数据需求无法有效满足；同时当地政府或人民银行也无法对金融业务风险进行综合动态监测与预警研判。

难以发挥数据合力发展普惠金融。由于缺乏一个能有效保护数据隐私与安全的数据互联通道，分散在各方的数据价值未被充分释放，难以发挥数据聚合效应，未能充分发挥数据资产的价值，助力金融机构开展信用体系建设、尽职调查、联合风控、普惠金融等服务。

2. 中小微企业融资、"三农"扶持、电信反欺诈等领域存在未解难题

小微企业融资难、融资贵问题是长期存在的金融问题和社会问题，在融资市场上小微企业处于弱势地位。近年来政府部门重点关注中小微企业融资难题，陆续针对性地出台多项政策并已取得一些成效，但仍然存在较大的提升空间。信息不对称是银行和小微企业之间资金供求错位的重要原因，商业银行有开拓小微企业市场的需求，但作为商业性经济组织，对利润和风控也都有一定的要求。而小微企业普遍存在信息不透明、缺乏有效抵押担保、存活期短、缺乏资信积累等问题，导致风控成本相对较高，市场资金很难配置到小微企业。商业银行无法获取多维的、真实的涉企信息，只能通过提高信贷门槛和利率来覆盖不确定性的风险，必然会导致小微企业融资难、融资贵。

"三农"金融服务领域的农户融资难始终是困扰农村经济社会发展的突出问题之一。受内外部条件制约，对于不具备抵押担保条件的农村客户群体，商业银行传统的信贷模式一直未能很好解决这一问题。近年来，我国大力发展普惠金融，对支持小微企业发展、带动农民脱贫致富起到很大作用，但农民融资难等痛点难点依然存在，亟待打通"最后一公里"。当前，随着金融科技的广泛应用，农村信息化、数字化建设加速推进，为解决农户融资难问题提供了重要契机。各商业银行也分别针对农村客群推出了互联网化新型信贷产品，积极运用互联网、大数据技术，专门为广大农民研发设计线上融资产品，实现了农户贷款便捷化、批量化、标准化运作，较好破解了广大农民融资难、融资慢等问题，提高了农户贷款的可得性、便利性和覆盖面。然而，目前现有的农村经营户信贷产品所需采集的农户家庭和生产经营等多维数据大多通过客户经理线下获取，数据质量和数据的可靠性都有待进一步提高。

此外，当前新型网络犯罪方式层出不穷，严重危害个人财产安全。

传统犯罪加速向网络空间蔓延，特别是利用网络实施的诈骗和赌博犯罪持续高发，2020 年已占网络犯罪总数的 64.4%。针对网络诈骗、网络赌博等持续多发高发态势，国务院、人民银行、公安部等部门联合发力聚焦治理新型网络诈骗，2020 年最高检成立惩治网络犯罪、维护网络安全研究指导组，统筹协调做好深化打击整治新型网络犯罪各项工作，全面加强惩治网络犯罪的研究和指导。然而目前主要针对新型网络犯罪的处置手段还是聚焦在事后追查，银行与银行、银行与政府间的风险信息协同机制尚未成熟，亟须通过科技手段创新在保护各方数据隐私的前提下实现电信反欺诈、反洗钱等风险的联合治理与监控，将风险防控环节向事前、事中预警转移。

8.3.2　趣链科技数字治理解决方案

1. 整体架构

基于上述挑战，趣链科技提出了基于区块链技术的数字治理解决方案，即基于区块链的金融业数据共享平台，连接人民银行中心支行、金融机构、相关政府部门，支持数据的采集、存储、报送、综合处理、分析和共享，最终实现隐私保护前提下的数据定时自动报送、跨机构数据共享与模型计算、数据权限控制、业务监管审计等功能。

该解决方案的整体架构如图 8-6 所示，基础服务包括底层区块链平台、链下拓展层 BitXMesh、缓存服务以及数据库服务等。BitXMesh 为区块链提供了链下存储、链下计算以及隐私保护等能力，提高区块链的性能以及可扩展性。区块链为 BitXMesh 网络提供了一个去中心的可信账本服务，为 BitXMesh 的可信存储、数据交换和联邦计算进行记录存证、权限控制和联盟治理保障。区块链应用服务包括数据报送、数据共享、联邦计算等。数据共享服务模块与各方业务系统进行对接，实现

图 8-6 趣链科技数字治理整体架构图

数据按共享标准实时上链、报送，实现了商业银行、政府部门、人民银行之间的数据互通。

2. 应用场景

（1）企业收支流水报告共享。

联盟内的各家商业银行向地方人民银行上传企业在本行的收支流水数据，人民银行汇总并处理后生成汇总报告，当银行需要查询某企业收支流水报告时向人民银行申请共享，商业银行获取报告后对报告进行解读，并利用报告内数据建立风控模型，企业授权凭证以及数据的上传、申请等行为被不可篡改地记录在区块链上（见图 8-7）。

（2）农户信用信息联网核查。

农商行为农户放贷前审核农户资质，上传农户授权报告和输入农户身份证号获取农户信用信息报告，信用信息数据源为分散在联盟内各厅局委办的农户信用信息（如社保信息、资产信息、处罚信息等），农商行获取到农户信息后趣链科技提供农户信用信息解读和建模服务，农户授

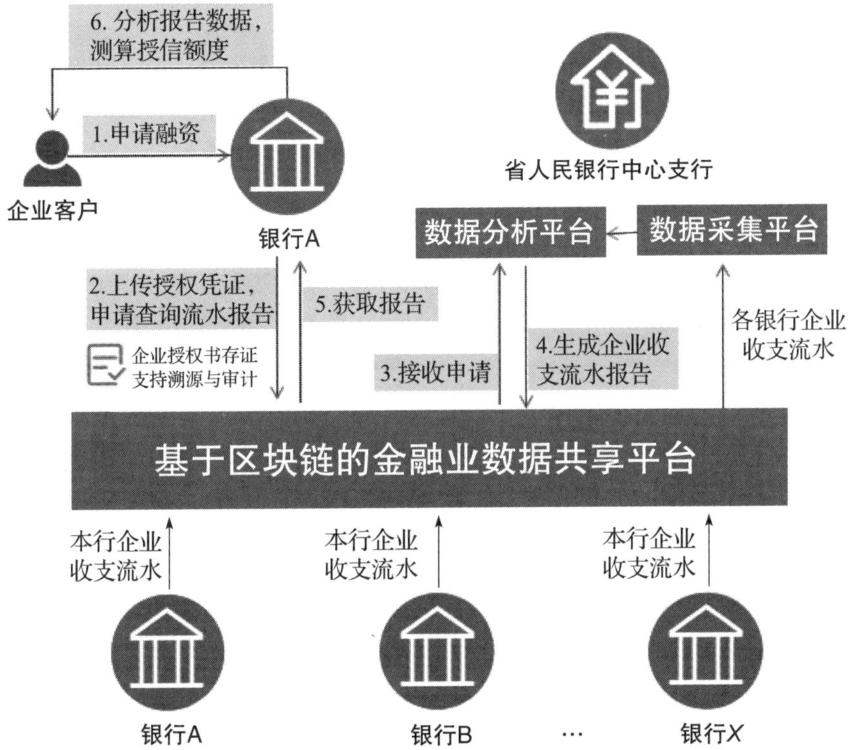

图 8-7 企业收支流水报告共享服务

权报告和数据查询操作上链存证（见图 8-8）。

（3）打击新型网络犯罪。

省公安厅向电信运营商提供存在诈骗风险的 App 名单，包括涉嫌赌博的 App；电信运营商分析与该 App 关联的用户行为形成风险用户名单提供给人民银行；人民银行比对风险用户与其银行卡信息，向风险用户开户行进行预警，开户行利用智能合约对疑似被诈骗用户进行电话提示或账户冻结等，数据的流转和部分规则均由区块链记录与执行（见图 8-9）。

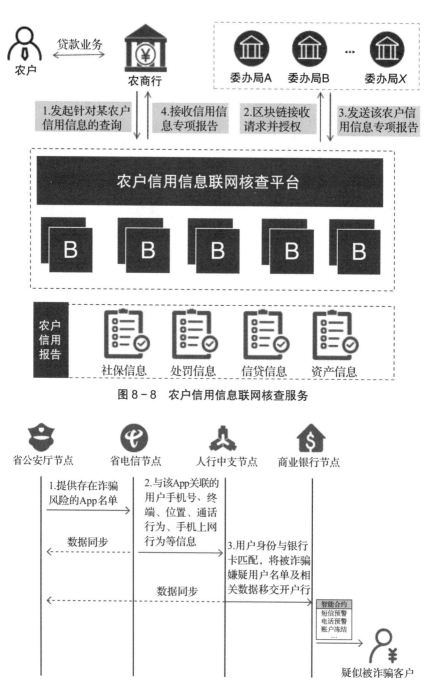

图 8-8　农户信用信息联网核查服务

图 8-9　打击新型网络犯罪服务

第九章

数字供应链发展趋势

随着移动终端、智能终端的普及，物联网、AI和区块链的运用，以及后台云计算及大数据处理能力的形成，数字技术从改变消费者个体的行为到改变各个行业，最终迈入数字供应链或产业互联网的时代。数字供应链时代的到来，意味着各行各业如制造、医疗、农业、交通、运输、教育都将在未来被数字化、互联网化，即企业和产业利用数字技术进行生产、经营、服务管理方式的改造或重塑。数字供应链，尤其是产业数字供应链有别于消费互联网化主要体现在两个方面，一方面是用户主体不同，消费互联网主要针对个人用户提升消费过程的体验，而产业数字供应链主要以生产者为用户，通过在生产、交易、融资和流通等各个环节的网络渗透达到提升效率、节约能源等作用；另一方面是发展动因不同，消费互联网的迅速发展主要是由于人们的生活体验在阅读、出行、娱乐等诸多方面得到了有效改善，更加方便快捷，而数字供应链将通过生产、资源配置和交易效率的提升得到推进。此外，数字供应链有别于消费互联网的"眼球经济"，而是以"价值经济"为主，即通过传统企业与数字技术的融合，寻求全新的管理与服务模式，为客户提供更好的服务体验，创造出不仅限于流量的更高价值的产业形态。正是因为这些特点，数字供应链成为未来产业发展和经济转型发展的重要趋势，并且将会呈现出更为鲜明的发展趋势，这些趋势也为产业政策的制定提供了新的启示。

9.1 供应链即服务：数字供应链发展的新模式

随着现代通信技术发展，特别是虚拟供应链团队和能力的形成，供应链即服务将成为推动产业进步的原动力。供应链即服务（supply chain as a service，SCaaS）是基于云端的支持供应链局部和全部业务的团队，为产业客户提供定制化、柔性化的供应链运营服务。SCaaS 会出现是因为数字技术的发展使得供应链运营管理的复杂性增强，同时对于从事数字技术开发和应用的人才要求较为急迫，但大多数企业不仅难以建构和管理复杂的数字供应链体系，而且缺乏相应的资源和能力，更缺乏相应的人才，因此，通过外包或外采供应链服务就成了企业或行业数字化转型，建构数字供应链的必要手段。

SCaaS 的主要特点和采用的动机在于：第一，非核心的供应链运营活动将外包给 SCaaS 合作伙伴，该合作伙伴充当企业供应链管理部门的扩展翼。如同今天的第三方物流供应商一样，它们的重点将放在端到端的供应链绩效管理和对最终客户价值的承诺上。第二，组织的重点将放在管理 SCaaS 合作伙伴的期望和设定明确的目标上，利用合作伙伴的可扩展性、灵活性和专业知识来建立和运营供应链。第三，SCaaS 供应商将利用开放的基于云的即插即用平台，能够在扩展的企业网络中精准地满足客户的供应链需求（例如，可见性、规划和运营执行）。第四，SCaaS 的主要服务内容包括端到端规划，可见性和绩效管理，生产、运输、采购一体化规划，规划模型调整，库存规模和定位，以及有关流程和解决方案改进的一般建议。

SCaaS 的上述特点将对供应链业务、物流和金融运营产生重大影响。

首先，对供应链业务运作的影响表现在制造智能化、大规模个性定制化以及供应链协同化。在制造智能化方面，通过SCaaS提供的云计算、物联网、智能工业机器人、增材制造等技术，推进生产装备智能化升级、工艺流程改造和基础数据共享。工控系统、智能感知元器件、工业云平台、操作系统和工业软件等核心技术和平台的构建及服务能够促进工业大数据开发与利用，这将有利于制造业智能化转型，促进开放、共享、协作的智能制造产业生态的形成。在促进大规模个性定制化方面，企业可以利用SCaaS精准了解用户个性化需求，进而推进设计研发、生产制造和供应链管理等关键环节的柔性化改造。企业可以利用SCaaS提供的服务整合市场信息，挖掘细分市场需求与发展趋势，为制造企业开展个性化定制提供决策支撑。供应链协同化方面，借助SCaaS企业可以与产业链各环节紧密协同，促进生产、质量控制和运营管理系统全面互联，还可以推行众包设计研发和网络化制造等新模式。另外，有实力的企业还可以通过构建网络化协同制造公共服务平台，向细分行业提供云制造服务，进而促进创新资源、生产能力、市场需求的集聚与对接，提升服务中小微企业能力，进一步加快全社会多元化制造资源的有效协同，提高产业链资源整合能力。

其次，在物流领域，SCaaS能在智能匹配、运营监控、金融支付等方方面面实现资源共享，物流大数据、足够的资源合作使物流更加智慧化、智能化，改变整个物流业的运作模式和流程。在具体的操作中，SCaaS能实现物流的网络化。物流的网络化的基础在于信息化。移动互联网、物联网等新技术与手段使企业的整个物流过程都能够通过实时产生的信息进行控制。同样，网络的应用使物流信息能够以低廉的成本及时传递，通过完善的物流信息管理系统及时安排物流过程，促使物流行业产生革命性的变化，推动物流行业的升级和实现物流现代化。物流信息及时甚至提前于物流过程在相关环节中传递，使得系统可以收集到足够的信息，提前测算并模拟出最佳的物流线路，指导实际的物流过程，使得货物的实际输送过程变得相对自动化，甚至是精确。消除了无效物流和冗余物流，缩短了等待时间，加上自动化的操作水平和即时的响应速度，使得"按需生产、零库存、短在途时间、无间隙传送"成为网络物流的理想状态。此外，物流网络化的发展，能够促进信息流、商流以及物流在供应链中的无缝传递，从而促进了整个供应链一体化发展。

最后，在金融领域，近些年来，随着信息科技的发展，银行等传统金融机构都在下大力气改造自己的信息系统，积极运用 IT 和互联网技术，提升传统业务处理的电子化、自动化水平，大力发展银行卡、电子银行、手机银行、直销银行等新型业务模式，拓展互联网业务范围，加快推进自身的转型升级，努力推进"金融互联网化"。但是，一方面金融机构自身投入的资源较大，要求的能力较强；另一方面，要促进供应链资金流的顺畅，有效控制资金借贷中的风险，不仅需要对供应链运营信息有精准的把握和分析，也需要供应链中的产业企业能将真实、实时的数据穿透到金融机构。SCaaS 服务商能够帮助金融机构和产业企业有效地实现信息数据的实时分享，支撑资金的支付清分以及借贷，提升产业现金流的周转效率，缩短现金流量周期。

9.2 先进数字技术：数字供应链发展的新元素

数字供应链的发展需要大量数字技术作为支撑，数字技术的广泛应用不仅极大提升了供应链运营效率，消除了供应链中高管理成本或交易成本的环节，也有利于发现和挖掘新的商业机会，创造更高的价值。随着供应链逐步从企业内部运营向端对端全局性运营的方向发展，为了实现全局透明、可视、可追溯，以及各参与者广泛的沟通与同步决策，就需要应用先进数字技术来推动数字供应链的进一步变革发展。高德纳提出了未来供应链发展的八大数字技术，即超级自动化（hyperautomation）、数字供应链孪生（digital supply chain twin，DSCT）、持续智能（continuous intelligence）、供应链治理与安全（supply chain governance and security）、边缘计算和分析（edge computing and analytics）、人工智能（artificial intelligence，AI）、5G 网络（5G networks）以及沉浸式体验（immersive experience）。

超级自动化指的是以最佳的方式混合和匹配大量不同类型的数字技术，以实现最佳性能的供应链运营。显然，超级自动化需要有一个整体性的框架以规划整合什么技术、达到什么目标、如何整合技术。不同的组织以及不同的行业对自动化的定义显然有不同的理解，因此，需要结合企业和行业的特殊要求来界定自动化的范围和流程，并且能够实现跨领域更广范围的协作，将原来孤立的技术和资源进行集成，实现一体化、自动化的业务流。

数字供应链孪生是物理供应链的数字描述以及详尽的仿真，它使用实时数据和现实状态来预测供应链动态变化和发展，借此企业可以了解供应链的行为，预测异常情况并制订行动计划。具体讲，供应链数字孪生可以用于：了解供应链的动态变化和行为；发现供应链运营中的瓶颈环节或活动；测试供应链设计变更和应用；监控供应链运营中潜在风险，探知应急举措的效果；规划运输；优化库存；分析现金流与成本；预测未来数天和数周的情况和提出供应链举措。

持续智能是将实时数据分析集成到业务运营中，处理当前和历史数据，即刻响应业务事件和其他事物的数字化模式。例如，零售商在客户网上购物时利用持续智能自动对客户行为做出反应。这可以实现更好的客户服务、更高的客户满意度和量身定制的优惠，从而也为企业带来更高的销售收入。持续智能的关键能力包括：（1）增强分析，即通过最佳数据分析增强人类直觉，使用 AI 和算法不断处理数据并呈现实时事件和预测，进行更深入的分析和协作，推动立即采取行动。（2）实时数据供应链，即打破数据供应链中的孤岛，结合目前和历史数据，创建易于发现和访问的动态数据集。（3）动态预警与事件触发，即能够将显现的突然事件转化为动态预警，并有根据业务规则和优化逻辑触发下一步采取的行动。（4）嵌入式在线智能，即由于持续智能是时刻执行的，因此，需要有支持全方位数据分析场景的平台，并且这一平台嵌入业务流程中，可随时调用执行。

供应链治理与安全强调的是确保供应链运营中的隐私以及网络与数据安全，以降低因为供应链风险上升导致的安全漏洞在数字和物理层面对企业或行业产生的负面影响。供应链治理与安全主要包括：（1）网络安全，即供应链平台应满足各行各业有关网络安全的要求，如网络隔离区、网络防火墙、不包含机密信息的公共设施等；（2）应用安全，包括身份验证与认证、权限控制、安全传输、流量控制、故障隔离、服务熔断、安全审计等；（3）业务安全，包括用户安全、交易安全等；（4）数据安全，即按照行业和监管的要求对数据进行分类分级管理，实现对数据收集、传输、存储、使用、删除、销毁的全流程管理。

边缘计算的兴起与物联网设备的激增相吻合，其中数据在收集点附近进行处理和分析。当需要低延迟处理和实时自动化决策时，边缘计算就是所需技术。如今边缘计算已经渗透到各行各业的供应链中，例如，一些企业在其仓库中采用了无人驾驶叉车，设备供应商可以使用边缘计算来分析部件何时需要维护或更换。

供应链中的人工智能由一个技术选项工具箱组成，可帮助公司理解复杂的内容、与人进行自然对话、提高人工绩效并接管日常任务。目前，人工智能帮助供应链领导者解决数据孤岛和治理的长期挑战。

与以前的通信技术相比，5G 在数据传输速度和处理能力方面向前迈进了一大步。5G 无处不在的特性提升了其供应链潜力。例如，在工厂中运行 5G 网络可以最大限度地减少延迟并增强实时可见性和物联网功能。

虚拟现实、增强现实和混合现实等沉浸式体验技术有可能从根本上影响供应链管理的轨迹。这些新的交互模型增强了人的能力，企业已经看到了实在的好处，例如通过在安全、逼真的虚拟环境中进行沉浸式在职培训提升新员工的能力。

9.3 公共资源治理：数字供应链发展的新领域

供应链的高效率运行和发展不仅取决于企业或产业各环节数字化以及相应的智能决策和优化，而且也与公共资源管理的透明化、高效率化、智能化密切相关。公共资源治理主要有两个大的应用领域：一是公共基础设施或国有资产的治理；二是财政资金或者公共投资的治理。这两个方面均对产业运行有极大的促进或制约作用。良好的公共基础设施或国有资产管理将有利于产业高效、稳定运行，不仅发挥公共资产运行的效率和效果，而且对促进产业高效率运行起到了保障作用。相反，如果公共基础设施或国有资产不能实现数字化治理，不仅会造成社会性的资产损失和浪费，也会影响产业运行的环境和基础。同理，财政资金或者公共投资是政府集中或非集中支配的用于公共基础设施或公共服务改善的投入，实现实时、透明、高效、全周期的数字化管理是产业发展的关键。

然而，上述公共资源的管理在传统模式下面临巨大挑战，这是因为任何商业运行均涉及众多利益相关者，保证各利益相关者能在相对公平合理的范围获得相应利益，防止因为信息不透明或者个别经济主体利用信息优势剥夺其他人的权益和资源，无疑是非常艰巨的任务。而且公共资源运行中，防范因为监督和管理不力造成资产或资金运行中人为道德风险，也是较为关键的问题。公共资源分配过程中，保障资源分配、使用的合理性、透明性是促进公平交易以及经济有序运行的基石。

例如，公共投资项目及其资金拨付使用，特别是一些建设项目，主要是保障性民生需求项目和发展性建设项目，如公共住房、公建配套、市政设施、环境生态等，一般存在建设规模大、周期长、环节复杂、牵涉主体多、协作难度大等特性。传统管理模式下，监管部门往往只能根据建设单位提报的项目进度和产值拨付资金，至于财政资金拨付到建设单位之后具体的流向和用途则缺乏有效的信息获取渠道。出现问题时，也缺乏追溯手段，资金被挪用、截流的现象屡见不鲜。随着各地纷纷加强和规范对政府投资项目财政资金的管理，将资金拨付链路穿透到最末端，并形成可信凭证为问题追溯提供手段，是监管部门的核心要点。从企业的角度看，上游建设单位对下游供应商、专业分包商、劳务公司等具有相对主导地位，由于监管不到位，容易导致应当拨付下游企业的资金常常难以按时、按量到位，给下游企业带来较大经营风险。同时，由于数据流通效率低、可信度低，金融机构也无法为有较高融资诉求的下游轻资产企业提供便利、优质的融资服务。

数字供应链为解决上述问题提供了一种有效的途径，这是因为现代通信技术的广泛应用不仅能够及时穿透各类公共资产和资金，而且能够动态反映整体运营流程，从而及时把握资产或资金的使用运行状况，对可能产生的问题及时预警，最终既有利于提高公共资产和资金的投资以及使用效率，也有利于相关管理部门实施全周期、精准的监督管理。一个代表性的应用实例便是雄安新区建设资金监管系统。

2019年，雄安新区转入大规模开发建设阶段，安排了容东片区、雄安高铁站、启动区建设、起步区建设、白洋淀治理、交通网络、智慧城市、征地拆迁等18大类重点建设项目，超过145个具体项目。为保证建设资金发放工作顺利进行，保障项目资金流与建设过程业务流的一致性，实现资金按时按量到位，2019年8月，新区管委会提出运用区块链技术设计资金监管系统的需求，充分利用区块链技术特点对财政资金拨付、资金流转做到全链路可追溯，并积极利用形成的数据资产进行金融产品创新。

资金穿透拨付主要包括三种类型：进度款支付、物料采购资金支付和劳务工资支付。以进度款支付为例，主要业务流程是，当到达约定支付时间节点，或项目建设进度到达约定支付节点，在链上触发建管系统的施工预算数据匹配计算、工程监理的数据同步和工程造价的数据同步，由审核人员进行进度核查、成本核算及定价。根据项目进度及对应定价结果，由智能合约进行判断，合约判断通过，则自动触发进度款资金拨付。物料采购资金支付和劳务工资支付的业务流程相似，通过将物料采购合约、工人工资待发放数据上链，触发智能合约，将对应资金直接由建设单位划拨到物料供应商和工人。

雄安新区建设资金监管系统选择高鲁棒性国产自主可控的底层联盟链平台，在此基础上进行研发，与BIM/建管系统、银行端支付系统通过区块链实现高效的数据互通与业务协同，将各参与方节点中的机构数据、项目数据、合同数据、支付数据上链共识同步，根据参与方角色进行数据权限管理，基于智能合约实现建设资金的自动划拨支付。向上为财政监管部门搭建数据管理平台，实现建设资金数据可视化展示，并支持通过区块链浏览器进行数据交易与溯源信息的查询；外延为银行、保理等金融服务机构提供金融产品接入服务，便利金融服务机构投放项目实施各个阶段对应的投融资产品。

9.4 虚拟产业集群：数字供应链发展的新场景

数字供应链的发展不能脱离现有产业基础或产业场景，只有将现有产业链夯实，并通过新的手段和模式将之转型升级，才能逐步有序向前发展。其中，基于多企业多产业协同环境的产业集群是最为典型的产业形态。我国目前已经形成了2 500多个产业集群，并在制造业等行业初步形成了以信息技术、装备制造、生物医药以及先进材料等领域为代表的产业集群，例如，粤港澳大湾区东岸的2.1万亿电子信息产业集群已形成了高度异质、共生、自适的生态体系。数字供应链能够通过动态、及时的监测和优化产业集群资源，实现集群的持续发展，推动集群生态的建立。例如，欧洲地区专门成立了产业集群观察站以展示本地各集群状况（包括人员和人才规模、专业化程度、生产率、新兴中小企业数量、全球领先企业的数量等），通过年度产业集群发展与转型趋势分析、集群绩效与政策比较仪表盘、区域生态系统计分卡等多种数字分析工具，发现目标区域的发展优劣势，并从创新能力、投资环境、人才培养等多种途径打破部门、区域之间的产业孤岛，协助弱竞争力的产业集群转型，推动跨区域的产业集群协作与产业生态建构。

　　数字供应链对产业集群的影响不仅表现在对现有产业集群的优化升级上，更表现为推动了虚拟产业集群形成与发展。虚拟产业集群是由具有互补能力的企业在信息技术基础设施的支持下聚集创建而成，不同于传统意义上的产业集群，虚拟产业集群具有如下特点：（1）传统产业集群具有地理上相邻的特点，众多产业企业在特定空间形成集聚；虚拟产业集群则突破了空间的局限，能够在最大范围借助信息技术整合优势资源。（2）传统产业集群通过长期的业务往来形成持续关系，交易关系一旦形成较难做大的改变；虚拟产业集群是为了特定目标形成了数字化关系，交易关系可以根据产业发展的需要随时更新变化。（3）传统产业集群中供应链管理和订单执行是重要的运营流程，即能够通过大规模、快速的聚合订单，并且借助当地的分工协作，实现高质量、快速交付；虚拟产业集群中创新管理和先进数字化的供应链管理是运营的重要流程，即分布在广域范围内的企业，通过数字技术实现协同创新和协同运作，形成了线上业务、信息的集群化。（4）传统产业集群之所以在特定空间形成集聚，是通过资源的集中应用和产业扶持，快速形成集约化的能力和产业吸引力；虚拟产业集群则是迅速的挖掘、连接和形成世界范围内的核心能力，为客户提供高质量定制化的产品或服务，进而产生产业优势。（5）传统产业集群中物流和信息流是关键；虚拟产业集群中信息数据流是关键，而物流则需要根据协调整合的要求，部署在关键合作伙伴附近。

　　虚拟产业集群的上述特点无疑需要数字供应链作为运营基础，或者说虚拟产业集群是数字供应链发挥巨大作用的良好场景。数字供应链所形成的高度智能化、透明化、实时化、连接化的能力，以及借助数字技术产生的数字信任，都是虚拟产业集群所必需的能力与要素。

9.5 可持续：数字供应链发展的新方向

数字供应链的深入发展和应用不仅提升了企业和产业运行的效率和效果，也促进了企业和供应链的可持续发展。供应链的可持续发展关注的是将环境和社会因素纳入产业供应链的运行，也就是说可持续供应链强调了整个供应链网络的持续发展，以同时实现经济、社会和环境的均衡发展，为了实现这一目标，需要在三个方面做出努力：一是尽可能地均等容纳和推动广泛的利益相关者，特别是广泛的供应商网络，共同制定可持续目标，产生可期待行为；二是在管理流程上能够沟通、协同各个参与主体的经营活动，使得供应链运营和行为实现透明化、可追溯化，并且通过这种行为能够有效地管理风险和不确定性；三是在管理要素方面，能够形成有效的文化和激励体系，使得每个参与主体能够在遵循三种底线的基础上，获得相应的资源和能力，实现长远发展。

数字供应链对于供应链可持续发展的影响主要体现在两个领域：一是环境保护和低碳供应链；二是农业和农产品运营。

绿色、环境友好型供应链需要数字化加持，数字技术和数字化运营有助于建立可靠和绿色的贸易和物流。供应链运营中各参与方，特别是物流服务商广泛地应用云、传感器、区块链、大数据、机器学习和物联网等数字技术，能够催生出新的业务范式，建立一个对所有相关者（从原材料、组件或零部件供应商、运输商、分销商和客户）完全透明、高效的供应与交付系统，而这一系统的建立不仅能够大幅提高服务的效率，降低过程中的资源浪费，而且也能够促进整个供应链降低碳排放，促进绿色运营的增长。具体讲，数字技术和数字化运营对碳排放下降的影响主要是通过如下方式实现的：一是全供应链的实时透明；二是应用大数据实现了供应链运营的更优规划；三是应用边缘计算、云计算以及一些设备、设施能够实时收集和处理数据；四是通过人机交互实现更好的自动化；五是通过横向和纵向协作的智能用户界面和软件设计实现企业之间更好的协作；六是通过分散和自主决策实现平稳管理；七是使用可穿戴计算等增强现实（AR）工具减少复杂流程中的错误并创造友好的客户体验。数字供应链与低碳运营或环境友好之间的关系不仅仅表现为数字供应链有利于低碳目标的实现，而且也表现为低碳行为会进一步促进供应链发展，增强组织之间的合作关系，为供应链参与方带来高效的资源。例如，2021年国网英大推出了"碳e融"业务，国网核心企业与供应链企业、金融机构、英大碳资产公司等多方联动。一方面，英大碳资产公司帮助上海电力推进"智慧供应链"研发的《绿色企业认证评级标准》，该标准包括6大项一级指标、18个二级指标，其中权重最大的就是关于碳排放的相关内容，涵盖碳排放报告、双碳目标、产品碳足迹、碳中和比例四项二级指标，从各个维度对企业绿色程度进行了画像，引领企业尽早制定绿色低碳发展路径。另一方面，在这一过程中把供应链企业相关数据进行金融属性的转化，为绿色信贷提供了现实依据。2021年初中国农业银行宝应支行根据国网英大出具的绿色认证报告，顺利下发了对宝胜股份的绿色信贷批文并放款5 000万元，贷款利率较银行同期贷款市场报价利率（LPR）有大幅下降。此外，英大信托作为受托管理人和发行载体管理机构，携手国网国际融资租赁有限公司设立的国网国际融资租赁有限公司2021年度第一期绿色资产支持商业票据（碳中和债）成功发行。该项目为国内首单"碳中和"资产证券化产品，项目规模 17.5 亿元，募集资金将用于支持可再生能源融资租赁项目。

　　农产品和农业的数字供应链是另一个重要的发展方向。传统农业供应链面临组织结构分散、主体众多、协同力不强、流程管理复杂、服务要素涉及面较多的问题，因此，要全面实现农业供应链协同化，就需要从最初的生产端以及最终的市场端出发，解决各个环节存在的障碍，实现全局优化。具体讲，从生产端看，全局农业产业供应链建设需要解决三个关键问题：一是分散化农户的组织化；二是在优选产地的基础上，及时有效地组织外部资源向农业生产以及经营者提供相适应的农业种子、农业资料以及农业工具；三是建设标准、先进的物流体系。同样，从市场端看，也需要关注两个关键：一是农产品品牌化以及营销全渠道的建设；二是农产品标准化、等级规格化问题。此外，大数据分析和安全溯源也是流通管理的重要因素，大数据分析在于支持有效规划和安排农产品在不同时间、不同区域、不同用户的分销计划。而安全溯源管理能够使农产品流通实现可视化和透明化，从而最大化农业可持续的要求。农业生产端和市场端的优化变革需要转化为数字化供应链体系，即能够通过现代数字技术和数字化运营农业各环节、各主体、各活动形成交叉校核的信息数字，从而实现农业供应链全程透明、可视、可追溯。农业供应链只有实现了全程数字化，才能更为夯实，实现农业可持续发展。

图书在版编目（CIP）数据

数字供应链 / 宋华著. -- 北京 ：中国人民大学出
版社，2022.7
　　ISBN 978-7-300-30482-3

　　Ⅰ. ①数… Ⅱ. ①宋… Ⅲ. ①供应链管理 Ⅳ.
① F252

中国版本图书馆 CIP 数据核字（2022）第 050028 号

数字化转型与企业高质量发展
数字供应链
宋华　著
Shuzi Gongyinglian

出版发行	中国人民大学出版社				
社　　址	北京中关村大街 31 号		邮政编码	100080	
电　　话	010 - 62511242（总编室）		010 - 62511770（质管部）		
	010 - 82501766（邮购部）		010 - 62514148（门市部）		
	010 - 62515195（发行公司）		010 - 62515275（盗版举报）		
网　　址	http://www.crup.com.cn				
经　　销	新华书店				
印　　刷	北京联兴盛业印刷股份有限公司				
规　　格	160 mm×230 mm　16 开本		版　　次	2022 年 7 月第 1 版	
印　　张	23 插页 2		印　　次	2023 年 3 月第 2 次印刷	
字　　数	299 000		定　　价	88.00 元	

版权所有　侵权必究　　印装差错　负责调换